U0112507

1453 君士坦丁堡的陷落

[英]史蒂文·朗西曼 著

马千 译

九州出版社

JIUZHOUPRESS

波斯尼亚

贝尔格莱德

塞尔维亚

多瑙河

瓦　拉

拉

拉古萨

泽塔

卡塔罗

尼什

科索沃

索非亚

保　加　利

菲利普波

亚得里亚海

克鲁亚

都拉斯

奥赫里德

阿尔巴尼亚

马

瓦尔达尔河

其

顿

斯特鲁马河

塞萨洛尼基

萨索斯

萨莫色雷

阿索斯山

伊姆

利姆诺斯岛

普利亚

发罗拉

科孚岛

约阿尼纳

佛洛斯

爱琴海

爱奥尼亚海

莱夫卡斯

勒班陀

哈尔基斯

优卑亚

希

伊萨基岛

底比斯

凯法洛尼亚岛

帕特雷

科林斯

雅典

赞特岛

摩里亚

阿尔戈斯

纳夫普利亚

纳克索

米斯特拉斯

莫顿

克罗顿

迈纳

莫奈姆瓦夏

15 世纪的希腊世界

0　　　　100　　　　200

英里

干尼亚

干地

克里特

克里米亚

亚

瑞 河

黑 海

瓦尔纳

梅塞姆布里亚
安基亚洛斯

阿德里安堡

阿玛斯特里斯 伊内博卢 锡诺普

赫拉克利亚

塞吕姆布里亚 乔尔卢
罗多斯托 雷吉姆 君士坦丁堡
马尔马拉海 尼科米底亚
尼西亚

哈利斯河

库齐库斯 布鲁萨 安卡拉

达尼尔海峡
卡拉西 埃斯基
谢希尔

萨拉克汗
马尼萨 格 米 延

士麦那
艾丁 费拉德尔菲亚 科尼亚
以弗所 卡拉曼
老底嘉

门特瑟

安塔利亚

罗得岛

塞浦路斯岛

献给

我的兄长 ①

---

① 此处指作者史蒂文·朗西曼唯一的哥哥第二代多克斯福德子爵沃尔特·莱斯利·朗西曼（Walter Leslie Runciman, 2nd Viscount Runciman of Doxford，1900-1989）。与弟弟的兴趣爱好不同，他更专注于航海及航空，20世纪30年代长期在英国皇家空军轰炸机部队服役，二战期间曾任英国海外航空公司第一任总裁，并荣获空军十字勋章（Air Force Cross）、大英帝国官佐勋章（OBE）。战后他作为长子继承了父亲的子爵勋位及家族船运公司（其祖父沃尔特·朗西曼男爵为英国船运巨头）。莱斯利的商业生涯颇为成功，此外，他热爱游艇，曾任在世界享有盛誉的英国皇家游艇队队长（Commodore of the Royal Yacht Squadron），因为精通航海业务，还担任英国海事博物馆（National Maritime Museum）主席达10年之久。有趣的是，虽然兄弟二人看似走上了完全不同的人生道路，但莱斯利之子，第三代多克斯福德子爵加里·朗西曼（Garry Runciman, 1934-）却继承了叔父的衣钵，他已成为当代英国历史社会学方面的领军人物，并且长期在剑桥三一学院任教，他也是英国国家学术院院士（FBA），更于2001—2005年被选举为该院主席。加里和父亲一样，是大英帝国勋章获得者，但青出于蓝，位阶为司令勋章（CBE）。自第一代朗西曼子爵以来，朗西曼家族可谓人才辈出。——译注（本书脚注皆为译者所加，如无特殊情况下文不再标注。）

目　录

中文版序言　　　　　　　　　　　　　　　　　　　i

译　序　　　　　　　　　　　　　　　　　　　　iii

前　言　　　　　　　　　　　　　　　　　　　　vii

第一章　帝国迟暮　　　　　　　　　　　　　　　1

第二章　苏丹国的崛起　　　　　　　　　　　　　27

第三章　皇帝与苏丹　　　　　　　　　　　　　　59

第四章　西援之代价　　　　　　　　　　　　　　75

第五章　准备围攻　　　　　　　　　　　　　　　89

第六章　围城开始　　　　　　　　　　　　　　　103

第七章　金角湾失守　　　　　　　　　　　　　　121

第八章　凋零的希望　　　　　　　　　　　　　　135

第九章　拜占庭的末日　　　　　　　　　　　　　147

第十章　君士坦丁堡陷落　　　　　　　　　　　　157

第十一章　战败者的命运　　　　　　　　　　　　171

第十二章　欧洲与"征服者"　　　　　　　　　　189

第十三章　幸存者　　　　　　　　　　　　　　　215

附录一　关于君士坦丁堡陷落的主要参考资料　　229

附录二　征服之后的君士坦丁堡教堂　　237

译者后记　史蒂文·朗西曼爵士：通往东方的桥梁　　243

注　释　　252

参考文献　　275

出版后记　　285

中文版序言

我与马千同志素昧平生，至今也未能谋面。但我们神交已久，通过网络探讨眼前这本书有很长时间了，因此他多次来信希望我能为新书的面世写个序言，我欣然同意。之所以打破了我只为自己的学生出书写序言的惯例，原因还在于 20 世纪 80 年代中期我就阅读过史蒂文·朗西曼（Steven Runciman，1903-2000）的多部作品，其中包括这本书，作为拜占庭历史与文化的初学者，当时便深有感悟。

最深的感悟是作品具有的浪漫情调，远非学院派著作可比，不仅读起来平实无华朗朗上口，毫无学究气，而且内容易懂贯通性强，凸显学养之厚重。他的作品在国际拜占庭学界浩繁的作品中具有鲜明的个性，如果不是独树一帜的话，那也称得上是特立独行。我不知道翻译者马千同志是如何看中了这样一本好书，因为据我所知，他并非拜占庭历史与文化的专门研究者，但是他独具慧眼挑选了朗西曼的《1453：君士坦丁堡的陷落》，并花了几年的时间和精力认真翻译全书，使我意外地遇到了一位知音。可以想象，马千同志作为拜占庭史的爱好者，在翻译过程中不仅要扫除大量专业术语的障碍，而且其用功之勤令人赞叹佩服。作为我国拜占庭学界的一名老兵，我在祝贺他为我国拜占庭学的发展做出了贡献的同时，从内心深处感到一定要向他学习，为推进我们的共同事业而努力工作。

　　史蒂文·朗西曼作品的独特性透射出这位英国拜占庭学者的传奇人生。这位长寿学者出身世家，父母都是工党议会成员，祖父是富有的船商。他自幼聪颖过人，记忆力超群，5 岁即能背诵荷马史诗和拉丁古诗，其天赋的语言才能日后更是表露无遗，据说他不仅可以讲拉丁、希腊等欧洲所有语言，而且可以读懂土耳其、叙利亚、阿拉伯、波斯、希伯来、亚美尼亚、格鲁吉亚古语。当年他拜英国拜占庭研究学院派奠基人 J. B. 伯里（J. B. Bury，1861-1927）为师时，就是以多种语言能力进入师门，成为伯里唯一的研究生弟子。在大师的熏陶下，他在名校剑桥大学三一学院刻苦读书，默默成长为顶尖的拜占庭学家。他秉承名师伯里的衣钵，成为"自由派知识分子"的代表。第二次世界大战前，他接受了祖父的巨额遗产，放弃了三一学院优厚的待遇，辞职周游世界。在战争期间，他于 1942—1945 年任教于土耳其伊斯坦布尔大学，担任拜占庭艺术和历史教授，同时尽情考察游历东地中海古迹名胜。这位老派学者阅历丰富，生活自由潇洒，在外人看来无拘无束多少有些古怪，他曾为我国末代皇帝溥仪弹奏钢琴，为埃及福亚德国王讲解塔罗牌，还在伊斯坦布尔的佩拉酒店遭到德军流弹袭击受伤，在拉斯维加斯投币老虎机上两次中彩，这些经历至今为人津津乐道。他长寿而多产，其 20 部著作奠定了他在国际拜占庭学界牢不可破的地位，他活动在学院派体制外也并不影响其国际声誉，笔者于 1984 年在希腊留学期间有幸聆听他的演讲，并主动讨教，其诙谐幽默的回答闪烁着英国绅士的智慧，至今犹历历在目。相信读者在阅读这本书时，能够联想到这位睿智的作者，从中获得更多的乐趣。

陈志强

南开大学历史学院教授、世界史学系主任

译　序

　　1453 年 5 月，拜占庭首都君士坦丁堡被奥斯曼土耳其帝国攻陷，这是世界历史中的一件大事。它不仅代表着拜占庭千年帝国的落幕、新兴伊斯兰强权的崛起，更为欧洲、近东带来了政治、经济、文化上的深刻变化，甚至一度被作为中世纪结束的标志之一。除此之外，在长达 7 周的战役中，双方不论民族、信仰，均表现出惊人的英雄气节与坚韧，荡气回肠，令人动容。故而，数百年来它受到西方历史学家的持续关注。遗憾的是，对于如此重要的历史题材，国内相关资料却凤毛麟角，几乎成为一项空白。如今呈现在读者面前的是英国历史学家史蒂文·朗西曼于 1965 年由剑桥大学出版社出版的《1453：君士坦丁堡的陷落》（*The Fall of Constantinople 1453*）。在大量西方同类专著中，该书结构清晰，考据严谨，文笔典雅，篇幅适中，已成为此领域备受推崇的权威著作之一。相信对国内读者而言，此书的译介会对探究那段历史大有裨益。

　　史蒂文·朗西曼爵士（Sir James Cochran Stevenson Runciman CH，通常称为 Steven Runciman）是英国知名历史学家。他出身名门。父亲为第一代多克斯福德子爵沃尔特·朗西曼（Walter Runciman，1st Viscount Runciman of Doxford），同时也是英国自由党重要政治家、国会议员。史蒂文是家中次子，天资聪慧，自幼好学，据说 5 岁便已通识拉丁语、古希腊语，随即先后就读于伊顿公学（期间与大文豪乔治·奥威尔成为同学及挚友）、剑桥三一学院。他在剑桥期间师从爱尔兰裔拜占庭史专家 J. B. 伯里，并成为后者毕生最得意的弟子。朗西曼在语言方面极具天赋，除了英语、拉丁语、希腊语，还精通俄语、保加利亚语、阿拉伯语、波斯语、土耳其语、亚美尼亚语、叙利亚语、希伯来语、格鲁吉亚语。据说其导师 J. B. 伯里原本已经半退隐，无意再收录这名弟子，当朗西曼毛遂自荐说通晓俄语后，伯里便特意"刁难"，将厚厚一沓保加利亚语文献交予朗西曼编辑翻译，不料后者居然牛刀小试，游刃有余，令伯里刮目相看。20 世纪 30 年代末，朗西曼继承了祖父的大笔遗产，开始了其游学生涯。1942 年至 1945年，他作为拜占庭艺术史教授任职于土耳其伊斯坦布尔大学，期间对十字军史开始产生浓厚兴趣，经过近十年酝酿，在 1951—1954 年陆续出版了三卷本《十字军史》，一举奠定了其学术地位，该三部曲至今依然是十字军历史研究领域的权威之作。朗西曼先生著述颇丰，除了十字军历史题材，其余多与中世纪拜占庭及其周边国度（如西西里、叙利亚）有关。1965 年的《1453：君士坦丁堡的陷落》是他的另一部杰作，经久不衰，迄今已重印 18 次之多。1983 年，因朗西曼在学术领域的卓越贡献，他荣获英国名誉勋位（Order of the Companions of Honour，1917 年由英王乔治五世设立，用以表彰在科学、艺术、文学、政治、宗教等领域取得重大成就的人士，全球名额仅 65 名，获得者可在姓名后冠以 CH字样）。

　　朗西曼先生语言造诣之深、书籍涉猎之广，令人叹为观止。本书引用了不同时期、不同语言的大量文献，构筑了一道完整、多角度的历史全景。与此同时，作者行文雍容流畅，娓娓道来，

隐约透露出一股贵族之风，令人不忍释卷。然而本书毕竟出版于
1965 年，虽多次再版重印，但并未做重大修订，部分资料难免
有陈旧之虞，因此译者在翻译过程中，有意在译注中引用了部分
1965 年后的参考文献作为补充。《1453：君士坦丁堡的陷落》涉
及的时空范围，国人相对生疏，专有名词和术语的翻译可谓最大
难点。正如朗西曼先生在《前言》中所说，由于大量人名地名是
从非英语词语转译而来，他并不能保证无懈可击——有时作者信
手拈来，其拼写便与现代通行的写法存在微妙差异。译者在力所
能及的范围对各专有名词进行了考证，并按照国内学术界约定俗
成的译名及《世界地名大词典》《世界人名大词典》的规范予以翻
译，专有名词第一次出现时在括号中附上原文拼写，方便读者查
询。极个别未有规范汉语译名的人名地名，则保留原文形式。朗
西曼原书主要面向西方读者，一些本应耳熟能详的历史背景，国
内读者或许倍感陌生，对此译者尽量在译注中予以介绍，并附上
参考文献。对于翻译考证过程中发现的个别原书错误，也在译注
中一并指出（如君士坦丁堡城墙内外城台的名称错误、奥古斯塔
广场的拼写错误等）。原书的参考书目中大部分文献为国内罕见，
作为弥补，译者在译注中有意补充了一部分中文参考书籍。朗西
曼先生虽是英国学者，但在著作中对东方穆斯林、奥斯曼土耳其
并无歧见，对其成就也多加颂扬。不过他毕竟深受古希腊罗马人
文传统熏陶，对于拜占庭帝国的覆灭，对于其臣民亡国后的遭遇，
作者也难免痛彻心扉，这一情绪在本书第十一章《战败者的命运》
中有所流露，虽不宜苛责，但亦请读者细心甄别。

　　《1453：君士坦丁堡的陷落》出版之际，译者要感谢拜占庭史
专家陈志强教授。陈教授的《拜占廷帝国史》《拜占廷学研究》等

著作一直是译者必备参考书籍，当译者在翻译中遇到疑难通过电邮冒昧求教时，陈志强教授虽与我素昧平生，却耐心点拨，热情鼓励，使译者有信心将译稿付梓出版。本书的翻译完全是出于兴趣爱好，在此一并感谢家人对我长期的理解与包容。

译者不自量力翻译史籍名著，译文、注释难免有谬误、欠妥之处，还望读者不吝指正。

马千

前　言

在历史学家还不是专业学者的时代，1453 年君士坦丁堡的陷落被认为是中世纪结束的标志。今天，我们深知，历史的洪流不间断地流淌，其中没有任何分界线。我们没有理由说，在某个时间点上，中世纪的世界就变成了现代世界。早在 1453 年之前，意大利及整个地中海世界就已经掀起了被我们称作"文艺复兴"的运动。在 1453 年之后很久，中世纪的思想依然在欧洲北部盛行。1453 年之前，先驱者们已经开始探索将改变整个世界经济的远洋航线，但在 1453 年之后的几十年里，这些航线才被开辟出来，在欧洲才能感受到其影响。拜占庭的衰落和倾覆与奥斯曼土耳其人的胜利对上述变化产生了影响，但这种影响并不仅仅是 1453 年这一年的事件所带来的。拜占庭人的学问在文艺复兴中发挥了作用，但在 1453 年之前的半个多世纪里，拜占庭学者们便离开贫困动荡的祖国，前往意大利谋求舒适的教职。1453 年之后，追随这些学者前往意大利的希腊学者大多不是逃避异教徒统治的难民，而是来自依旧由威尼斯控制的希腊岛屿。多年来，奥斯曼帝国的崛起已经给意大利的商业城市造成了一些困难，但并没有扼杀它们的贸易，只是封锁了通往黑海的路线。对威尼斯而言，奥斯曼人攻克埃及比它征服君士坦丁堡更具灾难性。对热那亚而言，如果说它因为苏丹控制了海峡而遭受重创，其衰落也应更多归咎于它在意大利的地位的动摇，而非对外贸易上的损失。

　　即使从广泛的政治领域上看，君士坦丁堡陷落一事的影响也颇为有限。当时土耳其人已经抵达多瑙河畔，威胁中欧，而所有人都可以看出，拜占庭首都在劫难逃——后者的领土已萎缩至衰败的君士坦丁堡一隅，而生气勃勃的奥斯曼帝国占据了巴尔干半岛的大部分地区和小业细亚，拥有那个时代最强大的战争机器，拜占庭帝国自然难以与其抗衡。诚然，君士坦丁堡的失陷对西方的基督教世界刺激颇深，不过那时的西欧诸国并没有我们的后见之明，难以预料奥斯曼帝国的征服将变得一发不可收拾。君士坦丁堡的悲剧未能让它们改变对"东方问题"的政策，或者不如说改变缺乏政策的情况。只有教宗真正痛彻心扉，切实策划反击行动，但是教宗不久后就要在自家附近面对更迫切的危机。

　　因此，君士坦丁堡陷落的故事似乎不值得再写一本书，但实际上，对两类人而言，它还是至关重要的。对奥斯曼土耳其人来说，攻占该城不仅为他们带来了一座新都，还保证了帝国欧洲部分的安全。君士坦丁堡地处欧亚交通要冲，且位于帝国领土中心，倘若不在自己手中，奥斯曼人无法感到安全。单是希腊人固然不值得畏惧，但倘若有一支强大的基督徒联军以君士坦丁堡为基地，依然会给奥斯曼人带来麻烦。奥斯曼帝国掌控君士坦丁堡之后便可高枕无忧。经历了历史的兴衰变迁，土耳其人在今天依然控制着色雷斯，在欧洲依然有立足之地。

　　对希腊人而言，该城的陷落更加重大关键，属于他们的历史的一个章节就此终结。灿烂的拜占庭文明在教化世界方面曾扮演一定的角色，虽然已同君士坦丁堡一道衰败，但还没有彻底磨灭。陷落前夕，君士坦丁堡那不断减少的人口之中依然有不少那个时代的顶尖智士，他们生长于其中的文化传统可以上溯至古希腊罗马时代。只要上帝的代理人——皇帝尚在博斯普鲁斯海峡边生活，就算他已经沦为奴隶，每个希腊人仍会自豪地感到自己依然属于一个正统的基督教共同体。或许皇帝对尘世的事务无能为力，但他依然是上帝统治的焦点和象征。然而，随着皇帝与他的城市一同殉难，"敌基督"① 的统治开始了，希腊人不得不苟且偷生。所幸希腊文明并未消亡，这要归功于希腊精神永不枯竭的活力与勇气。

在这座城市陷落的故事中，悲剧性的主人公是希腊人，我力图在写作时谨记这一点。以往的著作中常常表露出了这一点。这种悲剧性几乎令吉本（Gibbon）受到触动，但还不足以使他忘记他对拜占庭的蔑视。在英语世界中，最后一部充分阐述了这一点的是埃德温·皮尔斯爵士（Sir Edwin Pears）于 60 年前出版的专著，至今仍颇值得一读。皮尔斯准确地记载了围城战的过程，令人信服，因为他全面研究了相关史料，他本人又非常了解那里的地形。不过近来的研究让该专著的其他部分略显过时。我从他的作品中获益良多，它也是叙述 1453 年事件的各语种著作中最优秀的一部。在皮尔斯之后，还有许多学者的作品增进了我们的了解。1453 年是君士坦丁堡陷落 500 周年，当年为了纪念此事而涌现了大量论文。不过，除了 1914 年古斯塔夫·施伦贝格尔（Gustave Schlumberger）的专著（几乎完全基于皮尔斯的作品），整整半个世纪里都没有关于这场围城战的西方语言长篇著作问世。

我写作本书便是试图填补此项空白，在此过程中，我满怀感激地参考了近来学者（不论在世或过世的）的研究成果，我将在

---

① 即土耳其人。

注释中——表达谢意。在健在的希腊学者中，我尤其要感谢扎基西诺斯（Zakythinos）教授与佐拉斯（Zoras）教授。在奥斯曼历史方面，我要特别感谢巴宾格尔（Babinger）教授，虽然其名作《"征服者"穆罕默德与他的时代》并未详细注明参考书目。关于土耳其人的早期历史，维特克（Wittek）教授的专著极具价值。在年轻一些的土耳其学者中我首推伊纳尔哲克（İnalcîk/Inalcîk）教授。吉尔神父（Father Gill）关于佛罗伦萨大公会议及其后果的著作对我帮助颇大。

我在附录中简要谈及了本书所使用的主要参考资料。其中一部分是比较罕见的。基督徒方面的文献，由德蒂尔（Dethier）教授在 80 多年前收录于《匈牙利历史文献》（*Monumenta Hungariae Historica*）中的两卷（第二十一、二十二卷之第一部、第二部）。该史料集已经付梓，但是没有公开发行——明显是因为其中包含了不少错讹。至于穆斯林方面的资料，其中大多数都不容易得到，对于不能熟练阅读奥斯曼作者作品的人更是如此。我希望我能为读者提供其中的精华部分。

若没有伦敦图书馆，本书将永远无法完成。我也要对大英博物馆阅览室的全体职员表示感谢，感谢他们的耐心帮助。此外我不能不提到 S. J. 帕帕斯塔夫洛（S. J. Papastavrou）先生为本书所做的校对工作，以及剑桥大学的委员、剑桥大学出版社的职员一贯的宽容与友善。

关于本书译名的说明

我无法确保所有希腊语、土耳其语词语的转写均准确无误。对希腊语名词我尽量使用我认为常见、自然的形式。对土耳其语名词我一般采用音译，除非我引用的是现代土耳其语的文字——那我将使用现代土耳其语的拼写。我称呼"征服者"穆罕默德二世时使用土耳其语的 Mehmet，而非 Mahomet 或 Mohammed。我希望我的土耳其朋友能原谅我在书中称呼这座城市为"君士坦丁堡"（Constantinople）而非"伊斯坦布尔"（İstanbul/Istanbul），否则我将有迂腐的嫌疑。①

史蒂文·朗西曼

伦敦

1964 年

---

① 从 10 世纪起，突厥人和阿拉伯人开始称君士坦丁堡为"伊斯坦布尔"（İstanbul），这个名称来自希腊语 στην Πόλη，即"在城里""进城去"。1453 年土耳其人征服君士坦丁堡后，"伊斯坦布尔"逐渐成为该城的官方名称，与"君士坦丁堡"一词并用。土耳其共和国成立后，于 1930 年将它正式更名为"伊斯坦布尔"。20 世纪 40 年代，朗西曼曾在伊斯坦布尔大学任教，而完成此书的时间在 1964 年，书中所用"君士坦丁堡"旧称显得不够"正式"，故而他做出以上说明。

第一章

帝国迟暮

1400 年圣诞节，英王亨利四世在他位于埃尔瑟姆（Eltham）的宫殿举办了一场宴会。此举不仅是为了庆祝佳节，更是为了欢迎他的一位贵客——曼努埃尔二世·帕列奥列格（Manuel Ⅱ Palaiologos/Palaeologus）。多数西方人称他是"希腊人的皇帝"，不过还有人记得他仍是正统的"罗马人的皇帝"。曼努埃尔二世经意大利而来，曾在巴黎短暂驻留，为了款待他，法王查理六世将卢浮宫的一翼装饰一新，而索邦神学院（Sorbonne）①的教授们很高兴能面见一位可以与他们讨论交流的君主，后者的学识与敏锐头脑不亚于他们自己。在英格兰，所有人都为皇帝的翩翩风度所倾倒，他和他的廷臣们穿着的一尘不染的白色长袍也令人印象深刻。然而，尽管他头衔高贵，其东道主们却不免心怀怜悯——因为他作为一个乞援者而来，在绝望中寻求各方的帮助，以对抗包围他的帝国的异教徒。国王亨利的宫廷中的法学家阿斯克的亚当（Adam of Usk）②认为，皇帝到访此地一事让人悲恸，他写道："我

---

① 巴黎大学前身。
② 阿斯克的亚当（约 1352—1430 年），他也是一名威尔士神父和历史学家。

思忖，如此杰出的基督徒君主竟被萨拉森人所逼，从极远的东方来到极西的岛屿求援，这是多么令人痛心啊……哦，上帝，古罗马的荣耀如今何在？"[1]

事实上，古老的罗马帝国已萎缩至弹丸之地。虽然曼努埃尔是奥古斯都及君士坦丁的合法继承者，然而，君士坦丁堡的罗马皇帝可以在罗马世界呼风唤雨的时代已经过去好几个世纪了。对西欧人而言，他们仅仅是希腊人或拜占庭的君主，完全无法与在西方出现的皇帝相比。拜占庭直到 11 世纪还是一股令人敬畏的主导力量，是基督教世界抵御穆斯林冲击的中流砥柱。拜占庭积极而成功地履行了自己的职责，直到新的穆斯林挑战在 11 世纪中叶来临——突厥人从东方袭来。与此同时，以诺曼人为代表，经过发展的西欧也试图发动入侵。拜占庭帝国陷入两线作战的同时，国内又遭遇了体制和统治王朝方面的困难。诺曼人的入侵被遏止了，可是拜占庭已经丢失了在意大利的全部领土。在突厥人面前，拜占庭帝国则永久性地失去了作为粮仓与兵源地的安纳托利亚高原。①此后帝国一直面临两线作战之虞，而十字军运动的兴起令局面更加复杂。作为基督徒，拜占庭人对十字军心怀好感，然而其长期的政治经验教导他们应当对异教徒表现出一定的宽容并允许他们存在。西方人发起的"圣战"在他们看来反而是既危险又不切实际的。

然而，拜占庭人希望从圣战中获得好处。可是夹在中间的势

---

① 1071 年，拜占庭皇帝罗曼努斯四世在曼兹科特（Manzikert）会战中惨败于突厥人，宣告了帝国丧失小亚细亚领土的开端。参见：富勒，《西洋世界军事史·卷一》，钮先钟译，桂林：广西师范大学出版社，2004 年，343—357 页。

力只有自身强大才能获得安全。拜占庭继续扮演着一个大国的角色，而实际上它的实力已经被削弱了。在不断的战争中失去安纳托利亚这个征兵地，迫使拜占庭皇帝依赖外国盟友与雇佣军，而两者都要拿报酬——金钱和商业特许权。这些要求又发生在帝国因失去产粮地安纳托利亚而在经济上捉襟见肘的时候。整个 12 世纪，在表面上君士坦丁堡依然富裕和辉煌，宫廷依然富丽堂皇，港口和市场中依然商贾如云，皇帝依然被视作强大的统治者。但是，穆斯林没有因为他试图抑制十字军的热情而向他表示感谢，而十字军则因为他对圣战的冷淡态度而感到不快。同时，基督教世界东西部之间根深蒂固的宗教分歧因为 11 世纪的政治事件而不断恶化。[①] 至 12 世纪末，罗马教会与君士坦丁堡教会已经毋庸置疑地陷入分裂。

真正的危机是十字军带来的。1204 年，在军队领袖野心的蛊惑下，在十字军的盟友——威尼斯人的嫉妒与贪婪之下，在西方人对拜占庭教会的敌意之下，十字军转向君士坦丁堡，攻占并洗劫了它，在其废墟上建立了拉丁帝国。这起事件史称“第四次十字军东征”，终结了东罗马帝国的强权地位。大约半个世纪后，流亡至小亚细亚西北部尼西亚（Nicaea）的帝国当局重返君士坦丁堡，拉丁帝国垮台了，似乎一个伟大的新时代即将到来。然而，这个由米哈伊尔·帕列奥列格（Michael Palaiologos）重建的帝国在基督教世界的东部不再是主导力量。但它还是保有一些过去的神秘威望，君士坦丁堡依然是“新罗马”，依然是历史上东正教世界的神圣都城。拜占庭皇帝至少在东方人看来依然是罗马人的

---

① 1054 年，东西方教会互相开除对方教籍，标志两大教会公开分裂。

皇帝，但实际上他只是诸君主中的一员，其权势也不算突出。在他之外还有其他的希腊统治者。东面有特拉布宗帝国（Empire of Trebizond），即"大科穆宁"（Grand Comnenus）的帝国，它拥有银矿，控制了通往大不里士（Tabriz）和亚洲更远地区的古老商路，因此颇为富裕。在伊庇鲁斯（Epirus），安格鲁斯（Angelus）家族统治着伊庇鲁斯专制君主国，它一度能与尼西亚帝国在收复首都的事情上相互竞争，不过此时已经走向了衰落。在巴尔干，保加利亚与塞尔维亚轮流主宰这个半岛。此外在希腊本土与周边的岛屿上，到处都是意大利人的殖民地和法兰克人的贵族领地。为了把威尼斯人赶出君士坦丁堡，拜占庭人招来了热那亚人，后者必须得到回报，于是他们在金角湾对岸建立了殖民地加拉塔［Galata，或称佩拉（Pera）］。[2] 随即君士坦丁堡的大部分贸易都被加拉塔攫取了。帝国四周险象环生：在意大利，有些强大的统治者渴望为拉丁帝国的覆灭复仇；巴尔干的斯拉夫王公觊觎皇帝头衔；亚洲的突厥人沉寂了一段时间，事实上，若无这段沉寂，拜占庭帝国很难存活下去。但是，在杰出的酋长奥斯曼（Osman）及其后裔的领导下，突厥人很快得以复兴。恢复元气后的拜占庭帝国因繁杂的欧洲事务以及持续不断的西部威胁而透支了人力财力。它削减了东部边境的军力，等到奥斯曼土耳其人突破防线后，为时已晚。[3]

　　幻觉开始破灭。14 世纪对拜占庭帝国而言是个充满政治灾难的时期。数十年中，强大的塞尔维亚王国一度有鲸吞帝国之势。而雇佣军加泰罗尼亚军团（Catalan Company）的叛乱令诸行省惨遭破坏。帝国长期陷入一系列内战之中，起初只是宫廷中的个人和家族之间的矛盾，后来社会群体和宗教党派卷入其中，使情况愈加严重。例如，约翰五世在1341—1391年共在位50年，先后被他的岳父、儿子和孙子废黜了不下三次，不过他最终在皇位上寿终正寝。[4]帝国还暴发了严重的瘟疫，破坏力巨大。1347年，黑死病在内战打得正激烈时暴发，帝国至少三分之一的人因此丧生。趁拜占庭帝国和巴尔干地区深陷麻烦之际，奥斯曼土耳其人进入欧洲，越走越远。至14世纪末，苏丹已饮马多瑙河，拜占庭已经沦为其领土环绕下的孤岛。皇帝手中只剩下君士坦丁堡本身、马尔马拉海沿岸的几座色雷斯（Thrace）城镇、北至梅塞姆布里亚（Mesembria）的黑海沿海地区、塞萨洛尼基（Thessalonica）及其郊区、几座小岛以及伯罗奔尼撒半岛。皇室成员统治着位于伯罗奔尼撒半岛的摩里亚专制君主国，它从法兰克人手中收复了一些失地。希腊本土及周边岛屿上还残留着一些拉丁人的封地与殖民地。佛罗伦萨出身的雅典公爵统治着雅典，维罗纳出身的王公们占据了爱琴海诸岛。其余地方均已落入土耳其人之手。[5]

出人意料的是，虽然此时拜占庭在政治上衰弱，然而在文化生活上却较其他时期更加活跃和多产。帕列奥列格王朝是个学术与艺术成就斐然的时期。例如，君士坦丁堡科拉教堂（Church of Holy Savior in Chora）里的壁画和马赛克镶嵌画创作于14世纪初，其活力、新颖性和魅力足以令同时期的意大利艺术显得原始和粗糙。在首都的其他地方和塞萨洛尼基还有同等水准的作品。[6]不过，如此华丽的艺术创作耗资甚巨。帝国的财富开始枯竭。人们注意到，在1347年约翰六世及其皇后的加冕礼上，使用的头饰上的宝石实际上是玻璃的。[7]到14世纪末，尽管小型的艺术作品依然在出现，只在伯罗奔尼撒半岛上的米斯特拉斯（Mistra/Mistras）和阿索斯山（Mount Athos）才有新教堂落成，其内部装饰比以往更为简朴。然而，不那么依赖财政支持的学术生活一直生机勃勃。君士坦丁堡大学在 13 世纪末被品味高雅、学识渊博的廷臣狄奥多尔·梅托基特斯（Theodore Metochites）①重新创立，科拉教堂的装饰也是由此人赞助完成的。[8] 在他的激励下，涌现了一代优秀学者。14 世纪的主要学者，如历史学家尼基弗鲁斯·格雷戈拉斯（Nicephorus Gregoras）、神学家格里高利·帕拉玛斯（Gregory Palamas）、神秘主义者尼古拉斯·卡巴西拉斯（Nicholas Cabasilas）、哲学家德米特里·基多尼斯（Demetrius Cydones）和阿金迪纳斯（Akyndinus），都曾在君士坦丁堡大学深造并受到梅托基特斯的影响。这些学者也都受到了继任的首相约翰·坎塔库泽努斯（John Cantacuzenus）②的帮助和鼓励，不过其中一些人在他篡夺帝国皇位后与他决裂了。这些学者都有自己的思想，他们一直炽烈地争论，一如他们炽热的友情，就像希腊人近两千年来一直争论的那样，他们就柏拉图和亚里士多德各自的优点争论不休。他们讨论语义学与逻辑学，自然也不可避免地侵入神学的领域。东正教传统对哲学心存顾虑。优秀的教士相信哲学的训练，并且运用柏拉图式的术语与亚里士多德的方法论。

---

① 狄奥多尔·梅托基特斯（1270—1332 年），拜占庭政治家、作家、哲学家及艺术资助人，1305—1328 年间为皇帝安德罗尼库斯二世的重要顾问。

② 约翰·坎塔库泽努斯（1292—1383 年），即拜占庭皇帝约翰六世，1347—1354 年间在位。他在安德罗尼库斯三世统治时期曾任帝国首相与军队总司令，被后人誉为帕列奥列格王朝最伟大的政治家。安德罗尼库斯三世去世后，他与其继承人约翰五世就帝位继承爆发内战，史称"两约翰之战"。坎塔库泽努斯依靠土耳其势力，于内战中一度占据优势，并成功加冕为皇帝，但最终因亲土政策招致国内广泛的不满，被首都民众起义推翻，在修道院度过了余生。这场内战严重削弱了拜占庭帝国的实力。参见：陈志强，《拜占廷帝国史》，北京：商务印书馆，2006 年，331—333 页。

但他们的神学是否定神学。① 他们认为上帝的存在在本质上超出了人类的认知范围，因此哲学无法解决宗教问题。14 世纪中期出现了麻烦，当时某些哲学家受西方经院哲学的影响，开始攻击东正教传统的神秘主义理论，因此，后者的捍卫者不得不提出他们的学说，并宣称笃信上帝非受造的能量（the uncreated Energies of God）。这引起了一场激烈的争论，分裂了朋友和党派。"能量论"在倾向于反智的修士中得到了主要支持。拥护该学说的主要人物帕拉玛斯头脑睿智，但对人文主义不感兴趣。人们经常用他的名字来称呼该学说为"帕拉玛斯主义"。不过，诸如约翰·坎塔库泽努斯、尼古拉斯·卡巴西拉斯这样的人文主义知识分子也支持他，因此，他们的胜利并不像人们常说的那样，是蒙昧主义的胜利。⁹

有一个首要问题不仅涉及神学家和哲学家，而且也涉及政治家，这就是与罗马教会统一的问题。此时东西方教会已完全分裂，帕拉玛斯主义的胜利更是加深了裂痕。不过，许多拜占庭政治家认为，如果没有西方的帮助，帝国就无法生存下去。如果西方提供援助的前提是东正教会臣服于罗马教会，那么希腊人也不得不妥协。米哈伊尔八世为了对抗西方复辟拉丁帝国的计划，不惜于里昂大公会议（Council of Lyons）上承诺让其子民同意与罗马教会统一。但此举遭到了大多数拜占庭人的强烈反对。而当危险过去之后，他的儿子安德罗尼库斯二世便放弃了统一政策。如今，土耳其

---

① 史蒂文·朗西曼在此用了一个术语 apophatic（源于希腊语 ἀπόφασις，本意为"否定"），其派生含义为"通过否定来证明"。东正教会神学有时也被称作 Apophatic theology（可理解为"反证神学"），即认为上帝不可捉摸，只能通过论述上帝不是什么来探寻其存在。与之相对应的则为 Cataphatic theology（"通过肯定来证明"的神学）。由于东正教的这一特征，其观点相对倾向于神秘主义和不可知论。

人已经包围了拜占庭帝国，情况更加令人担忧。统一迫在眉睫，此举不是为了收买那些信基督教的敌人，而是要赢得朋友，共同对抗更可怕的异教徒敌人。而东正教世界没有哪个势力可以提供援助。多瑙河流域及高加索地区的各个王公实力有限且自身不保，罗斯人自身问题成堆，也离得太远。不过，真有哪位天主教君主会援助他心中的"分裂分子"吗？难道他不会认为土耳其人的推进是对分裂行为施行的公正惩罚吗？带着这些疑问，1369年，皇帝约翰五世在意大利代表个人向教宗表示臣服。然而他谨慎地拒绝将自己的臣民卷入其中，尽管他徒劳地希望说服他们追随自己。[10]

　　米哈伊尔八世与约翰五世均非神学家。对他们而言，与西方联合在政治上的裨益胜过一切。然而对神学家来说，情况更为棘手。东西方基督教世界从很早的时候开始就在神学、礼拜方式、教会理论和教会实践等方面渐行渐远。此时的分裂源自一个重要的神学问题——关于圣灵如何产生的问题，以及拉丁人加进《尼西亚信经》的"和子句"（Filioque）。① 还有其他较小的问题。天主教会不承认新近被东正教会接受的能量说，而天主教会的炼狱教义在东正教会看来太过傲慢自大。在礼拜仪式上，双方的主要问题是圣餐仪式上所用的饼是否应当发酵。对东方教会而言，西方教会采用无酵饼似乎是犹太人的做法，是对发酵饼所象征的圣灵的不尊重。同样，西方教会在圣餐礼中拒绝使用"求降圣灵

---

① 对于圣灵如何产生，基督教东西方教会有不同理解。《尼西亚信经》中对此并无明确定义。罗马天主教会秉承圣奥古斯丁的观点，认为圣灵由圣父、圣子共同产生，即术语"和子说"。而东方教会接受的为大马士革的约翰（John Damascus）之理论，即圣灵由圣父产生，圣子、圣灵都借圣父而存在。是否接受"和子说"成为东西方教会在谋求统一过程中的重大神学分歧。

文"（Epiklesis，对圣灵的召唤），认为这是对圣灵的不敬。但东正教会相信，缺乏这道程序，饼与葡萄酒便不能被完全祝圣。对于普通信众是否能在圣餐礼中兼领圣体和圣血、在俗司铎能否结婚的问题，两大教会同样也有争议。不过，双方最根本的分歧集中在教权方面。罗马主教是否在基督教会中享有居先权或至高地位？拜占庭传统历来坚持旧有的观念：在神授能力方面，所有主教都是平等的。无论其观点多么备受尊敬，哪位主教都无权强迫其他主教接受自己的教义，就算是圣彼得的传人罗马主教也不行。唯有大公会议（Oecumenical Council）有权诠释教义。所有教会的主教在大公会议上均有代表，开会时，就像在圣灵降临节（pentecost）上一样，圣灵将会降临，给他们以启发。罗马教会往信经中添加内容之举 ① 令东正教会大为震惊，不仅是出于神学上的原因，而且还因为此举单方面篡改了由大公会议通过的教义。而且基于传统，东正教不愿接受罗马的管理与训诫，而是相信这方面的权力应由五大宗主教② （Pentarchy of Patriarchs）共同行使，尽管罗马宗主教地位较高，其权限却不会高于其他宗主教。拜占

---

① 对基督教义的增添，如"和子说"。

② 宗主教（希腊语：Πατριάρχης，拉丁语：Patriarcha）是基督教会中最高等级主教的头衔（中文传统上将东正教会的宗主教称作"牧首"）。在基督教历史早期，罗马帝国境内的五座重要城市（罗马、君士坦丁堡、安条克、亚历山大、耶路撒冷）是基督教的主要教区，该地主教地位崇高，拥有最古老的宗主教头衔。上述五地合称五大宗主教区（Pentarchy），按历史荣誉，其主教排名先后如下：西方宗主教（即罗马教宗），君士坦丁堡、新罗马大主教和普世牧首，亚历山大和全非洲牧首，大安条克和全东方希腊教会牧首，耶路撒冷圣城和全巴勒斯坦牧首。理论上，罗马教宗作为圣彼得的继承人，享有"首席"地位，但依据东正教传统，西方宗主教并无逾越其他主教的特权。2006 年，"西方宗主教"这一头衔被教宗本笃十六世于官方文件中删除。

庭人坚持其传统与礼拜仪式，不过其"经世"（Economy）教义主张为了教会的和谐运转而在小问题上求同存异，为和解提供了某种弹性。反倒是罗马天主教会从其本性来说就不可能轻易做出让步。[11]

拜占庭的学者们分裂了，其中有很多由于忠于自己的教派而无法接受与罗马统一。然而不少学者（尤其是哲学家）准备接受罗马方面的至高权威，只要自己的信条和惯例没有被彻底否定。对他们而言，基督教世界与基督教文明的统一是当下最重要的事情。他们中的一些人曾游历意大利，目睹了当地生机勃勃的学术生活。他们也发现，如果希腊学者以朋友身份来到意大利，将会受到高度敬重。大约 1340 年，德米特里·基多尼斯将托马斯·阿奎那（Thomas Aquinas）的著作翻译为希腊语。阿奎那的学说吸引了大批拜占庭思想家，让他们明白不该继续小觑意大利的学术水平。他们渴望加强与意大利的学术交流，并得到了积极的回应。越来越多的拜占庭学者在西方获得了待遇优厚的教席，融合拜占庭与意大利文化的想法愈发具有吸引力。考虑到历史上罗马城所具有的荣耀以及当下意大利所展现的勃勃生机，只要希腊传统能得到保障，向罗马低头又有什么关系呢？[12]

然而，只有在政治家与知识分子中，才能找到统一的支持者。修士与低阶教士强烈反对，他们很少有人受到文化论争的影响，而是为自己的信仰与传统感到自豪，其祖辈在拉丁皇帝之拉丁主教治下的痛苦遭遇尚记忆犹新。正是他们影响了民众，声称统一在德行上是错误的，接受之后可能招致永恒的天谴——这可比短暂的尘世生活中的任何灾祸都更糟糕。在他们的反对下，任何一位皇帝都难以实现统一的承诺。此外，部分在感情和理智上忠于传统的学者和神学家也赞同他们，还有一些怀疑西方有能力拯救拜占庭的政治人物亦是如此。

这些激烈的论争发生在物质生活衰退的环境中。尽管拥有优秀的学者，君士坦丁堡在 14 世纪末已然沦为一座令人悲伤、垂死的城市。12 世纪时，首都及近郊的人口约有 100 万，此时只剩下不足 10 万，并且还在持续减少。[13] 博斯普鲁斯海峡对岸的郊区已落入土耳其人之手，金角湾对岸的佩拉是热那亚人的殖民地。昔日博斯普鲁斯海峡及马尔马拉海沿岸的色雷斯海岸布满了华丽的别墅和富丽堂皇的修道院，此时只剩下一些簇拥着古老教堂的小村庄。君士坦丁堡的城墙有 14 英里长，在极盛时期，城墙内满是花园与公园，它们将各城区隔开。但此时许多城区已经消失，剩余的城区之间是田地和果园。14 世纪中期到访的旅行家伊本·白图泰（Ibn Battuta）记载城墙内共有 13 个城区。15 世纪初到访的西班牙旅行家冈萨雷斯·德·克拉维约（Gonzalez de Clavijo）对这座宏伟城市的破败感到震惊，城市的空旷让若干年后造访的贝特朗东·德·拉布吕基耶（Bertrandon de la Broquière）[①]惊呆了。佩德罗·塔富尔（Pedro Tafur/ Pero Tafur）[②]在 1437 年谈到了君士坦丁堡的居民稀少且穷困——许多城区会让你认为自己身处空旷的乡村，春天的野玫瑰在树篱上盛放，夜莺在灌木林里欢唱。

城市东南端的旧皇宫已不再适合居住。拉丁帝国末代皇帝

---

① 贝特朗东（约 1400—1459 年），勃艮第朝圣者，1432—1433 年间曾前往圣地，途经君士坦丁堡，后应勃艮第公爵"好人"菲利普的要求将见闻写成游记 Le Voyage d'Outremer。

② 佩德罗·塔富尔（约 1410—约 1484 年），西班牙旅行家。

在走投无路的情况下，在把城中大部分圣髑售予圣路易（Saint Louis，法国国王路易九世）之后，在将儿子兼继承人抵押给威尼斯人之前，剥下了皇宫所有屋顶上的铅板，然后把它们卖掉换取现金。米哈伊尔·帕列奥列格及其继承者都没有足够的钱将皇宫修缮如故。只有少量教堂还得到了维护，例如瓦西里一世的"新大殿"（the Nea Basilica，或 the Nea Ekklēsia）① 及灯塔区（the Pharos）的圣母教堂（the church of the Mother of God）②。附近的大竞技场（Hippodrome）一带也破败不堪，贵族的年轻人已将它当作马球场。广场对面的牧首府（Patriarchal Palace）仍为君士坦丁堡牧首的办公场所，但他已经不敢再在此处居住了。只有伟大的圣索菲亚大教堂（Hagia Sophia）依旧宏伟壮观，因为政府岁入中有一笔专项资金保障它的维护。

君士坦丁堡的主干道一端是查瑞休斯门（Gate of Charisius，今天土耳其人称之为阿德里安堡门），另一端是旧皇宫。主干道两侧断断续续地点缀着商店和住宅，中心是圣使徒教堂（Cathedral of Holy Apostles），不过这座庞大的建筑已经破败不堪。金角湾沿岸村庄更加密集，人口更加稠密，尤其是在两端：一处是布雷契耐区（Blachernae），此地靠近陆墙，皇帝的宫殿

---

① "新大殿"是继 6 世纪圣索菲亚大教堂建成后，君士坦丁堡又一重要教堂（瓦西里一世 880 年建于皇宫区）。它也被称为拜占庭中期建筑艺术之集大成者。帝国灭亡后教堂被奥斯曼人改为弹药库，1490 年因雷电引爆火药而被毁。参见：Alexander P. Kazhdan, ed. *The Oxford Dictionary of Byzantium*, New York: Oxford University Press, 1991, p. 1446。

② 此处所指"圣母教堂"位于君士坦丁堡皇宫区灯塔附近，始建于 8 世纪，9 世纪时由米哈伊尔三世重建。参见：G. Majeska, *Russian Travelers to Constantinople in the Fourteenth and Fifteenth Centuries*, Dumbarton Oaks Research Library & Collection, 1984, p. 246。

现在就坐落于此，另一处位于兵工厂所在的山丘下，朝向城市的尖端。威尼斯人在金角湾的港口旁有一个繁华的居住区，附近有分配给安科纳、佛罗伦萨、拉古萨和加泰罗尼亚的西方商人以及犹太人的街区。沿着前滩有货栈、码头和集市（今天土耳其的大集市就在这里）。以上各区是相互独立的，多以城墙或栅栏环绕。在城南朝向马尔马拉海的斜坡上，村庄更为稀疏，相互之间距离更远。在斯塔迪昂区（Studion），也就是陆墙与马尔马拉海相接的地方，君士坦丁堡大学及牧首学院（Patriarchal Academy）的建筑簇拥着古老的圣约翰教堂及其历史悠久的修道院（拥有精美的图书馆）。东边的萨马提亚区（Psamathia）有几个码头。城中尚分布着若干精美的豪宅、修道院和女修道院。你或许还能见到衣着光鲜的贵族和名媛骑马或乘轿穿过城市。不过，当贝特朗东看着迷人的玛利亚皇后骑马从圣索菲亚大教堂前往皇宫时，皇后卫队的规模小得令他感到难过。集市上和码头上仍有货物，因为威尼斯、斯拉夫或穆斯林商人不愿去金角湾对面的佩拉，宁愿在老城做生意。每年依然有朝圣者拥入君士坦丁堡，他们大多来自俄罗斯，前来瞻仰教堂及教堂收藏的圣髑。国家依然维持着接待这些朝圣者的旅社，并在力所能及的范围内运营医院与孤儿院等设施。[14]

此时帝国唯一剩下的另一座重要城市是塞萨洛尼基，它比君士坦丁堡有更浓厚的繁荣气息。塞萨洛尼基仍然是巴尔干地区主要的港口，城中一年一度的交易集会依然在吸引各国的商人。由于城市面积较小，所以显得没那么空旷和凋敝。不过它从未从14世纪中期的动乱中完全恢复元气。当时，它被一批名为"狂热者"（Zealots）的起义民众占据了数年，他们在遭到镇压前破坏了许多宫殿、商铺和修道院。① 14 世纪末，塞萨洛尼基又被土耳其人攻占，不过后来又回到了希腊人手中。伯罗奔尼撒半岛上的米斯特拉斯是摩里亚专制君主国② 的首都，虽然拥有一座宫殿和一座城堡，外加几座教堂、修道院和学校，但其规模比一个村庄大不了多少。15

　　1391 年，拜占庭帝国可悲的残余部分传到了皇帝曼努埃尔二世手中。皇帝本人可谓人生多艰。他的青少年时代几乎都在战争与家族内斗中度过。他独自忠于父皇约翰五世，在后者因为欠债而被押在威尼斯的监狱中时，他设法将其救出。③ 作为皇子，曼努埃尔二世在土耳其苏丹的宫廷做了几年的人质，被迫向奥斯曼苏丹宣誓效忠，甚至违心地指挥一支拜占庭军团为苏丹攻打希腊人的自由城市费拉德尔菲亚（Philadelphia）④。他在学术上寻找慰藉，除了其他的作品，他还为土耳其友人撰写了一本比较基督教和伊斯兰教的小册子，此即一个例证。他是一位可敬的君主，曾慷慨地与兄长之子约翰七世共治，作为回报，约翰七世这个反复无常的年轻人在短暂的余生中忠于曼努埃尔。⑤ 曼努埃尔二世试

---

① 革命者被称作"狂热者"，反对贵族统治，要求重新分配社会财富，他们于 1342—1350 年控制了塞萨洛尼基。

② 摩里亚理论上属于拜占庭帝国，但一般由拜占庭太子或皇子统治，享有自治权。

③ 曼努埃尔二世的兄长安德罗尼库斯四世及侄子约翰七世曾先后篡位自立，故有此说。

④ 土耳其语名为阿拉谢希尔，绰号"小雅典"，位于小亚细亚。

⑤ 曼努埃尔二世之父在位期间王室成员曾多次爆发内战，而曼努埃尔二世本人则相对与皇族关系和睦，即便约翰七世曾短暂地篡位，仍授予他共治皇帝称号。在曼努埃尔二世访欧期间，约翰七世坐镇首都，趁着奥斯曼帝国的动乱以谈判方式为祖国收回了部分失土。但他在 1408 年去世，年仅38 岁。

图改革修道院，提高其水准，并尽其所能地为君士坦丁堡大学提供经费。他非常清楚自己在政治上需要西方的帮助。同时受到两位敌对教宗祝福的 1396 年十字军因其领导者的愚蠢行为而在多瑙河畔的尼科波利斯覆灭，它的目的实际上是援助匈牙利国王而非皇帝。不过，在曼努埃尔二世的请求下，1399 年法国元帅布锡考特（Jean Le Maingre/Marshal Boucicaut）①率领一小支部队驰援君士坦丁堡，但未能取得可观的战果。②皇帝反对东西方教会统一，一方面是因为虔诚的宗教信念（他在一篇论文中向索邦神学院的教授们公开解释了这一点），另一方面也是因为他深知他的臣民不可能接受这一点。他还告诫自己的儿子——未来的约翰八世——既要在友好的基础上继续就统一问题谈判，同时又要避免许下任何不可能履行的承诺。在他前往西方寻找帮助时，他选择了一个教廷因为天主教会大分裂③而名誉扫地的时机，并向世俗统治者求援，希望以此来逃避宗教方面的压力。但是，虽然皇帝给西方留下了令人愉快的印象，得到的实际援助却寥寥无几，仅有东道主从他们不太热情的臣民那里征收的少量钱财。1402 年，当土耳其苏丹向君士坦丁堡进军的消息传来时，他不得不匆匆回家。在

① 布锡考特（1366—1421 年），法国将门之后，1391 年被查理六世封为法国元帅，曾先后参加尼科波利斯战役与阿金库尔战役。

② 这支法国军队共计 6 艘战船，约 1200 名士兵。

③ 持续时间为 1378—1417 年。1377 年，教宗格里高利十一世（Grégoire XI）把教廷由法国阿维尼翁迁回罗马，他去世后，枢机团分别选出一名意大利人和一名法国人为继承者，即乌尔班六世（Urban VI）与克雷芒七世（Clément VII）。两位教宗互不承认，甚至彼此开除教籍。于是在法国和意大利出现了两个教廷。直到 1418 年德意志康斯坦茨（Konstanz）召开的大公会议终于选出了各方一致认可的教宗马丁五世（Martin V）才宣告分裂结束。先前提到 1396 年的十字军居然是由两位敌对的教宗各自派出，当年的混乱状况可见一斑。

他回国之前，首都便已解围，因为"鞑靼人"帖木儿（Timur the Tartar）从东面攻击了土耳其人的领土。但是，虽然苏丹巴耶济德（Bayezit）在安卡拉的战败使拜占庭得以解脱，但这并不能使垂死的帝国复原。土耳其人势力的衰微只是暂时的，因为家族间的斗争，他们在 20 年的时间里无暇侵略。1423 年，苏丹穆拉德二世向君士坦丁堡进军，由于家族的内斗和叛乱的传闻，他不得不几乎立即解除了围攻。[16]

帖木儿的介入使君士坦丁堡的陷落推迟了半个世纪。不过曼努埃尔二世从中没有获得多少好处。他收复了色雷斯的几座市镇，确保了一位友善的王子登上苏丹宝座。倘若欧洲各国能立即组成一个反土耳其联盟，或许就能终结土耳其人的威胁。但是，如果没有时间和善意，就不可能形成联盟，这二者当时是都没有的。热那亚人担心他们的贸易，于是急于两面讨好，一方面向帖木儿派出使节示好，一方面出动船只将战败的土耳其将士从亚洲运回欧洲。威尼斯人害怕被热那亚人耍得团团转，指示他们的各殖民当局严守中立。教廷正处于大分裂的痛苦中，无法站出来提供领导。西欧诸国依然对尼科波利斯的惨败心有余悸，加之事务缠身[①]，对干预东方事务也意兴阑珊。匈牙利国王认为土耳其人此时无法威胁自己，便将注意力投入争取神圣罗马帝国皇位的密谋之中。君士坦丁堡眼下没有危险，所以为什么要去管它呢？[17]

君士坦丁堡城内可没有这样的乐观情绪。不过，尽管人们对危险心知肚明，城中的学术生活依然活跃。老一辈学者已经逝去。如今，除去皇帝本人，学界的领袖为牧首学院院长、君士坦

---

① 指英法百年战争经过 26 年停战后，于 1415 年又重启战端。

丁堡大学教授约瑟夫·布林尼乌斯（Joseph Bryennius）。他培养了最后一代拜占庭的优秀学者。此人学贯东西，帮助皇帝将西欧学术引入君士坦丁堡的大学课程。他急切地欢迎来自西欧的学生。实际上，艾伊尼阿斯·西尔维乌·皮科洛米尼［Aeneas Sylvius Piccolomini，即未来的教宗庇护二世（Pius Ⅱ）］后来写道，在他年轻的时候，任何自诩学者的意大利人总是声称自己在君士坦丁堡受过教育。但布林尼乌斯和曼努埃尔一样，反对东西方教会统一，他不能接受罗马的神学，也不会抛弃拜占庭的传统。[18]

另一位学者格弥斯托士·卜列东（Georgius Gemistus Plethon）①比布林尼乌斯更加杰出，却更年轻一些，他是君士坦丁堡人，后来移居至摩里亚专制君主国的首都米斯特拉斯，并得到了皇帝最有学识的皇子——摩里亚专制君主塞奥多利二世的庇护和资助。他在米斯特拉斯创办了一所柏拉图学园（Platonic Academy），撰写了许多旨在以柏拉图学说改造国家的著作——他认为只有这样做才能重振希腊世界。他提出了不少社会、经济、军事上的主张，不过多数都不切实际，难以施行。他在宗教上拥护柏拉图的宇宙观，并将伊壁鸠鲁的学说与琐罗亚斯德教的观念融入其中。虽然他名义上是东正教徒，却不需要基督教，还喜欢把"上帝"（God）写作"宙斯"（Zeus）。其宗教观点从未公开发表过。在他去世及君士坦丁堡陷落后，记载其宗教观念的手稿落入其老朋友兼老对手——时任君士坦丁堡牧首的金纳迪乌斯（Gennadius）手

---

① 格弥斯托士·卜列东（约1355—1452年），拜占庭著名柏拉图主义哲学家，也是在西方推动复兴古希腊学术的先驱。其学说在15世纪的意大利影响很大。

中，金纳迪乌斯阅读后对其学说既着迷又恐惧，最后不情愿地下令将这些手稿付之一炬。仅有一些残篇留存了下来。[19]

卜列东热切地支持使用一个表明拜占庭世界发生了多大变化的术语。迄今为止，拜占庭人用 Hellene 一词称呼信奉多神教的希腊人，与基督徒相对，不过称呼"希腊语"的时候除外。现在，随着帝国萎缩到只剩一群城邦，而且西方世界对古希腊充满了敬佩之情，人文主义者开始自称 Hellene。拜占庭帝国的官方称呼依旧是"罗马帝国"，不过拜占庭的知识分子圈子放弃了之前常用来称呼自己的词 Romaioi（罗马人），最终 Romaic（罗马话）被用来指称民众使用的语言，与书面语相对。这种风尚源自塞萨洛尼基，当地的知识分子非常清楚自己继承了古希腊的文化遗产。塞萨洛尼基人尼古拉斯·卡巴西拉斯就写过"我们希腊人共同体"。多名同时代学者就效仿了他的例子。14 世纪末，甚至皇帝曼努埃尔也通常被称作"希腊人的皇帝"（Emperor of the Hellenes）。几个世纪前，如果西方使节带着致"希腊人的皇帝"的书信抵达君士坦丁堡，都不会受到宫廷接见，可到了此时，尽管会有一些固守传统的人不喜欢这个新称呼，尽管没人会认为这种称呼否认了帝国的普世主张，但它还是盛行起来，以提醒拜占庭人记住他们继承的是希腊遗产。在帝国最后的几十年中，君士坦丁堡有意识地成了一座希腊城市。[20]

曼努埃尔二世 1423 年退休，两年后去世。他的朋友土耳其苏丹穆罕默德一世在此时已经驾崩，奥斯曼帝国在新任苏丹穆拉德二世治下比以往任何时候都要强大。尽管穆拉德二世是虔诚的穆斯林，但是许多希腊人都钦佩他，认为他为人宽厚、品格高尚、公平持正。然而他的性情在 1422 年进攻君士坦丁堡时暴露无遗。

虽然围攻首都的企图未能得逞，但他的进逼势头给帝国其余部分造成了很大压力，曼努埃尔的那位神经质的三儿子安德罗尼库斯在绝望中认为守不住自己统治的塞萨洛尼基，将其卖给了威尼斯人。但是威尼斯人也守不住它。经过短暂的围攻，该城于1430年落入了土耳其人手中。之后数年，穆拉德二世似乎没有非常大的扩张意愿。不过，这段缓刑期能持续多久呢？[21]

曼努埃尔的长子约翰八世确信只有西方的援助才能挽救帝国，于是他不顾父亲的忠告，决心促成与罗马教会的统一。他明白，唯有西方教会能号召西方诸国施以援手。此时，教廷凭借大公会议运动（Conciliar Movement）而得以统一，从分裂中解脱了出来。[①] 约翰深知，诱使民众接受统一的唯一机会是在情况允许的条件下召开一次尽可能普世的会议，然后通过会议做出统一的决定。此时教廷也无法拒绝召开会议的计划。经过漫长的谈判，教宗尤金四世（Eugenius Ⅳ）邀请拜占庭皇帝率代表团前往意大利参加大公会议。虽然约翰最初倾向于在君士坦丁堡召开会议，但他还是接受了邀请。大会于1438年在费拉拉（Ferrara）召开，次年会场移至佛罗伦萨。[②] 双方代表在佛罗伦萨展开了至关重要的讨论。

若要往细里讲这场会议的故事，必定让人感觉枯燥。首先是关于"居先权"的争议。昔日基督教大公会议由罗马皇帝主持，那么这次会议是否该由约翰八世主持？罗马教宗应如何接待君士坦丁堡牧首？会议决定，辩论应该围绕对普世大公会议形成

---

① 指1418年德意志康斯坦茨会议选举出教宗马丁五世，结束了长期两位对立教宗并存的时代。

② 即费拉拉-佛罗伦萨大公会议，基督教第十七次大公会议。

的教规的正确解释和教父的著作进行。与会的神职人员，无论属于拉丁教会还是希腊教会，都必须被视为受到了神启，他们的裁决能得到人们的遵循。不幸的是，神启没能让他们达成一致。他们经常彼此意见不一，有时甚至自相矛盾。语言上的障碍产生了无尽的困难。很难为希腊语的神学术语找到确切对应的拉丁词语，而且历次会议的教规的希腊文和拉丁文版本经常出现分歧。必须承认，拉丁人在辩论中的表现更胜一筹。其代表团团结一致，精通辩术，教宗在背后为他们提供建议。东正教代表团则是一盘散沙，教士整体水平也不高，因为许多较有名望的主教都拒绝赴会。为提高代表团的水准，拜占庭皇帝将三位博学的修士提拔为都主教：尼西亚都主教特拉布宗的贝萨里翁（Basilios Bessarion/Bessarion of Trebizond）①、以弗所（Ephesus）都主教马克·尤金尼库斯（Mark Eugenicus）、基辅及全罗斯都主教伊西多尔（Isidore）。他还添加了四位世俗哲学家：乔治·斯科拉里乌斯（George Scholarius）②、乔治·阿米罗特斯（George Amiroutzes）、特拉布宗的乔治（George of Trebizond）与年迈的卜列东。东方教会的牧首们被要求从出席会议的主教中提名代表，他们不情愿地

① 　贝萨里翁（希腊文：*Βασίλειος Βησσαρίων*，1403—1472 年），文艺复兴时期著名的拜占庭人文主义学者。他出生于特拉布宗，青年时代远赴君士坦丁堡求学，师从卜列东。1437 年被拜占庭皇帝任命为尼西亚都主教（Metropolitan of Nicaea），并随后参加了费拉拉-佛罗伦萨大公会议。此后长期定居意大利，著书立说，赞助学者，并于拜占庭灭亡后尽力援助逃难的希腊同胞。1455 年一度成为教宗候选人之一，1463—1472 年任天主教会君士坦丁堡宗主教。贝萨里翁生前收藏了大量希腊文手抄本，1468 年，他将其捐赠给威尼斯元老院，今收藏于著名的威尼斯圣马可国家图书馆（The Biblioteca Nazionale Marciana）。
② 　同一人在不同时期又被称作哲学家金纳迪乌斯·斯科拉里乌斯、学者乔吉奥斯，当选牧首后，称金纳迪乌斯二世。

照办了，却未赋予代表全权代表权。在东正教会的传统中，所有主教，包括君士坦丁堡牧首，在讨论神学问题时一律平等，俗人亦有权发表见解。于是希腊人纷纷各自为战。当时君士坦丁堡牧首是一个和蔼的老者，名为约瑟夫，他是保加利亚君主和一个希腊妇女的私生子，不太聪明，身体欠佳，说话没分量。皇帝约翰八世忙着防止辩论指向难处理的话题，比如"能量说"，在必要时打断发言。希腊人之间意见不统一，也没有固定的策略，而且他们都囊中羞涩，归家心切。

最后，大会强制通过了统一的决议。出于对托马斯·阿奎那的仰慕，乔治·斯科拉里乌斯、乔治·阿米罗特斯与特拉布宗的乔治这三位学者接受了该决议。卜列东认为天主教会比希腊教会更不能包容自由思想，于是设法不在决议文件上签字。不过，卜列东在佛罗伦萨度过了一段美妙时光。他被奉为顶尖的柏拉图研究者，科西莫·德·美第奇（Cosimo de' Medici）[1] 以他的名义创办了一所柏拉图学园。因此卜列东不好对大会的决议表示明确反对。牧首约瑟夫认可天主教的观点"圣灵出于圣子"与东正教的观点"圣灵以圣子名义被差遣"之间并无区别之后，便因病去世了。一位不友善的学者评论说，在把介词弄混后，牧首还能干什么呢？贝萨里翁与伊西多尔认同了拉丁人的观点，他们钦佩意大利学者的学识，并渴望将意大利和希腊的文化整合起来。所有其他希腊主教也签字了，其中一些人提出抗议，抱怨说受到了皇帝的压力和威胁。唯有以弗所的马克一人没有签字，即使他受到了剥夺主教职位的威胁。最终的决议采纳了一些东正教的措辞，但

---

① 科西莫·德·美第奇（1389—1464 年），文艺复兴时期佛罗伦萨僭主，美第奇家族第一代政治家，被尊称为"老美第奇""佛罗伦萨国父"。

也不过是对天主教教义的陈述，尽管关于教宗与大公会议的关系的条款略显模糊。[22]

签字易，落实难。代表团返回君士坦丁堡后感到了不加掩饰的敌意。不久，曾经备受尊敬的贝萨里翁不得不离开拜占庭前往意大利。伊西多尔被愤怒的罗斯人放逐，也来到了意大利。东方教会的牧首们拒绝承认其代表团签字的效力。皇帝在挑选君士坦丁堡牧首继任者的问题上遇到了难题。第一个继任者上任后不久就去世了。第二个继任者格里高利·玛玛斯（Gregory Mammas）在 1445 年得到任命，称格里高利三世，前后在位 7 年，却受到属下几乎所有教士的抵制，最后不得不放弃职位，前往更友好的罗马。以弗所的马克被降职，却被民众视为真正的教会领袖。哲学家之中，特拉布宗的乔治避居意大利。乔治·斯科拉里乌斯开始动摇，更多的是出于政治原因而非宗教缘由。他依旧是经院哲学的拥趸，但认为统一不符合希腊人的利益。他改名"金纳迪乌斯"，隐退到修道院内。以弗所的马克死后，金纳迪乌斯成了反统一派的公认领袖。乔治·阿米罗特斯甚至走得更远，探索与伊斯兰教达成谅解的可能性。约翰八世也怀疑自己的做法是否正确，他没有彻底放弃统一，但在母亲海伦娜（Helena）的影响下，他不再强制推行。所有这些都给这座垂死的城市增添了分裂和苦难。[23]

倘若迅速发起对抗土耳其人的远征并获得成功，或许人们能勉强接受统一。教宗尤金四世在 1440 年发出了十字军倡议，最后组成了一支以匈牙利人为主的部队，该部队在 1444 年渡过了多瑙河。然而，教宗特使枢机主教切萨里尼以与异教徒签约无效为由，强迫联军统帅——特兰西瓦尼亚总督匈雅提·亚诺什（Hunyadi

János/John Hunyadi ）①撕毁与苏丹订立的正式条约，并在战略上横加掣肘。穆拉德二世在黑海边的瓦尔纳（Varna ）②不费吹灰之力便击败了这支十字军。[24]

在很多西方历史学家看来，拜占庭人拒绝统一的做法如同自杀，肆意又顽固。以修士为首的拜占庭淳朴民众的信条、礼仪和传统受到了热情的尊重，他们因此而感动，他们相信这些都是神的旨意，抛弃它们就等于犯罪。这是一个宗教气息浓厚的时代。拜占庭人认为尘世的生活不过是永恒的彼岸生活的前奏，不可以为了世俗世界的安定而放弃永恒的救赎。在他们身上也有一种宿命论的色彩：如果大祸临头，那也是上帝对人间罪愆的惩罚，人们必须坦然接受。他们是悲观主义者。在博斯普鲁斯海峡阴郁的气候下，希腊人的欢愉天性被削弱了。早在帝国繁盛时期，民众中就流传着声称帝国的繁盛不会一直延续下去的预言。所有人都知道，遍布城中的石块上和古代圣人撰写的书籍中记载了皇帝的名单，而这份名单快要到头了，敌基督的统治不久后就将到来。过去人们相信君士坦丁堡被献给了圣母玛利亚，她不会让城市落入异教徒之手，此时还这么想的人已经很少了。对他们而言，与西方的异端教会统一既不能带来救赎，也无法扭转厄运。[25]

这种出自虔诚的观点是无知和狭隘的，然而一些精明的政治家同样对统一疑虑重重。他们中的很多人有理由认为，西方国家永远无法或不愿派出足够强大的部队对抗苏丹的精锐之师。另一

① 匈雅提·亚诺什（约1407—1456年）曾任特兰西瓦尼亚总督、匈牙利王国摄政，为匈牙利对抗土耳其之名将。一生最辉煌战绩为1456年率军于贝尔格莱德围城战中大败苏丹穆罕默德二世，但本人也于战后不久感染鼠疫病逝。其次子匈雅提·马加什在1458年加冕为匈牙利国王。
② 今保加利亚第三大城市。

些人，尤其是一些教士，担心统一只会引发进一步的分裂。那些长期以来在法兰克统治者的迫害下一直努力坚守信仰的希腊人，难道不会觉得自己被出卖了吗？越来越多的希腊人已被土耳其人统治，他们与君士坦丁堡的联系只能通过教会来维持。倘若牧首投向西方，上述会众是否会效仿？他们的领主必定不会同意。高加索地区、多瑙河流域以及罗斯的东正教会会照做吗？君士坦丁堡牧首之外的正教会牧首①已经明确表示了反对。既然东正教依赖于拜占庭的牧首而不依赖于拜占庭帝国，那么为什么要单单为了拯救帝国而在宗教上屈从于西方呢？罗斯人因其仇敌波兰人和斯堪的纳维亚人信奉天主教而格外痛恨天主教会。1437 年的一份备忘录表明，在当时归君士坦丁堡牧首管辖的 67 个都主教区中，仅有 8 个依旧位于拜占庭帝国的统治范围内，7 个位于摩里亚专制君主国。[26] 换言之，一旦与罗马教会统一，君士坦丁堡牧首便有可能失去属下超过 3/4 的主教。除了拜占庭人不愿牺牲他们的宗教自由，这一点也是一个可怕的理由。一些政治家看得更远。任何冷静的观察者都可以看到，拜占庭是注定要失败的，统一东正教会以及希腊人民的唯一机会很可能在于接受土耳其人的奴役——其实大多数希腊人已经是这样了。或许只有这样才能重建东正教的希腊民族，并使其重新焕发活力，以便最终恢复足够的力量甩掉异教徒的枷锁，重新建立拜占庭帝国。除了少数例外，没有一个希腊人会甘愿将自己的肉体交给异教徒而丝毫不会感到自尊心受损，就像他们不愿将自己的灵魂交给罗马人一样。但是，如果向异教徒投降就不用向罗马人投降，那么前者难道不是更明

---

① 即亚历山大牧首、耶路撒冷牧首、安条克牧首。

智的选择吗？与在西方世界的边缘做一个分裂的民族相比，希腊人在穆斯林治下会是一个统一的民族，能够保存得更加完整。拜占庭帝国最后一位贤臣卢卡斯·诺塔拉斯（Lucas Notaras）的政敌曾将一句话归于他："苏丹的头巾好过枢机主教的帽子。"——此番言论并不像它乍听起来那么离谱。[27]

贝萨里翁和他的人文主义者同侪在意大利，急切而竭尽全力地想为自己的同胞争取帮助，对他们来说，君士坦丁堡的氛围似乎很奇怪，愚蠢而狭隘。贝萨里翁等人相信，与西方教会统一将带来新的文化和政治活力，能让拜占庭再次崛起。谁能说他们错了呢？

约翰八世自意大利回国后又度过了郁郁寡欢的 9 年时光。他回来后发现，他深爱的皇后——特拉布宗的玛利亚在一场瘟疫中病逝了。皇帝没有子嗣，而他的兄弟们老是在伯罗奔尼撒半岛争权夺利，或在色雷斯策划反对他的阴谋。他唯一信任的家庭成员只有年迈的母后海伦娜，但海伦娜与他政见不合。他尽可能地以机智与克制让处于意见分裂状态的首都维持稳定。他审慎地将国家的钱财都拿来整修首都高大的陆墙，以便为不可避免的奥斯曼进军做好准备。1448 年 10 月 31 日，死亡让他得以解脱。[28]

第二章

苏丹国的崛起

在过去的伟大日子里,拜占庭的繁荣往往离不开安纳托利亚。在罗马时代,这个被古人称为小亚细亚的巨大半岛是世界上人口最稠密的地区之一。罗马帝国的衰落伴随着瘟疫传播、疟疾流行,还有接下来波斯人与阿拉伯人在7—8世纪的入侵,它们使这一地区人口锐减。不过到了9世纪,安纳托利亚恢复了安定。一个精心组织的防御系统降低了敌人进犯的风险。农业恢复了,农产品得以售往君士坦丁堡与富裕的海滨城市。西部富饶的河谷地区到处都是橄榄树、果树与粮食作物。成群的牛羊在高地上游荡。而灌溉系统完善的地区则是沃野千里的景象。皇帝的政策是抑制大地产,倾向于让村社持有土地,这些村社中有许多通过为帝国军队或本地民兵提供兵员来支付租金。中央政府频繁视察当地,并给地方长官提供优厚俸禄,以此控制该地区。

这样的繁荣依赖于防卫森严的边境线。边疆流行一种特别的生活方式。其守备被委任给被称为"边防军"(akritai)①的边区贵

---

① 希腊语中的原意是边境,后来引申出边防军之意。

族负责。这些人的一生都在袭击敌人的土地或反击敌人的袭击中度过。这些军人目无法纪，自由独立，厌恶政府对他们的一切干预，从不愿意交税，而是期望因为军功而获得犒赏。除去亚美尼亚人定居并保持其传统的地区，边境地带既缺少定居人口，也缺乏种族凝聚力，因此他们的追随者中充满了各种各样的冒险者。无论拜占庭与阿拉伯国家是战是和，冲突一直持续不断。但是，边区贵族们并没有对与自己的生活方式类似的对手心怀刻骨仇恨。虽然边境上的穆斯林领主或许在宗教上更狂热一些，却不妨碍双方的交往甚至是通婚。双方的官方宗教在边境的哪一边都不算太流行。许多拜占庭边防军士兵属于独立的亚美尼亚教会，其中绝大多数都乐于保护异端，而穆斯林异端总能在穆斯林的边疆领主那里找到庇护。[1]

由于哈里发国家衰落，拜占庭帝国又转为进攻态势，边境原有的体系一度被破坏了。从 10 世纪中期起，拜占庭在东方收复了大片领土，尤其是在叙利亚。新的边境线不再位于荒凉的山区，而是穿过人口稠密的农耕区。边境防务主要由君士坦丁堡派驻安条克等被收复城市的官员负责。昔日的边区贵族不再受欢迎了，他们转而将从最近的战役中获取的财富投资于安纳托利亚各地的土地，以此来补偿自己。不过，他们依然桀骜不驯，身边簇拥着私兵，这些私兵主要来自边区贵族通常通过非法手段购买了控制权的前自由村庄。他们构成了土地贵族的基础，其权势在 11 世纪中期动摇了帝国政府。与此同时，中央政府试图控制更北边的亚美尼亚边境区，并正式吞并了一些大的行省，令当地人对拜占庭的税吏和教会当局心生厌恶。[①] 这种厌恶之情削弱了边防。[2]

---

① 亚美尼亚教会与东正教在教义上有所不同。

现在，这些都将受到一股势力的挑战，迄今为止，拜占庭与该民族的接触通常是友好的。中亚的大草原几百年来越来越干燥，居住在当地的突厥部落便向西迁徙，寻找新的家园。拜占庭帝国早在6世纪就接触过中亚的突厥人。拜占庭人非常熟悉迁入南俄草原的突厥人，包括．哈扎尔人（Khazars），后来改信犹太教，甚至有两位哈扎尔公主嫁给了拜占庭皇帝；更野蛮的佩切涅格人（Petchenegs）与库曼人（Cumans），他们虽然偶尔袭扰帝国领土，不过多数情况下都是拜占庭不错的雇佣兵源。这些突厥佣兵很多都在帝国境内（特别是安纳托利亚）定居下来，改信了基督教。最活跃的突厥部落乌古斯人（Oghuz）从波斯境内向阿拉伯人的哈里发国家境内迁徙。就像一些突厥人做拜占庭的雇佣兵，乌古斯人也成为哈里发的雇佣兵，并改信伊斯兰教。随着哈里发势力的衰落，原本哈里发属下的突厥人开始崛起。第一个强大的穆斯林突厥人——伽色尼王朝①的马哈茂德（Mahmud the Ghaznavids）②在东方打造了一个帝国，其疆域从伊斯法罕（Isfahan）③延伸到布哈拉（Bokhara/Bukhara）④和拉合尔（Lahore）⑤。不过马哈茂德去世后，突厥霸权落入一个乌古斯部落——塞尔柱（Seljuk）家族的领袖手中。塞尔柱这位半神话的王公的后代支配了哈里发国家之内的所有突厥人，而来自中亚的移民也欣然接受了他们的统治。到了1055年，塞尔柱家族的领

---

① 伽色尼王朝（962—1186年），都城在今阿富汗加兹尼。
② 971—1030年。
③ 萨菲王朝时曾为伊朗首都，今伊朗第三大城市。
④ 历史文化名城，今乌兹别克斯坦第五大城市。
⑤ 曾为莫卧儿帝国首都，今巴基斯坦第二大城市。

袖图格鲁尔贝伊（Tugrul Bey）统治的国家囊括了波斯和呼罗珊，他的兄弟和表亲在北部边境获得了封地，而位于巴格达的阿拔斯王朝[①]哈里发还邀请他接手了其领土的世俗管辖权。

巴格达哈里发这么做是因为害怕埃及的法蒂玛王朝[②]的对立哈里发，后者已掌控了叙利亚的大部分地区。法蒂玛王朝与拜占庭关系亲密，而塞尔柱王公们竭力避免拜占庭帝国为了支援法蒂玛王朝而进犯阿拔斯王朝的北境。已有一些较弱的突厥王公率领下属在拜占庭的边境定居，并扮演着边区贵族的角色，一有机会就发动袭击。图格鲁尔的继任者是他的侄子阿勒卜·阿尔斯兰（Alp Arslan），后者决心剪除拜占庭入侵的威胁。他首先攻占并劫掠了亚美尼亚王国的旧都阿尼（Ani），并鼓励其边区贵族大肆劫掠。[③]拜占庭人的回应则是吞并了最后一个独立的亚美尼亚人国家，但是帝国驻军的实力不足以遏止袭扰。如今已没有边防军来对付敌人。面对严峻的局面，1071年拜占庭皇帝罗曼努斯四世（Romanus Diogenes）决定为了巩固边防而发动一次远征。最近的帝国财政的困窘使军队遭到削弱，因此这次远征的主力是雇佣军。雇佣兵部分来自西欧，更多的来自库曼突厥人。阿勒卜·阿尔斯兰此时正在叙利亚与法蒂玛王朝交战，得到远征的消息后将其视为拜占庭-法蒂玛军事同盟的举措，于是立即北返迎敌。有意思的

---

① 即黑衣大食。

② 即绿衣大食。

③ 放任亚美尼亚被塞尔柱人攻占是拜占庭的重大失误。从此，安纳托利亚东部的防务就开始解体了。埃德萨的马修（Matthew of Edessa）曾写道："这个国家是由无耻荒淫的'希腊'人，亲手送给土耳其人的，他们毁灭我们自己的王室，解散了我们勇敢的贵族，并取消了我们一切可供自卫的工具。"参见：富勒，《西洋世界军事史·卷一》，345页。

是，在这场对世界历史至关重要的战役中，双方均认为自己是在采取防守性行动。[3]

1071年8月19日，星期五，决战在曼兹科特附近爆发了。皇帝罗曼努斯英勇有余而智谋不足，其雇佣军的忠诚度也有问题。最后拜占庭军队被击退和摧毁，[①] 皇帝本人也被俘虏了。[4]

由于拜占庭不再在侧翼构成威胁，阿勒卜·阿尔斯兰心满意足，以宽大的条件释放了被俘虏的皇帝，并返回了他主要的利益所在地——叙利亚。但他的边区贵族却有另外的打算。拜占庭的东方边境防线已经崩溃，而君士坦丁堡的政治危机使其无暇巩固边防。有少数拜占庭边防军幸存了下来，多为亚美尼亚人，但他们都与首都断了联系。他们及其追随者不得不退守一些孤立的堡垒。突厥王公们加紧对拜占庭袭扰。既然抵抗如此轻微，他们索性向新占领的地区移民，安置自己的追随者及听闻这里土地肥沃且可供居住而赶来的突厥部落民。[5]

在过去的一段时间里，穆斯林的边区贵族被授予了"加齐"（Ghazi，即"信仰的战士"）[②] 的头衔，大致相当于基督徒的骑士。加齐被授予了某种类似徽章的东西，并对一个领主宣誓效忠，理想情况下是对哈里发。加齐要遵守富图瓦（futuwwa）[③]，即一种形成于10—11世纪的神秘的道德行为准则，被伊斯兰世界的行会和团体所采用。突厥加齐基本上是战士和征服者，对组织化的行政事务不感兴趣。随着他们向前推进并占领新的领土，他们就像统

① 当时拜占庭的军事实力依然强于塞尔柱突厥人，但是罗曼努斯登基不久，立足未稳，国内权贵并不团结，战时部队的哗变是其战败的重要因素。
② Ghazi 来自阿拉伯语，原意为"攻击"，后来代指"勇士"。
③ 这是一个苏菲派术语，大致意思相当于通常所说的"美德"，对加齐而言，更类似于西方人所谓的"侠义精神""骑士精神"。

治他们的边境领地那样对待新征服的领土，极少干预当地人的生活，而当地人指望加齐保护自己免遭他人劫掠。加齐通过劫掠获得战利品来维持自己的统治。类似的生活方式已经在边境地区持续了数百年，新统治者几乎没有引起什么反感。其追随者的涌入或许会取代一些逃到更安全的避难之地的基督徒。不过该地区的人口早已杂居相处，并处于流动状态。突厥人的涌入没有给生活模式带来巨大变化。然而，随着突厥人往小亚细亚深处推进，情形发生了改变。在一些地区，基督徒在他们到来前就逃走了，突厥部落民便可以占领留下来的空地。另外一些基督教城镇和村庄虽极力自保，但很快陷入孤立，被迫服从入侵者的统治。入侵导致道路、桥梁、水井和灌溉系统迅速败落。以往的经济制度再也无法维持下去了。[6]

由于未遇到有组织的抵抗，入侵的加齐们攻占了整个半岛，仅剩几个沿海的地区还在拜占庭手中。直到阿莱克修斯一世（Alexios I Komnenos/Alexius Comnenus）统治时期[①]，皇帝才重整帝国军队，以外交手段挑动加齐们相斗[②]，帝国才得以收复失地。与此同时，塞尔柱王朝担心安纳托利亚的混乱局面，派员将征服的土地整合为一个稳定的伊斯兰国家。塞尔柱王朝的统治者苏莱曼（Suleiman）及其子基利杰·阿尔斯兰（Kilij Arslan）的任务却受到了阿莱克修斯一世的武力与诡计，以及第一次十字军东征给拜占庭帝国提供的帮助的阻碍。12世纪初，拜占庭帝国统治着

---

① 1081—1118 年在位。

② 阿莱克修斯统治时期曾向教宗乌尔班二世求援，后者于 1096 年召集了第一次十字军，对帝国收复小亚细亚西部也起到了重要的援助作用，阿莱克修斯的女儿安娜·科穆宁娜（Anna Komnene）为拜占庭著名历史学家，著有《阿莱克修斯传》（Alexiad），为此段历史留下了宝贵资料。

小亚细亚西部的富饶河谷地区以及南部和北部的沿海地区，突厥人占据中央的高地。塞尔柱统治者对制约加齐王公——尤其是强大的达尼什曼德（Danishmend）家族的兴趣远大于同拜占庭的关系。塞尔柱王朝也非常关心东方诸国的情况，那里是他们家族势力的中心。

拜占庭在 12 世纪末的衰落以及第四次十字军东征带来的灾难①令塞尔柱王朝得以扩大其领土。13 世纪上半叶，塞尔柱王朝的"罗姆苏丹"（Sultans of Rum）是伊斯兰世界的强权人物，广受尊敬。被称为"罗姆苏丹"是因为他们占据了古罗马、拜占庭的核心领土。他们降服了各个加齐王公，通常与其拜占庭邻居——尼西亚帝国的皇帝关系良好。他们放弃了对东方的野心，满足于从首都科尼亚（Konya）管理他们有序、宽容的国家。他们支持艺术与学术，修复交通网络，令城市生活得以复兴。得益于其睿智、有效的统治，安纳托利亚从一片基督徒为主的土地变为穆斯林为主，其过程如此顺利，以至于无人费心去记录细节。[7]

好景不长，塞尔柱王朝的仁政被蒙古人终结了。起初，一些躲避蒙古兵锋的突厥部落进入小亚细亚，在西部边境定居下来，在那里加入了在塞尔柱王朝治下惶惶不可终日的加齐。1243 年，蒙古军队出现，塞尔柱王朝遭遇了决定性的惨败，再也没有恢复过来。自此以后，苏丹与他的继承人沦为位于波斯的蒙古汗

---

①　1204 年，原本计划出发征讨穆斯林的十字军在威尼斯人怂恿下，借助拜占庭内乱之机，攻陷了君士坦丁堡，并建立了拉丁帝国。拜占庭帝国四分五裂，大伤元气，至 1261 年方由尼西亚流亡政府收复首都。十字军多信奉天主教，其背信弃义的行为在东正教徒心中留下了长久的伤痕，2001 年罗马教宗保罗二世访问希腊时，希腊大主教克里斯托杜洛还在要求教宗为 1204 年洗劫君士坦丁堡一事郑重道歉。

国——伊儿汗国的附庸，其权势和威望也随之衰落。此后不出一个世纪，[①] 该王朝便灭亡了。[8]

罗姆苏丹国的衰落使边区的加齐们摆脱了束缚。越来越多的脱离蒙古统治的避难者加入了他们的行列，其中包括来自塞尔柱王朝城市的官员、离开被破坏或过度征税地区的农民，以及宗教人士——谢赫（sheikh）与德尔维希（dervish），其中许多人被严格的穆斯林圈子视为异端，但其狂热与边疆的精神非常契合。在生存压力与宗教狂热的驱使下，他们对基督徒发起新一轮进攻。起初，这并不顺利。尼西亚帝国的皇帝对边境给予了极大的关注，恢复了边防军，但对他们加以控制。[9]拜占庭帝国在 1261 年收复了君士坦丁堡，虽然这件事本身很光荣，但也有其不利之处。此后帝国越来越深地卷入欧洲事务，不仅面临巴尔干诸国的威胁，还要防备渴望为拉丁帝国复仇的西方人。军队从亚洲防线撤回，而海军军费的不足又导致海防空虚。为了支付新的花销，全国的税率也提高了。边防军发现自己的待遇和受到的支持都严重不足。13 世纪的最后 30 年，若干加齐成功渗透到了边境线这一边。边境线那一边挤满了加齐和加齐的追随者，他们渴望获得战利品，又受到宗教领袖的鼓动，于是涌入拜占庭帝国在亚洲残存的土地。帝国军队的反击时断时续，并不成功。一部分敢于冒险的加齐，例如门特瑟（Menteshe）及艾丁（Aydin）的头领从陆上和海上发动了攻击。拜占庭海军过于羸弱，无力阻止，于是，安纳托利亚西部海岸以及若干岛屿都被夺去了。到了 1300 年，拜占庭的亚洲领土只剩比提尼亚 [②] 的奥林波斯山（Bithynian Olympus）与马尔

---

① 1307 年，罗姆苏丹国彻底灭亡。

② 古罗马小亚细亚西北部行省。

马拉海之间的平原、突入博斯普鲁斯海峡的半岛、远至珊伽里乌斯河（Sangarius）的内陆地区、向东 100 英里长的黑海海岸，外加一两座孤立的城市。

在这个过程中，位于小亚细亚西南的门特瑟酋长国首先发挥了主导作用。但是在医院骑士团夺取罗得岛并建立统治之后，该国就被削弱了。霸权随后转至邻近的艾丁埃米尔手中，他们是最先劫掠爱琴海欧洲海岸的亚洲突厥人。威尼斯、塞浦路斯与医院骑士团联合起来才遏制了他们。再往北是萨拉克汗（Sarakhan）诸王公的势力，其首府位于前尼西亚帝国陪都马尼萨（Manisa/Magnesia）。萨拉克汗势力附近是卡拉西（Karasi）诸王公，位于特洛伊平原上。黑海之滨则是切列比（Chelebi）加齐的领地，其首府在锡诺普（Sinope）。切列比加齐以海盗行径闻名。在内陆有一些较小的酋长国，也有两个较强的酋长国，即卡拉曼（Karaman）酋长国和格米延（Germiyan）酋长国，两国皆以塞尔柱王朝的继承者自居，都决心建立一个有秩序的国家，控制住麾下的加齐。卡拉曼王公于 1327 年攻占了科尼亚，由于其领土远离边境，因此得以消灭当地加齐的势力。而定都屈塔希亚（Kutahya）的格米延王公拒绝了加齐的头衔，却想对邻近的加齐们建立某种权威，其中很多加齐曾经是格米延的将领。两个国家都大体取得了成功。除了一个例外，爱琴海沿岸和拜占庭边境线上的各酋长国都对这两个国家表示尊敬与顺从，尽管从未真正承认其宗主权。[10]

这个例外是一个小国，13 世纪后半叶建立于比提尼亚的奥林波斯山以东的边境地区。建国者埃尔托格鲁尔（Ertughrul）卒于 1281 年，[①] 由其子奥斯曼继位，因此该家族被后世称为奥斯曼（Ottoman）家族。奥斯曼家族在兴盛发达之后，创造传说故事给家族的起源涂脂抹粉，扭曲了历史的原貌。有一份世系表列出了上溯到诺亚的 21 代祖先，后来为了提高这份列表的可信度，又加列了 31 代祖先。世系表上有乌古斯突厥人的祖先乌古斯可汗（Oghuz Khan），以及他的儿子阔克·阿勒卜（Gök Alp）[②]、孙子恰穆德尔（Chamundur）。恰穆德尔就是恰伍德尔（Chavuldur），根据另一些传说，恰伍德尔是乌古斯的 24 个孙子之一，这 24 人的后裔形成了 24 个主要的乌古斯部落。不过，虽然 13 世纪晚期奥斯曼人成功地将恰达尔部落（Chaudar tribe）纳入自己的政体，但这是一个截然不同的部落，起初对奥斯曼人的领导充满敌意。另一则传说拔高了奥斯曼家族的地位，声称其祖先为乌古斯可汗的长孙、冈可汗（Gun khan）之子卡伊（Qayi），于是奥斯曼家族便成了乌古斯诸部落中地位最高的一支。不过此说晚至 15 世纪才开始出现，而当时广为接受的说法认为奥斯曼的祖先为阔克·阿勒卜。15 世纪的一些宫廷弄臣又给奥斯曼家族添加了阿拉伯祖先，令情况变得更加复杂，不过他们从未声称奥斯曼家族的先祖里有先知穆罕默德，毕竟先知的后裔谱系是众所周知的。[11] 苏丹"征服者"穆罕默德二世（Mehmet II）为了同时取悦自己的土耳其臣民与希腊臣民，便支持以下说法：他的祖先乃是某个科穆宁皇室的皇子，他移

① 此处存疑，斯坦福·肖在《奥斯曼帝国》一书中记载埃尔托格鲁尔去世于 1280 年左右，而黄维民在《中东国家通史·土耳其卷》中则认为他死于 1288 年。参见：斯坦福·肖，《奥斯曼帝国》，许序雅、张忠祥译，西宁：青海出版社，2006，第 21 页；黄维民，《中东国家通史·土耳其卷》，北京：商务印书馆，2002 年，第 49 页。
② 乌古斯第四子。

居科尼亚后改信伊斯兰教，并娶了一位塞尔柱公主。[①][12]

上述说法背后均没有可靠的证据。审慎的历史学家会得出这样的结论：埃尔托格鲁尔并不是一个部落首领，而是一位干练但出身卑微的加齐指挥官，由于某种原因来到了边境地区，凭借自身的能力吸引了大批追随者，使他能够建立一个酋长国。他主要的优势就是其领土的优越地理位置。加齐的势力能维持下去，就要去异教徒的土地上劫掠，并向那里推进。然而到了13世纪末，几乎所有加齐都已经在小亚细亚扩张至极限。拜占庭的势力消退了，而前面是海洋，无法进一步扩张。虽然一些雄心勃勃的海盗，比如艾丁和锡诺普的埃米尔，可以掠夺敌人的沿海地区，但他们都没有足够的实力考虑运送够多的人跨海建立殖民地。除了与东边的特拉布宗帝国接壤的酋长国，唯有奥斯曼继承的领地依旧面对着异教徒的边境。于是有进取心的突厥人纷纷涌入奥斯曼家族的领地——加齐们渴望找到仍然可以掠夺的富饶土地，德尔维希与学者们急于远离蒙古人，而大批部落民在寻找能带着牧群安家的地方。所以，奥斯曼获得了与他的小酋长国很不相称的人力

---

① 比较传统的观点认为，奥斯曼王朝的祖先为一名叫作苏莱曼·沙赫的土库曼部落首领，他在13世纪初为了躲避蒙古人的入侵而来到中东，不过在横渡幼发拉底河至叙利亚的中途，他不幸溺水而亡，其部众随即分裂。大部分回到了呼罗珊，为蒙古人服务；而他的一个儿子，即埃尔托格鲁尔，率领家族剩余成员来到了安纳托利亚。为了生存，他开始成为罗姆苏丹国的附庸，以协助苏丹对抗拜占庭人与蒙古人。据说，作为回报，苏丹将安纳托利亚西部以及弗里吉亚（Phrygia）的几块土地赠予了埃尔托格鲁尔，这也是日后奥斯曼帝国的初始。但通过近来发现的13世纪史料可以推知，奥斯曼人的祖先似乎不是在13世纪为躲避蒙古人而来，相反，早在11世纪曼兹科特会战后，便已经涌入小亚细亚。在将近两个世纪的时间里，奥斯曼的先人仅仅是普通牧民或佣兵。奥斯曼人后来宣称的显赫祖先，很可能是为了强调自己统治的正当性。参见：斯坦福·肖，《奥斯曼帝国》，20—21页。

资源。

如果奥斯曼缺乏领导天赋，或许就难以处理这么多移民。我们对他处理移民的具体措施知之甚少。布尔萨（Bursa）的一座清真寺内保存了一处铭文，由奥斯曼之子奥尔汗（Orhan）放置其中，该铭文是现存最早的奥斯曼统治者自号"苏丹"的记录。铭文写道："苏丹，众加齐的苏丹之子；加齐，加齐之子；防卫地平线的领主，世界之英雄。"[13]奥斯曼建立了自己的权威，在诸加齐中处于最高的领导地位。当其他加齐埃米尔们无法沿着他们所知道的唯一路线扩张，开始相互龃龉时，奥斯曼向任何归顺他的人授予加齐头衔。

拜占庭不可能忽视这一威胁。或许最明智的做法就是迅速将部队撤离安纳托利亚，把乡村地区让给奥斯曼，集中力量加强海军，以阻止敌人跨越海峡进入欧洲。然后，当奥斯曼发觉他的扩张被海洋阻碍时，其酋长国也可能会衰落，其追随者也会四散去寻找其他土地。但这样的远见卓识和自我克制是不可预期的。君士坦丁堡起初对奥斯曼缺乏重视。拜占庭军队在 13 世纪的最后几十年里忙于应付艾丁和马尼萨的突厥人，但未获成功。直到 1301年，奥斯曼在尼西亚和尼科米底亚（Nicomedia）之间的科雍希萨尔（Koyunhisar/Baphaeum）击败了拜占庭军队，并开始在奥林波斯山 ① 以北安置他的臣民时，他才得到了认真的关注。拜占庭无法容忍穆斯林占据他们在亚洲的最后的领土，何况它还与首都

---

① 此处所说奥林波斯山并非通常意义上希腊众神的居所及现希腊最高峰（海拔 2917 米），而是在今土耳其布尔萨省（安纳托利亚西北）境内，为加以区分，历史上称作比提尼亚的奥林波斯山，海拔 2543 米。其现代土耳其名为乌鲁达山（Uludağ）。

近在咫尺。但是拜占庭人的防御凌乱无章，缺乏成效。1305 年，皇帝安德罗尼库斯二世雇佣的加泰罗尼亚军团在洛伊克（Leuke）附近击败了奥斯曼军队，但是这支雇佣军很快掀起叛乱，使帝国陷入长达 10 年的内战。内战期间，不仅有大量由皇帝或加泰罗尼亚人雇佣的突厥军队在达达尔海峡两岸来回穿梭，而且奥斯曼还能够巩固他对农村地区的控制，一直到马尔马拉海。他还带头参加了严格意义上与他无关的探险活动。1308 年，正是他的军队在夺取爱琴海沿岸最后一座拜占庭城市——以弗所的过程中发挥了主要作用，尽管奥斯曼将其转交给了艾丁的埃米尔。随后的几年中，他在黑海沿岸夺取了从伊内博卢（İnebolu/Inebolu）至珊伽里乌斯河的若干拜占庭城镇。

加泰罗尼亚军团的叛乱结束之后，拜占庭皇室内战接踵而至，奥斯曼面前又只剩下微弱的抵抗。他的部队大多为骑兵，而且缺乏攻城器械。为了夺取设防城市，他会扫荡城郊的乡村，赶走或奴役当地的农民，并将自己的追随者安置在那里。城市会因此而被切断补给，除非有援军前来解围，否则城市会由于饥馑而陷落。奥斯曼现在集中力量攻打布尔萨。该城坐落在奥林波斯山北坡，地势险要，是沿马尔马拉海海岸作战的一个中心。由于城防坚固以及城墙下有丰富的农村资源，该城抵抗了 10 年之久。然而皇帝无力驰援。1326 年秋，布尔萨因饥饿而开城投降。捷报传来时，奥斯曼已奄奄一息，不久后于 11 月撒手人寰。但他充分利用时机，将自己的国家从一个小小的边区酋长国转变为突厥人之中的一个主要势力，充当了入侵基督教世界的加齐的先锋。[14]

奥斯曼的孩子们发展了其父的事业。长子奥尔汗继承了他的位子。据说按照突厥人的传统，他应该与弟弟阿拉丁（Ala ed-

Din）分享统治权，但阿拉丁不肯分割国家，因此大度地放弃了自己的权利，甘当忠实的臣僚。奥斯曼还给奥尔汗留下一位也叫阿拉丁的贤臣。[①] 很难分清奥斯曼国家的崛起应归功于这位统治者还是这位大臣。作为加齐领袖，奥尔汗与父亲一样也发誓要征服异教徒。一如布尔萨，1329 年，历史名城尼西亚在遭到长期围困后向奥尔汗投降。拜占庭皇帝安德罗尼库斯三世与他的大臣约翰·坎塔库泽努斯曾经试图收复该城，但是在一场不具有决定性意义的战斗过后，部队中渐生不满，同时欧洲传来了坏消息，他们不得不撤兵。奥尔汗接下来的目标是重要的港口城市尼科米底亚，该城能从海上获得补给和援军，坚守了 9 年。但是奥尔汗设法封锁了该城所在的狭窄港湾，于是它只好在 1337 年投降了。控制尼科米底亚之后，奥尔汗（此时已自称苏丹）得以控制直抵博斯普鲁斯海峡的几乎全部疆土。[15]

1341 年，约翰·坎塔库泽努斯与以小皇帝约翰五世的名义统治的摄政者之间爆发了内战，而此时斯特凡·杜尚（Stephen Dushan）统治的塞尔维亚又频频骚扰拜占庭的边疆。在过去的一段时间里，拜占庭将领从各突厥部落中征募士兵，尽管这些士兵有无可救药的沿途劫掠的恶习。相较而言，奥尔汗的军队军纪最严明，战斗力最强。支持约翰五世的人雇佣马尼萨和艾丁的突厥兵，而坎塔库泽努斯于 1344 年将女儿狄奥多拉（Theodora）嫁给了奥尔汗，作为回报，奥尔汗派出 6000 名士兵去色雷斯参战。坎塔库泽努斯赢得帝位后继续雇佣奥斯曼军队对抗塞尔维亚人。[②] 战事结束后，这些突厥人中的许多人似乎都在色雷斯定居下来了。[16]

---

①　阿拉丁帮助奥尔汗建立了一支职业常备军，这也是日后土耳其新军的雏形。

②　塞尔维亚王国一度占领了拜占庭帝国第二大城市塞萨洛尼基。

坎塔库泽努斯于 1355 年下台，[①] 奥尔汗正好以此为借口进一步入侵欧洲。1356 年，奥尔汗之子苏莱曼率领大军渡过达达尼尔海峡，在一年内攻占了乔尔卢（Chorlu）及季季莫蒂霍（Didymóteicho/Didymoticum），并向内陆挺进，攻占了阿德里安堡（Adrıanople）。在攻略亚洲时，苏丹便鼓励突厥部落民跟随他们的加齐去新征服的土地上定居。奥尔汗去世（可能在 1362 年）时，突厥人已经成了西色雷斯的主宰。奥斯曼人在亚洲也扩大了领土，与其说是通过战争，不如说是因为其他突厥人渴望加入这个如此成功的国家。奥尔汗似乎已经吞并了西北部的萨拉克汗与卡拉西这两个酋长国。随着格米延势力的衰退，他还得以在埃斯基谢希尔（Eskishehir）与安卡拉建立了统治。他在小亚细亚的主要敌人是艾丁酋长国，该国挡住了前往西南方向的道路。[17]

奥尔汗是一位伟大的统治者，这不仅仅是因为他的征服。在维齐（vizier）的协助下，他将国家治理得井井有条，同时没有破坏各个加齐的活力。他用阿克希（akhis）促进了城市的发展，阿克希是一种遵守富图瓦的工匠和商人的行会。他邀请乌里玛（ulema）与自己合作，抵消了德尔维希多少有些破坏性的影响。乌里玛是伊斯兰教信仰及其传统的官方监护人，因为有乌里玛的教诲，日益增多的基督教臣民便能得到合适的处置。如果某个基督教城镇或地区负隅顽抗，城破之后居民将失去权利，两成居民可能沦为奴隶，男人将被送往征服者的土地上做工，男孩则被送

---

① 内战初始阶段的胜利使坎塔库泽努斯成功获得了共治皇帝身份，时称约翰六世，不过他过分依赖奥斯曼雇佣军并使土耳其人进入欧洲的行为激起了民众的不满，最终被迫下野。坎塔库泽努斯是拜占庭末期有为的政治家，平心而论，其才华强于年轻的约翰五世，如果他在内战中最终取胜，或许拜占庭的国运还可多延续一段时间。

进军队。如果基督徒主动归降，就能保留自己的教堂与生活习惯。很多基督徒认为奥尔汗的统治要好过拜占庭皇帝，因为前者的税率不那么高。虽然一些基督徒为了加入统治阶层而改信了伊斯兰教，但是不存在官方强制要求改宗的政策。而乌里玛每到一城便开设宗教学校（medrese），为苏丹培养了大量受过教育的精英，以组成他的民政官员队伍。[18]

与此同时，军队也得到了重组。迄今为止，奥斯曼帝国的军队几乎完全由从那些基本保持游牧生活的部落中招募来的轻骑兵组成。现在，它被重新规划为两个主要部分。一种是由苏丹分配土地的正规民兵，他们缴纳小额地租，在有需要时要承担军事义务。他们的封地是世袭的，被称为"蒂玛"（timar）。更大或价值更高的封地被称作"扎米特"（ziamet），涉及更高的地租，租户在军队中的地位更高，有更大的义务为自己提供装备。这些扎伊姆（zaim）中最富有的被称为"帕夏"（pasha）或"桑贾克贝伊"（sanjakbey），甚至可能获得最高头衔"贝依勒贝伊"（beylerbey）①，他们拥有行政职责和更大的军事力量和义务。除了这些自给自足的部队，还有一支领取薪水的军队——土耳其新军（Janissary），他们终生服役，后来构成了苏丹的禁卫军团，是一支从基督徒奴隶或改信伊斯兰教的基督徒奴隶中征集来的步兵部队。②奥尔汗在位时的军队主力可以粗略地称为西帕希（sipahi）。他们担任炮手、军械师、铁匠和海军陆战队士兵。他们中的许多人分得了土地，并有随时服役的义务。不过他们也能因为服役而得到酬劳，并且经常

---

① 意为"贝伊中的贝伊"。
② 一般公认穆拉德一世创建了新军军团，不过早在奥尔汗时期便已出现了雏形。

只受雇参加单次战役。与西帕希相对应的步兵被称作"皮亚德"（piyade）。皮亚德后来专指拥有土地的步兵，其余的被称作阿赞布（azab），阿赞布后来与巴什波祖克（bashi-bazouk）联系到了一起，是主要为了劫掠和战利品而战的非正规军。[①] 此外还有作为前锋的轻骑兵"阿基比"（akibi）。奥尔汗坚持为不同军种设计不同的军服。他还建立了有效的军事动员机制，以便随时都能在最短的时间内召集一支训练有素的大军。[19]

　　奥尔汗的继承人穆拉德一世（Murad I）充分利用了这支优秀的战斗部队。穆拉德之母是希腊裔，一般被土耳其人称作 Nilüfer（意为"睡莲"），是一个拜占庭边防军领袖的女儿。穆拉德的同胞兄长苏莱曼比父亲早几个月过世，[②] 同父异母哥哥易卜拉欣被穆拉德迅速除掉，同父异母弟弟哈利勒（Halil）是狄奥多拉·坎塔库泽努斯之子，不久后去世，或许是自然死亡。在即位的最初几年，他致力于对付帝国亚洲边境部分敌对的埃米尔。拜占庭帝国乘机收复了一些色雷斯的城镇，却无法赶走乡村地区的土耳其人。1365 年，穆拉德率军重返欧洲，不费吹灰之力便收复了失去的领土，并将阿德里安堡定为欧洲领土的首府。君士坦丁堡附近的亚洲领土已经全部落入土耳其人手中，城市被彻底包围，唯一可行的通路只剩下海洋。[20]

　　此时，欧洲开始意识到土耳其人带来的威胁。威尼斯与热那亚担心自己的殖民地与商业贸易，开始探索建立一个对抗异教徒的全面联盟的可能性，但结果徒劳无功。皇帝约翰五世前往意大

① 这一部分非正规步兵（皮亚德、阿赞布、巴什波祖克）往往军纪败坏，恶名远扬。
② 苏莱曼深受奥尔汗宠爱，若非英年早逝，很有希望继承大统。

利，告诉人们这迫在眉睫的危险，还试图雇用西方的雇佣兵，却拿不出钱来。他回国之后，不得不在 1373 年承认苏丹的宗主权，承诺缴纳年贡、在需要时提供军事援助，并派遣儿子曼努埃尔到穆拉德宫廷中充当人质。约翰是一个忠诚的臣子，1374 年，他的长子安德罗尼库斯与苏丹的儿子萨维奇（Sauji）密谋造反，他得到了回报。正是穆拉德派遣军队镇压了叛乱。当安德罗尼库斯再次造反，于 1376—1379 年占据君士坦丁堡时，曼努埃尔在苏丹的帮助下击败了兄长，恢复了父亲的统治。不过曼努埃尔随后付出了代价，他不得不率领拜占庭军队配合土耳其军队征服忠诚、英勇、孤立的希腊城市费拉德尔菲亚，除了特拉布宗帝国，这是拜占庭帝国在亚洲拥有的最后一块属地。[21]

虽然西方诸国现在忧心忡忡，正在谋划发起最后流产了的十字军东征，但是一直对抗突厥人的势力只有罗得岛的医院骑士团。不过医院骑士团的首要对手是艾丁的埃米尔，只要他的权力遭到削减，他的对手奥斯曼苏丹便能从中获益。于是，穆拉德可以自由地进入巴尔干地区了，成群结队的土耳其人带着家人，并常常带着畜群，从安纳托利亚涌入色雷斯。扩张的冲动仍在继续。塞尔维亚仍是巴尔干半岛上的主要力量，尽管它在 1355 年杜尚去世后被一分为二。保加利亚始终未从 1330 年被塞尔维亚人于维尔巴兹德（Velbuzhd）击败的灾难中恢复过来。塞尔维亚羞辱保加利亚人的政策一定程度上使自己失去了利用保加利亚充当缓冲国的机会。保加利亚人甚少参与抵抗土耳其人的战事，唯一的例外是 1371 年他们派出一支部队随南塞尔维亚国王武卡欣（Vukashin）出征色雷斯。武卡欣希望能遏制土耳其人，但他是个糟糕的将领，其部队在马里查河（Maritsa）畔的彻尔诺门（Chirmen）被一支规模小得多的土耳其部队突袭，最终溃败。马里查河的胜利使穆拉德夺取了更多的保加利亚土地以及塞尔维亚治下的马其顿。保加利亚国王约翰·希什曼（John Shishman）不得不承认苏丹的宗主权，并将自己的女儿塔玛尔（Thamar）送往苏丹后宫。此时统一塞尔维亚王国的北塞尔维亚王公拉扎尔·赫雷别利亚诺维奇（Lazar Hrebeljanović/Lazar Hrebeljanovich）也不得不接受自己沦为藩属的事实。[22]

穆拉德在统治的晚年致力于巩固他的征服成果。他组织了土耳其移民进入欧洲。虽然对新的欧洲省份的占领不可能像在安纳托利亚甚至色雷斯那么稳固，但很快土耳其人的军事采邑便分布在希腊人、斯拉夫人或瓦拉几亚人的村落之间，而土耳其人的贝伊和帕夏们掌控了广大乡村。至 1386 年，穆拉德的帝国西至靠近阿尔巴尼亚边界的莫纳斯特尔（Monastir），北至尼什（Nish）[①]。第二年，被围攻了 4 年的塞萨洛尼基投降了，它的繁荣依赖内陆贸易，因此无法在隔离状态下坚持下去。穆拉德对该城颇为宽大，除了任命一个土耳其人当总督，并不干涉当地民众的生活。[23]

1381 年，此时已经降服了格米延酋长国的穆拉德一世认为有必要出兵远征卡拉曼埃米尔，他命令巴尔干各藩属派出军队助战。骄傲的塞尔维亚人对这一要求感到非常耻辱，于是国王拉扎尔宣布不再臣属于苏丹。土耳其军队迅速出动，夺取了尼什，迫使他再次屈服。但与此同时，拉扎尔暗地策划建立了一个反对入侵者的泛巴尔干联盟。1387 年，塞尔维亚军队在托普利察河（Toplitsa）畔取得了对奥斯曼土耳其人的第一次也是唯一一次胜

---

① 今塞尔维亚第三大城市。

利。苏丹迅速反击，他向保加利亚急行军，击败了两位当地的国王——特尔诺沃（Tirnovo）的约翰·希什曼及维丁（Vidin）的约翰·斯特拉齐米尔（John Stratsimir），占领了他们的大部分领土，然后进入南塞尔维亚，附属国王公丘斯滕迪尔（Kyustendil/Kiustendil）的康斯坦丁（Constantine）款待了他，并提供了自己的军队。接着穆拉德转向北方，与拉扎尔的主力在科索沃（Kossovo，意为"黑鸟"）平原相遇。

1389 年 6 月 15 日清晨，苏丹正在更衣时，一名塞尔维亚逃兵声称要提供有关基督教营地的信息，因此得以进入苏丹的营帐。他走近苏丹，突然附身向前，用匕首刺中苏丹的心脏。[①] 刺客被迅速杀死，但他的牺牲无法挽救局势。苏丹的两个儿子正在军中，较年长的巴耶济德立即接过指挥权，在战斗结束前一直隐瞒着父亲去世的消息。[②] 土耳其军队作战时纪律严明，而基督徒在军队的第一次强攻无法维持时他们就开始动摇，商量叛变的低语声便在队伍中蔓延开来。日暮时分，土耳其人取得了决定性的胜利。[③] 拉扎尔国王被土耳其人俘虏，在穆拉德遇刺的帐篷里被处决。此

---

① 这名勇敢的刺客叫米诺斯·奥比利奇（Miloš Obilić），被塞尔维亚人奉为民族英雄。

② 一说在穆拉德被刺前胜负便已经见分晓了。

③ 基督徒军队由塞尔维亚人及波斯尼亚人组成，拜占庭皇帝并未参加此次战役。科索沃战役的失败摧毁了巴尔干及多瑙河南岸塞尔维亚最后一次有组织的抵抗，此后欧洲东南部仅剩匈牙利是苏丹需要提防的对手了。直至今日，塞尔维亚人还在纪念这场战役。对于这次战役的人数规模，不同史料记载出入较大。如斯坦福·肖在《奥斯曼帝国》一书中认为基督教联军超过了 10 万人，而土耳其联军人数在 6 万左右。而约翰·考克斯在他的《塞尔维亚史》一书中称土耳其方面兵力为 3 万至 4 万人，基督教联军仅有 1.5 万至 2.5 万人。参见：斯坦福·肖，《奥斯曼帝国》，第 32 页；John K. Cox, *The History of Serbia*, Greenwood Press, 2002, p. 30。

刻巴耶济德才宣布自己继任苏丹，他果断地派人勒死了自己的兄长①，从而保证了君权不存在分裂的问题。24

穆拉德一世在位的 30 年中，他出色地利用先父留给他的军队和组织结构，将一个加齐的酋长国变为东南欧首屈一指的军事强权。他本人的性格象征着这个国家已经改变了的性质。穆拉德与父亲和祖父都不同，他喜欢隆重的仪式，将自己视作皇帝。②他性格严厉甚至残酷，外加一丝玩世不恭，这或许遗传自他的希腊祖先。但另一方面他为人慷慨公正，极度重视纪律。

他的继承人巴耶济德似乎也由一个希腊女人所生，不过她与穆拉德之母"睡莲"不同，可能是个奴隶，名叫 Gülchichek（意为"玫瑰花"）。巴耶济德和他父亲一样热爱浮夸的排场，但是更放纵，脾气也更暴躁，对他人不够慷慨，对纪律的要求也没那么严格。他行事如风，因此得到了"雷霆"（Yilderm）的绰号，但他的指挥能力不算杰出。他即位时的局面对他相当有利。科索沃一役的胜利使他完全掌控了巴尔干的局势。似乎不出几年，巴耶济德就有可能征服希腊人和阿尔巴尼亚人的剩余领土，吞并整个半岛。拉扎尔之子斯特凡继位，但使用了较为谦逊的称号"专制君主"（Despot）。斯特凡成为苏丹的属臣，并将自己的妹妹玛利亚嫁给了苏丹。保加利亚人的特尔诺沃王国在 1393 年被奥斯曼帝国灭亡。1394 年，奥斯曼军队入侵伯罗奔尼撒半岛，使当地王公沦为附庸。1396 年，巴耶济德计划攻占君士坦丁堡，但是甫到城下就听闻一支十字军正在赶来。这支十字军由匈牙利国

---

① 他的兄长名叫雅各布（Yakub）。当然这也形成了恶劣的先例，此后苏丹即位时往往对自己的兄弟痛下毒手。
② 穆拉德在位时期，不再称加齐，而是称苏丹。

王西吉斯蒙德（Sigismund）率领，包括了西方各地的骑士。正如其绰号"雷霆"，巴耶济德一世转身向北急行，并在尼科波利斯袭击了西方军队——西方人的愚蠢帮助他赢得了压倒性的胜利。①此战过后，苏丹吞并了剩余的保加利亚人的国家维丁公国，并使多瑙河对岸的瓦拉几亚公国向他称臣。在多瑙河前线建立了权威后，他回到君士坦丁堡城下，不过并没有冒险再度发起进攻。这可能是因为他听到传言：意大利海上强权正在组建一支舰队。²⁵相反，他尝试挑唆拜占庭共治皇帝约翰七世反对其叔叔曼努埃尔二世，但这是徒劳。与拜占庭常见的内斗戏码不同，约翰七世非常友善地与曼努埃尔共享权力。实际抵达拜占庭的西方援军唯有布锡考特元帅率领的一小支军队而已。他们守卫君士坦丁堡达一年之久，没有取得任何战绩。²⁶当他们撤离之后，眼看西方国家提供的援助竟如此微弱，巴耶济德立即开始策划再次进攻君士坦丁堡。他最近在博斯普鲁斯海峡的亚洲一侧建成了阿那多卢要塞（Anadolu Hisar，意为"小亚细亚堡"）。1402年春，巴耶济德向拜占庭皇帝发出高傲的信息，要求后者交出首都。此时曼努埃尔二世仍在西欧，留守的约翰七世凭着信仰带来的勇气回复使者："告诉你家主人，我军固然孱弱，但笃信真神，上帝会给予我们克敌的力量。苏丹欲战欲和，悉听尊便。"²⁷

　　约翰对上帝的虔诚因为从东方传来的一则消息而变得更加坚定。所谓的"鞑靼人"帖木儿其实是突厥人，不过母亲那边有伟

---

① 十字军中多国士兵并不听从西吉斯蒙德号令，尤其是法兰西骑士不听指挥擅自发动冲锋，最终导致了溃败。

大的蒙古部族首领成吉思汗的血统。[1] 他于 1336 年出生于西察合台汗国的渴石（Kesh），至 14 世纪末，他已经建立了一个东接中国、南抵孟加拉湾、西至地中海的庞大帝国。无论谈及攻城略地还是残暴行径，他都与成吉思汗本人相似。不过他缺乏蒙古大汗所表现出的管理被征服土地的组织才能，在他去世之后，他的帝国便迅速分崩离析了。然而帖木儿在世时，他依然是一个可怕、难对付的敌人。虽然是一名虔诚的穆斯林，但他身上没有任何加齐的影子，因为他并非为了信仰而战，而是为了扩大自己的权势。他的大屠杀的主要受害者是穆斯林。帖木儿一直想铲除奥斯曼苏丹国，可能部分是因为突厥统治者之间的嫉妒，部分是担心奥斯曼帝国会危及他对西部省份的控制。早在 1386 年他就已经入侵安纳托利亚东部，并在埃尔津詹（Erzinjan/Erzincan）击败了埃米尔们的联军。随后他班师回国，不过威胁说自己会再回来。8 年后巴耶济德亲临埃尔津詹视察安纳托利亚半岛的防御工作，他此时已经迎娶了一位格米延的公主，并接管了作为嫁妆的新娘家的大部分领地。但在 1395 年，帖木儿再次出现，攻陷了锡瓦斯（Sivas）并大肆屠杀，包括一直管理该地的巴耶济德的一个儿子也被杀身亡。随后鞑靼军队挥师向东，去劫掠阿勒颇、大马士革与巴格达，这让巴耶济德缓了一口气。然而，奥斯曼苏丹的麻烦并未结束，帖木儿与奥斯曼帝国的敌人的联系比他意识到的还要密切。当奥斯曼帝国的军队在君士坦丁堡的城墙前集结时，帖木儿的特使来到营地，要求巴耶济德把他从基督教皇帝那里抢来的所有土地都归还，而苏丹回以粗鲁的侮辱。随后，巴耶济德

---

[1] 帖木儿是否有蒙古王族血统尚存争议，但他至少曾迎娶察合台汗国公主为妻，故也被人称作"驸马帖木儿"。

撤围而去，带领部队回到安纳托利亚。此时帖木儿的兵锋已再次抵达锡瓦斯。决战于 1402 年 7 月 25 日在安卡拉爆发。巴耶济德的傲慢自负使他在战术上处于劣势，而他的很多士兵则纪律涣散，并对苏丹的吝啬心怀不满。当帖木儿的大军（还得到了印度战象的补强）发动猛攻时，奥斯曼军队溃散而逃，苏丹及其次子穆萨（Musa）均被帖木儿俘虏。唯一没有溃逃的军团反倒是由专制君主斯特凡领导的塞尔维亚部队，他成功救出了巴耶济德的长子苏莱曼以及苏莱曼的一个弟弟。苏丹第四子穆斯塔法在战斗中下落不明。幸存者逃至安全的阿那多卢要塞寻求庇护，帖木儿则乘胜进入安纳托利亚西部，洗劫城池，其中包括奥斯曼帝国的旧都布尔萨，苏丹后宫的女人们都落入了他的手中。被俘虏的巴耶济德一路上乘轿子与帖木儿同行，后来民间以讹传讹，说巴耶济德一路被关押在镀金的囚笼里。其实巴耶济德受到了帖木儿的礼遇，他在 1403 年 3 月去世也很可能是自尽。随后帖木儿释放了穆萨，并允许他将父亲的尸体送回布尔萨的家族陵墓。1403 年晚些时候，帖木儿离开安纳托利亚，返回其首都撒马尔罕（Samarkand），后来在谋划入侵中国时于 1405 年病逝，享年 72 岁①。[28]

此时此刻，如果欧洲诸国尽释前嫌，一致对外，或许可以根除奥斯曼帝国对基督教世界的威胁。不过，尽管这个王朝可能覆灭，②但土耳其人依然是一个问题。那些指责基督徒错过了一个打击土耳其人的天赐良机的历史学家没有注意到，当时已经有几

---

①　疑有误。帖木儿生于 1336 年，1405 年去世，故应为享年 69 岁。参见：克拉维约，《克拉维约东使记》，杨兆钧译，北京：商务印书馆，1985，153—155 页。大英百科全书线上版"帖木儿"词条：http://www.britannica.com/EBchecked/topic/596358/Timur。

②　安卡拉战役后，奥斯曼土耳其帝国解体，陷入了长时间的"大空位时期"。

十万的土耳其人在欧洲定居，要压制其势力已殊为不易，更不可能将其全部驱逐。事实上，帖木儿的入侵反而加强了他们的力量：一个个土耳其家族甚至整支部落为了躲避帖木儿的军队，逃到了欧洲省份的安全地带。热那亚人用船将土耳其人送过海峡，借机大赚了一笔。历史学家杜卡斯（Ducas）认为，1410 年左右，在欧洲的土耳其人的数量已经超过了安纳托利亚的。此外，巴耶济德还留下了大量的武装力量守卫欧洲边境、维持各省的治安。尽管奥斯曼王朝在安卡拉颜面扫地，军力大为削弱，但并没有被摧毁。[29]

曼努埃尔二世尽其所能地利用了拜占庭历史悠久的外交武器。巴耶济德的几个儿子开始争夺苏丹之位。长子苏莱曼宣布自己为苏丹，不过其地位并不稳固。为了争取拜占庭的支持，他将塞萨洛尼基及数个色雷斯的沿海城镇还给了曼努埃尔二世，甚至许诺归还亚洲的数个他实际上并未掌控的城镇。[①] 他将自己年纪最小的弟弟卡西姆（Kasim）送往君士坦丁堡当人质，作为回报，他迎娶了曼努埃尔的侄女（摩里亚专制君主塞奥多利一世的私生女）。1405 年，他击败并杀死了自己的弟弟伊萨（Isa）。然而苏莱曼有点儿神经质，还终日酗酒，常常无精打采。他的部下对其丧失了信心，纷纷转投巴耶济德的另一个儿子穆萨，后者将自己塑造为伊斯兰教的捍卫者，反对苏莱曼的亲拜占庭政策。[②] 1409 年，苏莱曼被自己的军队抛弃，并在逃往君士坦丁堡途中被杀。于是穆萨继任苏丹，残酷地报复了当初支持苏莱曼的塞尔维亚人。他再次攻陷并洗劫了塞萨洛尼基，俘虏了为基督徒守城的苏莱曼之

① 苏莱曼还取消了拜占庭帝国上供的年金，事实上给予了拜占庭平等地位。
② 穆萨本与苏丹一道被俘，获得自由后投靠其弟弟穆罕默德，被后者派往欧洲与苏莱曼作战。

子奥尔汗，并将其刺瞎。虽然海战受挫，但他把他的陆军部队带到了君士坦丁堡城下。此时他的弟弟穆罕默德已经在安纳托利亚恢复了奥斯曼家族的统治，开始讨伐穆萨。在拜占庭、塞尔维亚以及若干对残暴的穆萨感到不满的土耳其军团的共同支持下，穆罕默德在 1413 年打败并杀死了穆萨，当上了苏丹。[30]

穆罕默德的同时代人称他"切莱比"（Chelebi），该词可译为"绅士"，这表明他不仅能征惯战，而且性情平和。他将穆萨夺取的塞萨洛尼基等城镇还给了曼努埃尔，并与后者终生维持着真挚的友谊。1416 年与 1419 年，他两度被迫卷入了非决定性的战事，分别对阵威尼斯和匈牙利。同一时间，某个自称是他从安卡拉之战中幸存下来的兄弟穆斯塔法的人掀起了叛乱，穆罕默德不得不出兵镇压。[①] 不过苏丹把大部分时间用于在帝国边境修筑要塞、巩固国内统治与美化城市。留存至今的精美的布尔萨"绿色清真寺"是对这位仁慈而有教养的君主的永久纪念。1421 年 12 月，穆罕默德因中风而在阿德里安堡逝世。[31]

穆罕默德的长子穆拉德此时正在为父亲管理安纳托利亚，他赶到阿德里安堡接管政府后才公布父亲的死讯，继位后称穆拉德二世。与穆罕默德一样，穆拉德也性情平和。据说他加入了一个德尔维希教团，甚至渴望早日隐退，去过隐修生活。[32] 不过穆拉德亦是一名励精图治的君主，时势要求他成为一名优秀的战士与管理者。假冒穆斯塔法的人依然实力强大，穆拉德怀疑他暗中得到了君士坦丁堡的支持。他向曼努埃尔派遣使者抱怨此事，并提出延续其父与皇帝的友谊。曼努埃尔欣然接受提议，不过此时他

---

① 被镇压的穆斯塔法身份存疑，亦称"假穆斯塔法"。

已经老迈倦政，由儿子约翰八世处理政事，而后者认为让奥斯曼帝国内部保持分裂状态对己方有利，他的意见得到了元老院的支持。于是，约翰要求穆拉德将两个兄弟送往君士坦丁堡充当质子，苏丹自然表示拒绝，并在解决了伪穆斯塔法的麻烦后于 1422 年 6 月围攻君士坦丁堡。然而，任何缺乏攻城器械的军队都难以攻破君士坦丁堡的城墙，穆拉德的军队亦然。约翰八世的预测也不乏合理之处——叛乱果然在安纳托利亚爆发，叛军名义上的领袖是穆拉德年仅 13 岁的弟弟穆斯塔法，实际上的指挥者是嫉妒的格米延埃米尔与卡拉曼埃米尔。[①] 穆拉德不得不撤围离去，前去平叛，蹂躏了整个伯罗奔尼撒半岛。[33]

虽然穆拉德也渴望和平，然而时局常常令他难以如愿。1428 年，他不得不率军击退一支越过多瑙河，由匈牙利和波兰两国国王率领的军队。1430 年，穆拉德入侵了伊庇鲁斯的约阿尼纳（Ioánnina/Janina）。同年他从威尼斯人手中夺取了塞萨洛尼基，后者此时已占领该城 7 年之久。塞尔维亚专制君主斯特凡的外甥和继承人乔治·布兰科维奇（George Brankovich）于 1427 年继位，被降到更亲近奥斯曼帝国的陪臣地位。塞尔维亚被迫与匈牙利人解除联盟关系，乔治把贝尔格莱德让给了匈牙利人。苏丹要求乔治将女儿玛拉（Mara）嫁给自己，乔治在此事上的拖延招来了奥斯曼军队对他的征伐。穆拉德不信任这位专制君主，在 1440 年率领另一支部队讨伐他，摧毁了塞尔维亚人在多瑙河畔的要塞斯梅代雷沃（Smederevo/Semendria），而这座要塞本来是在苏丹的允许下兴建的。苏丹进而围攻贝尔格莱德，却因为城防坚固难

---

① 穆拉德最终在 1423 年平定了弟弟穆斯塔法的叛乱，而假穆斯塔法也在此之前被击败，于逃往瓦拉几亚途中被杀。

以攻破，最后只好被迫撤退。[34]

贝尔格莱德围城战的结果鼓舞了穆拉德的敌人。教宗为佛罗伦萨大公会议的成功感到高兴，组织了一次新的十字军东征。匈牙利国王拉迪斯拉斯（Ladislas）对此表示急切地欢迎，而塞尔维亚专制君主同意帮助匈牙利人。阿尔巴尼亚人的领袖乔治·卡斯特里奥特（George Castriota），绰号"斯坎德培"（Scanderbeg）[①]，也对苏丹宣战。卡拉曼埃米尔听从了游说，在亚洲发起攻击。[35]当穆拉德忙于平定卡拉曼的叛乱时，匈牙利军队及其盟军在特兰西瓦尼亚王室私生子匈雅提（John Corvinus Hunyadi）的率领下渡过多瑙河，将土耳其人逐出了塞尔维亚。穆拉德急忙回师欧洲，向多瑙河进军。但他不急于冒险开战，同时发现匈牙利国王也持相似的态度。此刻教宗从西方召集的部队由教宗特使枢机主教尤利安·切萨里尼（Julian Cesarini）指挥，加入了匈牙利人的队伍，但拉迪斯拉斯认为这不足以开战。1444 年 6 月，拉迪斯拉斯与穆拉德在塞格德（Szeged/Szegedin）[②]会晤，随后苏丹以《古兰经》，国王以《福音书》起誓，宣布要遵守为期 10 年的停战协定，在停战期间双方均不可以渡过多瑙河。匈雅提不赞成休战，拒绝参与其中。穆拉德现在觉得自己终于可以卸下重担，开始过向往已久的沉思生活了。然而，当他撤回部队并宣布退休计划后，就

---

① 乔治·卡斯特里奥特（1405—1468 年）是拜占庭贵族后裔，曾作为人质为奥斯曼宫廷效力，并被迫改信伊斯兰教，取得战功后，获得"亚历山大贝伊"（İsskender Bey）称号，在阿尔巴尼亚语中称 Skënderbe shqiptari，这便是他的绰号"斯坎德培"的由来。1443 年，斯坎德培公开反抗土耳其统治，改宗天主教，成为阿尔巴尼亚民族英雄。他一生坚持抵抗土耳其人，作战 25 次，获胜 24 场，成为苏丹在巴尔干的劲敌。但在他去世后，阿尔巴尼亚战局日渐不利，最终于 1501 年被奥斯曼帝国彻底征服。
② 今匈牙利第三大城市。

有消息说匈牙利国王已经越过多瑙河，正在向保加利亚进军。枢机主教切萨里尼宣称对异教徒发的誓言没有效力，而眼下正是击溃土耳其人的好机会，不容错过。这种背弃誓言之举不仅震惊了土耳其人，连东正教徒都大惑不解。拜占庭皇帝约翰八世表示拒绝为匈牙利提供帮助。乔治·布兰科维奇撤回了塞尔维亚军队，并阻止斯坎德培加入联军。匈雅提不情愿地加入了部队，但他就战略问题提出的建议被教宗特使忽略了。穆拉德此刻本已回到安纳托利亚安排退休事宜，得知情况有变，立即回师北伐。1444 年11 月 11 日，穆拉德在瓦尔纳以三倍于对方的兵力击败了基督教联军。拉迪斯拉斯与枢机主教切萨里尼双双阵亡，唯有匈雅提及其部队全身而退。这场胜利恢复了苏丹对多瑙河流域的控制权。[36]

　　不久之后，穆拉德将苏丹之位正式传给年仅 12 岁的儿子穆罕默德，并退居马尼萨。但他还是没有过上清闲生活。他的大臣们与军队对新任苏丹产生了不满。继位的穆罕默德二世早熟、有主见且傲慢，此时偏偏欧洲前线又出现了难题：斯坎德培在阿尔巴尼亚未尝败绩，土耳其人攻打他的行动全部宣告失败。公众的呼声与政治的形势迫使穆拉德出山。[①] 1446 年，穆拉德派遣军队进入希腊，蹂躏了伯罗奔尼撒半岛。1448 年，现为匈牙利摄政的匈雅提·亚诺什率领一支由匈牙利人、瓦拉几亚人、波希米亚人、德意志雇佣兵组成的军队恢复了攻势，与斯坎德培约定在科索沃平原会师。但在阿尔巴尼亚军队到达之前，一支土耳其大军突然出现，歼灭了匈雅提的军队。在波希米亚与德意志部队的帮助下，匈雅提勉强逃离了战场。这场在瓦尔纳的失利后接踵而至的惨败，

———————

① 　穆罕默德二世于 1444—1446 年统治两年后，穆拉德恢复了苏丹身份，一直统治到 1451 年去世为止，穆罕默德二世于 1451 年再次继任苏丹。

致使匈牙利在整整一代人的时间里军力不振。虽然匈牙利的旗帜依然在贝尔格莱德飘扬，但是它再也无力向多瑙河以南出征了。当君士坦丁堡遭遇危机时，匈雅提·亚诺什爱莫能助。在整个巴尔干半岛，唯有阿尔巴尼亚山区尚存对奥斯曼统治的持续抵抗。[37]

穆拉德二世在安纳托利亚同样取得了成功。之后的几年里，苏丹吞并了艾丁与格米延酋长国，并成功地震慑了卡拉曼。其他自治的王公，例如锡诺普、安塔利亚（Attalia）[①]的埃米尔，纷纷承认奥斯曼的宗主权。而特拉布宗皇帝与他在君士坦丁堡的妹夫一样无权无势、唯唯诺诺。[38]此时的奥斯曼帝国内部繁荣昌盛，秩序井然。穆拉德的军事改革的主要举措是重组土耳其新军，新军当时由俘获的奴隶男孩组成。穆拉德建立了常规的制度，[②]规定如果有需要，帝国内的基督徒家庭（希腊人、斯拉夫人、瓦拉几亚人或亚美尼亚人）均有义务上交一个男孩为苏丹服务。这些男孩将在专门的学校中接受严格的伊斯兰教训练。一些有特殊才能的可以成为技术人员或政府官员，不过大多数都成了训练有素的士兵，组成了苏丹的精锐近卫部队，新军拥有自己独立的军营，

---

① 位于土耳其西南地中海沿岸，为安塔利亚省首府，也是今天土耳其最大的海滨度假城市。

② 即德米舍梅，该词原指统治者有权占有五分之一战利品的征收程序。后来，它发展为奥斯曼土耳其官方对基督徒家庭儿童定期招募的制度，以充实帝国军队、宫廷或政府职位。新军士兵（包括整个奥斯曼中央常备军"卡皮库鲁"）一般也通过德米舍梅制度入伍。德米舍梅最早成型约始于巴耶济德一世时期，普遍实施则是在穆拉德二世及穆罕默德二世时期。该系统在其运行初期或许遭到了部分基督徒的抵制，甚或被作为苏丹迫害他们的证据，不过随着时间推移，基督徒们发现这是令自己子孙进入帝国高层的绝佳方式，于是由苏丹征集渐渐演变成了一种基督徒的福利和荣誉，甚至有部分基督徒家长采用贿赂的方式，以安排儿子被苏丹选中。参见：斯坦福·肖，《奥斯曼帝国》，151—152 页；黄维民，《奥斯曼帝国》，西安：三秦出版社，2000 年，172—177 页。

禁止结婚，所以能终生为苏丹效力。[39] 尽管有这种令人反感的强征制度，尽管穆拉德有时会要求臣民改信伊斯兰教，但是他的基督教臣民并不讨厌他，因为他们发现这位统治者是一个审慎且公正的人。苏丹有很多基督徒朋友，据说他深爱其美丽的塞尔维亚妻子，受她的影响颇大。确实，他的统治是有序的，常常也是宽容的，很多希腊人发现，生活在奥斯曼帝国比生活在那个原来的基督教帝国的残躯中更加轻松惬意，没有那么焦虑和痛苦。[40]

穆拉德二世于 1451 年 2 月 13 日在阿德里安堡逝世，为他的继任者留下了一笔丰厚的遗产。

第三章

皇帝与苏丹

已故皇帝约翰八世为曼努埃尔二世与皇后海伦娜（父亲是一个领地在马其顿的塞尔维亚王公，母亲是希腊人）所生的6个儿子中的长子。在约翰之后，按年龄长幼依次是塞奥多利（Theodore）、安德罗尼库斯（Andronicus）、君士坦丁（Constantine）、德米特里（Demetrius）与托马斯（Thomas）。塞奥多利与安德罗尼库斯均先于约翰去世。安德罗尼库斯体弱多病，无足轻重，他唯一一个重要举措是在1423年将塞萨洛尼基售予威尼斯人。随后他隐退至君士坦丁堡全能者基督修道院（Pantocrator Monastery）内，改了一个修士的名字叫"阿卡西乌斯"（Acacius），并于1428年3月在这里逝世。[1]塞奥多利更加卓越，他继承了父亲的学术品位，是一名出色的数学家。但他喜怒无常、神经质，一会儿精力充沛、雄心勃勃，一会儿又渴望归隐，到修道院去享受神圣的宁静。1407年，他继承了叔叔塞奥多利一世的摩里亚专制君主[①]头衔，当时他只是个孩子。在之后的几年里，曼努埃尔二世将大部分时间

[①] 专制君主（英语：despot，希腊语：δεσπότης）的原始含义约等于英语中"lord""master"等词，是拜占庭中后期一种特殊的贵族称号及（接下页）

花在摩里亚专制君主国，试图恢复当地秩序，并在科林斯地峡修
筑了大型防御工事六里长墙（Hexamilion），结果该工事在 1423
年被土耳其军队摧毁了。[2] 如果能控制好情绪与嫉妒心，塞奥多利
二世还算得上一个好的统治者。1421 年，他迎娶了意大利名门闺
秀克里奥佩·玛拉特斯塔（Cleope Malatesta），其堂兄为教宗马
丁五世。由于丈夫性情多变，她的生活并不轻松。她改信了东正教，
这让教宗很生气，他为此指责她的丈夫，但事实上她的改宗似乎
是自愿的。塞奥多利夫妇在米斯特拉斯建立了一个简朴但富有文
化气息的宫廷，不过克里奥佩在 1433 年去世后，当地的文化生活
有所衰落。摩里亚文化生活的主要人物卜列东对塞奥多利夫妇都
很忠诚。塞奥多利在兄弟中年龄仅次于约翰八世，他认为自己将
会继承帝位。1443 年，约翰八世去世后不会留下孩子一事已经很
明显了，于是塞奥多利用摩里亚专制君主国交换了色雷斯城市塞
吕姆布里亚（Selymbria）的领主权，该城距离君士坦丁堡仅有

（接上页）宫廷头衔，有时也作为君主的称号。它首创于 12 世纪，在拜占
庭贵族等级中仅次于"皇帝"（emperor，希腊化的拜占庭人更常用 Basileus
一词）与共治皇帝（co-emperor），居第三位，大约相当于西欧贵族等级中
的"亲王"。曼努埃尔一世受匈牙利人影响，于 1163 年创造了这一称号，
赐予其太子阿莱克修斯。进入 13 世纪后，皇帝往往将这一头衔同时赐予多
人（一般为皇子或驸马），而不再为太子专享（不过特拉布宗帝国保留了加
封太子为"专制君主"的传统）。帕列奥列格王朝时期，"专制君主"不仅
是贵族封号，也成为摩里亚、伊庇鲁斯等地领主的头衔，故摩里亚、伊庇
鲁斯也称"专制君主国"（despotate）。这一传统也影响到周边的保加利亚、
塞尔维亚等国，其君主一度也自称"专制君主"，如在 14 世纪时，塞尔维
亚统治者约万·奥利弗（Jovan Oliver）首次采用 Despote 称号。科孚（英
语：Corfu，希腊语：Κέρκυρα）岛主 15 世纪时也自称 Despote。译者在本书
中依然采用国内约定俗成的"专制君主"译名，但此称呼并无贬义（英语
中 despot 还有"暴君"的意味）。参见：Alexander P. Kazhdan, ed. *The Oxford
Dictionary of Byzantium*, New York: Oxford University Press, 1991, p. 614。

40 英里，这样他就能在约翰八世逝世时及时赶到。然而命运弄人，塞奥多利于 1448 年夏天感染瘟疫，在当年 7 月逝世，比皇帝还早死三个月。[3] 塞奥多利唯一的后代是女儿海伦娜，已于 10 年前嫁给了塞浦路斯国王约翰二世。[4]

约翰八世年龄较小的两个弟弟德米特里与托马斯都是不值得称赞的人。德米特里不安分，野心勃勃，狂妄自大，缺乏道德心。他曾陪同兄长约翰八世参加佛罗伦萨大公会议，但他认为自己是东正教的捍卫者，反对他哥哥的拉丁化倾向。他的妻子出自兼具希腊与保加利亚血统的著名的阿森（Asen）家族，但是这桩婚事不合双方家庭的意愿。德米特里与土耳其人关系良好，甚至于 1442 年试图在奥斯曼军队的帮助下进攻君士坦丁堡。约翰八世的弟弟君士坦丁带着部队匆匆赶来，才救了皇帝。德米特里得到了原谅，获准继续留在君士坦丁堡。塞奥多利去世后，德米特里继承了他的封地塞吕姆布里亚。[5]

托马斯性格更稳重，但更懦弱。1430 年，青年时代的他被送往摩里亚辅佐其兄长。他在摩里亚迎娶了法兰克人在亚该亚公国的最后一位公爵的继承人凯瑟琳·扎卡里亚（Catherine Zaccaria），并在亚该亚公国的故地上获得了一块封地。他相当忠诚地追随他的兄长君士坦丁的领导。[6]

君士坦丁是兄弟几人中最有能力的一位。他出生于 1404 年，在青年时代就获得了塞吕姆布里亚及附近若干色雷斯城镇作为封地。1427 年，他前往伯罗奔尼撒半岛，协助约翰八世征服当地最后的法兰克人领地。[①] 由于他的哥哥塞奥多利正宣布打算退居修

---

① 拉丁帝国解体后，巴尔干地区依然残留了大量拉丁人、法兰克人的贵族封地，他们大多承认拜占庭的宗主权，但实际上享有独立。

道院，君士坦丁的出现就显得尤为必要。塞奥多利很快改变了想法，但与此同时，君士坦丁于 1428 年 3 月娶了伊庇鲁斯和希腊西部大部分地区的统治者卡罗·托科（Carlo Tocco）的侄女，凭借这桩政治联姻获得了托科在伯罗奔尼撒半岛的土地。君士坦丁的年轻妻子原名玛格达莱娜（Magdalena），婚后改名狄奥多拉，两年后去世，未留下子嗣。君士坦丁在妻子死后依然保留了封地，他打算以这些封地为基础，继而统一伯罗奔尼撒半岛。君士坦丁与塞奥多利之间经常关系紧张。约翰八世前往意大利参加佛罗伦萨大公会议时指定君士坦丁代为管理君士坦丁堡，似乎表明他有意指定君士坦丁为继承人，因而令塞奥多利特别伤心。不过后来君士坦丁用自己在色雷斯的封地和皇位继承权交换了米斯特拉斯与摩里亚专制君主国，兄弟间便恢复了友好关系。[1] 在此之后，君士坦丁在米斯特拉斯被立为专制君主，托马斯在西海岸的克拉伦扎（Clarenza）被立为专制君主，支援君士坦丁。至 1433年，除了 4 座依然被威尼斯掌控的城市阿尔戈斯（Argos）、纳夫普利亚（Nauplia）、克罗顿（Croton）、莫顿（Modon）[2]，整个伯罗奔尼撒半岛全部被拜占庭征服。接下来君士坦丁计划吞并阿提卡（Attica）与彼奥提亚（Boeotia）。1444 年，匈雅提·亚诺什在塞尔维亚取胜的消息鼓舞了君士坦丁，他从科林斯向北出兵，同时他的干将约翰·坎塔库泽努斯穿过帕特雷（Patras），进入福基斯（Phocis）。很快，除了雅典卫城，品都斯山脉以南的希腊本土均已被君士坦丁占领，雅典公爵尼里奥二世（Nerio Ⅱ）匆忙向土

---

① 君士坦丁自 1428 年起与塞奥多利共同执掌摩里亚，他们一起赢得了多场战役胜利，成功扩大了摩里亚版图。

② 莫顿为希腊城市麦西尼亚的威尼斯名。

耳其人乞援。不幸的是，土耳其援军很快就到了。君士坦丁横扫彼奥提亚时，穆拉德二世已经赢得了瓦尔纳之战。1446 年，苏丹亲率大军进入希腊。君士坦丁率领部队退至被他加固过的六里长墙之后。然而穆拉德拥有重炮。经过两周的持续轰炸，他的士兵突破了长墙。君士坦丁与托马斯侥幸逃脱。他们的军队表现得不忠、不勇，尤其是阿尔巴尼亚雇佣军。苏丹再度摧毁了六里长墙，接着向佩特雷与克拉伦扎进军，屠杀沿途的居民。得到君士坦丁和托马斯的臣服保证及缴纳年贡的许诺之后，苏丹才率军回国。[7]

这次摩里亚专制君主国及其人口都受到了极大的损失。君士坦丁无力再次发动帝国主义式的冒险行动，于是转而寻求外国盟友的庇护。他在 1441 年再婚，新娘凯瑟琳的父亲是莱斯博斯岛 ① 公爵（Prince of Lesbos）多里诺·加提卢西（Dorino Gattilusi）。多里诺属于一个热那亚人的王朝，该王朝的创始人弗朗切斯科娶了拜占庭皇帝约翰五世之女，而且彻底希腊化了。不过一年后凯瑟琳便撒手人寰，并未留下子女。为了获得嫁妆和对自己有利的人际关系，君士坦丁继续物色妻子：他一度向塔兰托（Taranto）领主之妹伊莎贝拉·奥尔西尼（Isabella Orsini）求婚，他派驻那不勒斯的大使则询问了一名葡萄牙公主的情况，而一位威尼斯大使推荐了威尼斯总督弗朗切斯科·福斯卡里（Francesco Foscari）之女。然而，没有哪位公主向往君士坦丁那顶摇摇欲坠的皇冠，也没有哪个西方国家想与他结成牢固的联盟关系。与此同时，君士坦丁忠心耿耿的秘书兼好友乔治·弗兰泽斯（George Phrantzes）对西方人心怀疑虑，匆匆前往特拉布宗，希望能为主

---

① 莱斯博斯岛是现今希腊第三大岛，古希腊女诗人萨福即出生于此。

人迎来一位"大科穆宁"的公主。此时特拉布宗在政治上的确屡弱，然而其国内有银矿资源，商路又经过该国都城，所以国家依然很富裕，能拿得出一笔不菲的嫁妆，更何况特拉布宗的公主素来以美貌闻名。这位公主的一个姑妈嫁给了约翰八世，当年被誉为世上最美的女人，尽管曾一睹芳颜的贝特朗东痛惜她过度化妆，他认为这是不必要的。然而弗兰泽斯的任务也失败了。⁸君士坦丁安排自己的侄女海伦娜（托马斯的长女）嫁给了塞尔维亚专制君主乔治·布兰科维奇之子，可是就连乔治·布兰科维奇也十分小心谨慎，不愿与摩里亚专制君主国订立盟约，以免触怒土耳其人。⁹

约翰八世逝世时，君士坦丁正在米斯特拉斯，但托马斯正好在前往君士坦丁堡的路上。1448 年 11 月 13 日，也就是约翰八世去世两周后，托马斯抵达了首都，非常及时。因为他的哥哥德米特里已经从其领地塞吕姆布里亚匆匆赶来，宣布继承皇位。德米特里希望反对教会统一的人支持自己。^①然而当帝国缺少加冕过的皇帝时，加冕过的皇后或皇太后有权做出安排。年迈的太后海伦娜动用权威，坚称帝位应属于她在世的儿子中年纪最大的君士坦丁，公众舆论也支持她。德米特里希望落空了。托马斯在首都现身后承认了自己的失败，宣布支持君士坦丁。由于一个儿子在君士坦丁堡去世，所以乔治·弗兰泽斯身在首都，此刻被太后选作特使，前往奥斯曼帝国通报新帝即位的消息，苏丹穆拉德欣然同意。^②两位帝国高级官员阿莱克修斯（Alexius Lascaris Philanthropenus）与曼努埃尔（Manuel Palaeologus Iagrus）携带

---

① 君士坦丁与约翰八世属于"统一派"。
② 此时拜占庭已沦为土耳其藩属，故帝位的变更需要得到苏丹首肯。

皇冠前往米斯特拉斯。1449 年 1 月 6 日，君士坦丁在主教座堂由当地的都主教加冕。[10] 在帝国千年的历史中（除了尼西亚流亡政府时期），这是新帝首次在君士坦丁堡以外的地方加冕，也是首次由牧首之外的人加冕。虽然此时没人挑战君士坦丁的统治，不过依然有人质疑加冕仪式的合法性。然而非常时期需要非常之举，拜占庭人认为皇帝有必要尽早即位，而在君士坦丁堡举行加冕仪式可能难以安排，因为当时的牧首格里高利·玛玛斯正受到他的多数神职人员的抵制。[11]

君士坦丁与随从乘坐加泰罗尼亚人的加莱桨帆船从摩里亚启程，3 月 12 日抵达君士坦丁堡。数日后，他慷慨地将摩里亚专制君主国领土授予两个弟弟德米特里与托马斯共治。德米特里获得了摩里亚的东南部及米斯特拉斯，托马斯则领有西北部，包括克拉伦扎与佩特雷。[①] 在太后与帝国高级官员出席的一个庄重仪式上，两兄弟发誓忠于皇帝、永远善待彼此。尽管事实证明他们经常破坏"善待彼此"这则誓言，但在他们离开首都后，君士坦丁就成了君士坦丁堡的主人。[12]

新皇帝当时差不多 45 岁。我们没有关于他外貌的完整描述。他似乎是个高个子，身材匀称，继承了家族所特有的轮廓分明而端正的五官、黝黑的皮肤。他对哲学、神学这些学术领域没有特别的兴趣，不过他在米斯特拉斯和大学者卜列东成了朋友，在赶赴君士坦丁堡之前，他做的最后一件事就是确认卜列东的儿子们

---

①　帝国晚期推行的分封制度进一步削弱了拜占庭实力，当 1453 年君士坦丁堡遭到空前危机时，摩里亚的两位皇子依然忙于内斗，无暇援助。唇亡齿寒，君士坦丁堡陷落 7 年后，摩里亚君主国也被苏丹攻占，德米特里向穆罕默德二世投降，而拜占庭帝国末代继承人托马斯不得不举家流亡并终老意大利。

继承了他们父亲的财产。他已经证明了自己是一名出色的战士和一个称职的管理者。最重要的是，他很正直，从未做过不光彩的事情，在对付两个桀骜不驯的弟弟时也表现得慷慨而有耐心。他的朋友与官员对他忠心耿耿，即使他们有时与他意见相左。他生来善于激起臣民的敬佩与爱戴。因此，他进入君士坦丁堡时受到了市民发自肺腑的欢迎。[13]

在君士坦丁来到的这座动荡而令人悲伤的城市中，他需要这种感情。民众对东西方教会正式统一的憎恨有增无减。君士坦丁认为自己被兄长在佛罗伦萨大公会议上的承诺束缚了手脚。不过，他在即位之初没有采取激进的举措，这可能是由于他受到了太后海伦娜的影响，皇帝非常信赖她。太后在 1450 年 3 月 23 日去世，这对他来说是一个残酷的损失。君士坦丁用人无党派之见。他的重臣大公（Megasdoux/Megadux）① 兼海军司令卢卡斯·诺塔拉斯反对教会统一，但并不走极端。至于约翰·坎塔库泽努斯，皇帝还在伯罗奔尼撒半岛时和他就是密友，他同时也是统一的积极倡导者，被任命为 Stratopedarches②。担任 Megas

---

① Megasdoux（希腊语：μέγας δούξ）相当于英语中 grand duke 一词，即"大公"。它是拜占庭帝国晚期的高级军队职务名称，相当于"海军总司令"，大约由阿莱克修斯一世于 11 世纪晚期设立。第一个"大公"头衔获得者为约翰·杜卡斯（John Doukas）。自 13 世纪开始，大公不仅可统帅海军，有时亦可指挥陆军。这一职务（或头衔）偶尔也授予外国人。参见：Alexander P. Kazhdan, ed. *The Oxford Dictionary of Byzantium*, p. 1330。

② Stratopedarches（希腊语 στρατοπεδάρχης）是一个非常古老的罗马头衔，最初含义为兵营长官（Master of the Camp）。拜占庭中期以后，逐渐演变为一个军队高级职务及头衔（但不能授予宦官）。13 世纪期间，这一职务约相当于"军需长官"，即负责军队后勤补给等事务。但在帝国晚期（14—15 世纪），它仅仅是一种荣誉头衔，并不一定与军需有关。参见：Alexander P. Kazhdan, ed. *The Oxford Dictionary of Byzantium*, p. 1967。

Logothete① 的梅托基特斯与担任 Protostrator② 的德米特里·坎塔库泽努斯（Demetrius Cantacuzenus）似乎不完全支持统一，但是愿意接受皇帝可能颁布的任何政策。[14] 乔治·弗兰泽斯是皇帝的秘书，也是其心腹，其态度与前述两人相同。而君士坦丁堡牧首格里高利三世失望地发现自己不受新皇帝的支持，于1451年8月离职，前往更欣赏他的罗马，在那里，他对冷漠的拜占庭政权大发牢骚。[15]

　　君士坦丁仍在寻找一个妻子，或许是在母后的建议之下，为了安抚民众的反拉丁情绪，他决定在东正教世界里找一个。1450年，忠心耿耿的乔治·弗兰泽斯再次被派往东方，前往特拉布宗与格鲁吉亚的宫廷。他原本相中了格鲁吉亚的公主，未料该国国

① Megas Logothete（希腊语：μέγας λογοθέτης，英语中亦可称 Grand Logothete），Logothete 一词本意是"精通算术、记账与推理之人"，最初为帝国财政官员的职务名称，而 Megas Logothete 由阿莱克修斯一世在11世纪设立，位高权重，为拜占庭帝国内政官员的总管，类似于今天的"总理"。参见：Alexander P. Kazhdan, ed. *The Oxford Dictionary of Byzantium*, p. 1247。

② Protostrator（希腊语：πρωτοστράτωρ）原意为"第一马夫"，该职务最初相当于宫廷马厩总管，地位并不十分高贵。从12世纪开始，逐步成为帝国高级军事将领头衔，科穆宁王朝时期在陆军中的地位仅次于"大元帅"（megas domestikos）。13世纪以后，它在职能上与大公的区别日益模糊。参见：Alexander P. Kazhdan, ed. *The Oxford Dictionary of Byzantium*, pp. 1748-1749。如果读者希望进一步了解拜占庭官制，可以参考下列著作：Warren Treadgold, *A History of the Byzantine State and Society*, Stanford: Stanford University Press, 1997; Michael Angold, *The Byzantine Aristocracy: IX to XIII Centuries*, Oxford: BAR International Series,1984; John B. Bury, *The Imperial Administrative System of the Ninth Century-With a Revised Text of the Kletorologion of Philotheos*, Oxford University Publishing, 1911; Mark C. Bartusis, *The Late Byzantine Army: Arms and Society 1204-1453*, University of Pennsylvania Press, 1997; John F. Haldon, *Warfare, State and Society in the Byzantine World, 565-1204*, London: UCL Press, 1999。

王乔治声称按照当地惯例，他们不会给予新娘嫁妆，反而需要新郎送来彩礼，这让他大吃一惊。可是国王接着表示，不同种族的习惯是无法解释的。毕竟，他指出，在不列颠一个女人往往有几个丈夫，一个男人有几个妻子。他承诺在这件事上他会很慷慨，甚至提出要收养弗兰泽斯的女儿为义女。

　　弗兰泽斯在格鲁吉亚时听闻了苏丹穆拉德的死讯，当他前去特拉布宗与皇帝约翰讨论这一消息时，进一步得知苏丹的遗孀——信基督教的塞尔维亚公主玛拉（特拉布宗皇帝的外甥女）——已经满载着礼物和荣誉被送回塞尔维亚，交给她的父亲。弗兰泽斯想到了一个绝妙的主意，于是立即写信建议君士坦丁迎娶玛拉。"苏丹娜"① 依旧年轻，且十分富有，而且她在苏丹的宫廷里非常受欢迎，据说对其继子——新任苏丹穆罕默德二世颇有影响力。② 他指出，皇帝迎娶一个异教徒统治者的遗孀并不有失体面，因为君士坦丁的外祖母，即太后海伦娜的母亲，在嫁给塞尔维亚国王之前是某个突厥统治者的妻子，甚至生过孩子。弗兰泽斯急忙回国，推动其建议被采纳。皇帝对此很感兴趣，但他抱怨说，他的所有大臣都给了他不同的建议。他的母亲本来可以为他做决定，但她已经去世了，而密友约翰·坎塔库泽努斯也刚刚去世。然而，苏丹娜自己破坏了这个计划。她曾经起誓，如果有一天自己能逃出异教徒的后宫，她在余生中将保持独身，全心全意做善事。君士坦丁于是选择了格鲁吉亚的公主。一支使团被派往格鲁吉亚，以便商讨婚约并将新娘接回君士坦丁堡。但是

---

① Sultana 是皇室女性的一种头衔，是苏丹一词的阴性形式。这个词在一些伊斯兰国家被正式用于女性君主，历史上它也被用来指苏丹的配偶。

② 何况玛拉并未改宗，依然笃信东正教。

公主被一些事耽搁了，她还没有来得及离开家，就知道一切已经太晚了。^① 16

特拉布宗皇帝本以为弗兰泽斯会和自己一样，为苏丹的死讯欢欣鼓舞。但弗兰泽斯的看法恰恰相反。他指出，穆拉德基本上是一个爱好和平的人，无心发动战事、制造争端。而据闻新任苏丹穆罕默德二世自孩提时代起便对基督徒怀有敌意，肯定会致力于摧毁基督徒的帝国，拜占庭和特拉布宗都一样。弗兰泽斯自己的君主也有同样的看法——拜占庭潜伏在土耳其宫廷的间谍发回了大量危险将至的情报。¹⁷

这些警告是有道理的。新任苏丹穆罕默德二世于 1432 年 3 月 30 日生于阿德里安堡，此时 19 岁。他的童年颇为不幸。其生母胡玛哈顿（Hüma Hatun/Huma Hatun）曾是一个奴隶，基本可以肯定是土耳其人，尽管后来的传说把她变成了一位出身高贵的法兰克女士——穆罕默德本人并没有制止这种传言。其父穆拉德很少关注穆罕默德，更偏爱他与那些出身更高贵的妻妾所生的孩子。他在阿德里安堡与母亲及虔诚而强势的土耳其乳母戴伊哈顿（Daye Hatun）共同度过了平淡的几年。然而他的长兄艾哈迈德于 1437 年在阿马西亚（Amasia）突然去世，6 年后，二哥阿拉丁于同一城市神秘地遭到暗杀。穆罕默德在 11 岁那年成了苏丹的继承人。除了苏丹本人及穆罕默德的远房堂兄——正在君士坦丁堡流亡的苏莱曼之孙奥尔汗，穆罕默德是奥斯曼家族仅存的王子。穆拉德将穆罕默德招至宫廷，看到儿子的教育遭到忽视的情况，感到非常震惊。苏丹派了一个教师团队教导穆罕默德，为首的是著

---

① 新娘尚未启程，君士坦丁堡即已沦陷，皇帝君士坦丁阵亡。

名库尔德裔教授艾哈迈德·库拉尼（Ahmet Kurani）。教师们的工作可谓卓有成效。穆罕默德在科学和哲学上受到了良好训练，并且广泛涉猎了伊斯兰和希腊的文学作品。在母语以外，他还熟练掌握了希腊语、阿拉伯语、拉丁语、波斯语以及希伯来语。不久，他的父亲开始让他学习管理帝国的技艺。[18]

　　穆拉德二世在与匈牙利签订了停战和约之后，决定从此隐退，[①] 并将国家大权交给儿子，此时穆罕默德 12 岁。当务之急是镇压安纳托利亚的叛乱，而十字军进军至瓦尔纳的消息传来时，穆拉德还在安纳托利亚作战。[②] 大维齐哈利勒帕夏急忙请求穆拉德返回欧洲。由于哈利勒得知了年轻的穆罕默德的一些举动，因此这份请求更加急切。年迈的哈利勒深受苏丹信任，苏丹要求他监护穆罕默德。然而穆罕默德很快展现出特立独行的一面。穆拉德刚刚前往安纳托利亚后，便发生了一次危机：穆罕默德与一个波斯的异教德尔维希过从甚密，而哈利勒的父亲和祖父都曾担任维齐，还是一个老派的穆斯林，非常憎恶这个波斯人。穆罕默德最终被迫将这个德尔维希交给大穆夫提（the Chief Mufti）法赫丁（Fahreddin）裁决，后者煽动民众烧死了这个可怜虫。大穆夫提急于看到火被烧旺，凑得太近，以致把自己的胡须烧焦了。[19]

　　虽然如此，穆拉德二世于瓦尔纳战胜十字军之后，他不改初衷，执意隐退。穆罕默德则在哈利勒的指导下，成了帝国的统治者。这样的尝试再次带来了灾难性的后果。阿尔巴尼亚与希腊前线依然有战事。穆罕默德提出了一个不切实际的计划，想进攻君

---

① 苏丹希望回到小亚细亚的马尼萨过隐修生活。

② 穆拉德受时事所迫，可谓退而不休，威尼斯人因此将阿德里安堡的穆罕默德二世称作"欧洲的苏丹"，将马尼萨的穆拉德二世称作"亚洲的苏丹"。

士坦丁堡，但是被监护他的人否定了，于是他非常愤怒。穆罕默德的自负与傲慢在宫廷和民众中都引起了反感，但军队的不满尤其强烈。为了防止兵变，哈利勒请求穆拉德重返阿德里安堡主持大局。1446 年秋，穆拉德二世返回帝国首都，受到了民众的欢迎。穆罕默德被送往父亲的隐退之地——马尼萨。[20]

穆拉德二世可能考虑过剥夺穆罕默德的继承权。因为他有一个妻子出身高贵，是桑达尔酋长国埃米尔易卜拉欣的女儿，她的家族本来就与奥斯曼家族有联系，而她最近又为他生育了一个儿子。[21] 但他最终打消了更换继承人的主意。经历了两年流放生涯之后，穆罕默德被召回，加入了苏丹抗击匈雅提的军队，并最终赢得了科索沃战役。那一年早些时候，他在马尼萨与一个叫古尔博哈尔（Gülbehar）的女奴生下一子巴耶济德。古尔博哈尔的父亲叫阿卜杜拉，可能是一个改信伊斯兰教的阿尔巴尼亚人。[22] 穆拉德并不赞成儿子的这段关系，并在 1450 年命令儿子迎娶了富裕的土库曼王公、马拉蒂亚（Malatia/Malatya）①的领主苏莱曼（Suleiman Zulkadroghlu）之女希特哈顿（Sitt Hatun）。虽然婚礼很隆重，但希特哈顿从未得到过穆罕默德的宠爱，在阿德里安堡的宫殿中度过了余生，并未留下子嗣。[23]

在穆拉德剩下的统治时间里，穆罕默德得到了善待，他时而出现在宫廷里，并陪伴父亲参加了一两场战役。但他也常常回到自己在马尼萨的宫殿。他的生母于 1450 年 8 月去世时他身在马尼萨，穆罕默德以隆重的葬礼将她葬在布尔萨，她墓碑上的碑文几乎没有提及穆拉德。1451 年 2 月 13 日，穆拉德二世在阿德里安

---

① 马拉蒂亚，位于安纳托利亚东部，如今是土耳其马拉蒂亚省省会。

堡中风去世，当时穆罕默德也身在马尼萨。[24]

没有人怀疑穆罕默德是穆拉德的继承人。哈利勒帕夏寄给他一封密信，穆罕默德立刻从马尼萨启程。当他渡过达达尼尔海峡后，他知道没人会质疑自己继位一事，所以他在加里波利停留了两天，以便让首都的人为他准备合适的欢迎仪式。当他于2月18日抵达阿德里安堡时，大维齐率领所有高级官员骑马出城来迎接他。他们在离城门1里格远的地方下了马，以便在他的马前列队走回城去。穆罕默德到达皇宫后安排了首次觐见。其父留下的大臣们心里惴惴不安，直到苏丹命令首席宦官谢哈布丁（Shehab ed-Din）安排诸大臣循惯例就位，大家才如释重负。大维齐得以留任。第二维齐 ① 伊萨克（Ishak）帕夏是穆拉德二世的密友，被任命为安纳托利亚总督，这个职位地位很高，也很重要，不过这项任命能把伊萨克从他的盟友哈利勒身边支开。萨鲁贾（Saruja）帕夏和扎加诺斯（Zaganos）帕夏对穆拉德忠心耿耿，但与哈利勒关系不佳，两人和谢哈布丁一道被任命为“助理维齐”（assistant vizier）。不久，穆拉德二世的遗孀——易卜拉欣贝伊之女前来表达对穆拉德驾崩的哀悼，并祝贺新君继位。在穆罕默德对她表示热烈欢迎的同时，他的属下正在迅速赶往后宫，把她年幼的儿子艾哈迈德溺死在了浴缸里。② 这位丧子的母亲最终被命令与伊萨克帕夏结婚，并随夫迁往安纳托利亚。穆拉德的基督徒妻子塞尔维亚公主玛拉则被礼送回国，与父亲团聚，如上文所述，弗兰泽斯在特拉布宗也获知了这一消息。[25]

任命好文武官员、整肃宫廷之后，年轻的苏丹开始制定自己

---

① 相当于副首相。

② 穆罕默德从此开创了奥斯曼帝国新任苏丹即位时杀害兄弟的惯例。

的治国方略。外人只当他是个早年经历坎坷、缺乏经验的年轻人，但是现在看到他的人都对他印象深刻。穆罕默德很英俊，中等身材，但体格健硕，弯眉之下有一双可洞悉人心的鹰目，细长的鹰钩鼻下面是鲜红饱满的嘴唇。在晚年，他的外貌让人联想到一只要吃熟樱桃的鹦鹉。除非是在酒酣之时（穆罕默德继承了家族的嗜酒传统），苏丹一般都是威严甚至冷漠的。然而对于他敬仰的有识之士，他总是亲切仁慈，甚至是热情诚恳的。他乐于与艺术家作伴。他出了名的多疑。童年的不愉快经历让他学会了不轻信他人。人们很难弄明白他在想什么。他无意让自己受人爱戴，也不刻意去讨民众的喜欢。然而他的才智、精力与果断令人尊敬。了解他的人都知道，这个令人畏惧的年轻人必定不会改变他自己定下的计划，其中第一个也是最重要的一个任务就是征服君士坦丁堡。[26]

第四章

西援之代价

特拉布宗皇帝并非唯一一个因穆拉德二世去世而如释重负的人，在西方也有类似的乐观情绪。近期到过穆拉德宫廷的使节们报告了穆罕默德早年的糟糕政绩。人们以为，这个无能的年轻人不会对基督教世界构成重大威胁。穆罕默德欣然承认了父亲签署过的条约，这加深了人们的错觉。1451 年夏末，当新苏丹即位的消息传至欧洲时，到达阿德里安堡的欧洲使团络绎不绝。9 月 10日，苏丹款待了威尼斯使团并续签了穆拉德在 5 年前与其签署的和约。10 天后，他又与匈雅提的代表签署了一份为期三年的停战协定。拉古萨共和国的大使主动提出把年贡增加 500 金币，因此受到了特别的欢迎。医院骑士团、瓦拉几亚公爵、莱斯博斯岛的领主和希俄斯岛的政府也纷纷派出使节，带着丰厚的礼物前来祝贺，他们也都得到了善意的保证。塞尔维亚专制君主不仅接回了自己的女儿，还被允许收复了斯特鲁马河（Struma）河谷上游的一些城镇。皇帝君士坦丁的使节是最先抵达阿德里安堡的，他们由于更了解苏丹的性格而惴惴不安，即使如此，他们也因为自己受到的款待而感到振奋。苏丹不仅以《古兰经》发誓尊重拜占庭的领土完整，还许诺向皇帝每年支付一笔高达 3000 阿克切（Akçe）① 的年金，这笔年金出自法律上原本属于奥尔汗王子位于斯特鲁马河下游河谷的若干希腊城镇，用于让奥尔汗在君士坦丁堡维持生活，只要后者被体面地拘禁在那里。甚至阿索斯山的修道团体②（自穆拉德二世夺取塞萨洛尼基后承认奥斯曼帝国的宗主权）也得到了保证，其自治权不会受到干涉。[1]

新任苏丹似乎受到了穆拉德的老臣哈利勒帕夏的影响，众所周知，哈利勒与穆拉德一样爱好和平。拜占庭的外交官们小心翼翼地维护着与大维齐的友谊，并且得到了令人欣慰的回报。但是，更精明的观察者会意识到，苏丹的温和姿态并非发自内心，其真实意图不过是想在谋划发动他的大型战役时能使边境保持稳定。同时，大维齐哈利勒的影响力远没有基督徒想象的那么大。穆罕默德从未真正原谅哈利勒在 1446 年的所作所为。哈利勒的盟友伊萨克帕夏已经被调往安纳托利亚。现任副首相的扎加诺斯帕夏数年以来一直与哈利勒不睦，而且他还是宦官谢哈布丁的密友，后者是新任苏丹的心腹，还是个主战派。[2]

然而，欧洲世界对奥斯曼帝国宫廷的内部政治并不了解。西方基督教世界因为经威尼斯和布达佩斯传来的苏丹亲切友善的

①　阿克切，奥斯曼帝国主要银币单位。3 阿克切为一个柏拉，120 阿克切等于一个库鲁斯，而拜占庭晚期类似银币单位被称作 Asper。
②　阿索斯山为东正教"圣山"，根据传说，圣母玛利亚与使徒约翰曾漂流来此，将该地定为神圣区域，这也是"圣山"的由来。从 9 世纪起陆续有东正教修士来此，并修建了大量修道院。阿索斯山修道院受到拜占庭皇帝的特别保护，历来享有自治权利。一战后它正式划归希腊，由当地 20 座修道院组成了阿索斯山自治修道州（*Αυτόνομη Μοναστική Πολιτεία Αγίου Όρους*）。参见：Alexander P. Kazhdan, ed. *The Oxford Dictionary of Byzantium*, pp. 223-226。

消息而欣悦。经历了尼科波利斯与瓦尔纳的惨败之后，没有西方国家急于再次与奥斯曼帝国兵戎相见——相信没有必要这样做，要让他们惬意得多。事实上，它们中没有一个能采取行动，国内都有让自己分心的事。在中欧，哈布斯堡王朝的腓特烈三世（Frederick Ⅲ）此刻正忙于筹备他将于1452年在罗马举行的加冕礼。为了获得神圣罗马皇帝头衔，他甚至在14年前放弃了德意志教会的特权。他甚至觊觎波希米亚、匈牙利两国的王冠，因此他必然无法同自己的对手——匈牙利幼王拉迪斯拉斯五世（Ladislaus V/Ladislas V）的摄政匈雅提合作。[①]法王查理七世则忙于重建因英法百年战争而满目疮痍的国土，同时要防备一个危险的强大封臣——国王的堂兄、勃艮第公爵"好人"菲利普（Philip the Good），后者的领地与财力都远远超过查理七世自己。菲利普自认为是一名十字军战士，但是，即使他可以冒险离开他的公国，他还清楚地记得父亲约翰在尼科波利斯被土耳其人俘虏的悲惨往事。英格兰同样受到百年战争的拖累，国王亨利六世（Henry Ⅵ）虽然信仰虔诚，却在政治上堪称低能，[②]因此不太

① 此时匈牙利名义上的国王，"遗腹子"拉迪斯拉斯五世年幼，匈牙利大权完全由匈雅提掌控。

② 亨利六世（1421—1471年）为兰开斯特王朝之末代英格兰国王（1422—1461年、1470—1471年两度在位）。他出生九个月后，父亲亨利五世驾崩，即位为英格兰国王，并且依据之前英法《特鲁瓦条约》，被英国人单方面宣布兼任法国国王（此举不被法国国民承认）。统治初期，由两位权父汉弗莱与约翰分别担任英国、法国摄政，然而随着圣女贞德出现，英法战争的局面开始对英国不利。亨利1437年亲政后，对军事并无浓厚兴趣，反而对英国教育做出了不小的贡献——设立了伊顿公学与剑桥大学国王学院。与父亲相比，亨利六世被认为性格懦弱，自1453年起，他的间歇性精神病开始发作，约克公爵理查乘机发动叛乱，引发了英格兰玫瑰战争，亨利最终战败。莎士比亚曾创作历史剧《亨利六世》。其详细生平，参见：Bertram Wolffe, *Henry VI*, London: Methuen Publishing Ltd., 1981.

可能向海外出兵。斯堪的纳维亚诸国、苏格兰王国这些遥远的国家不可能提供帮助，它们甚至连干预的兴趣都没有。葡萄牙王国与卡斯蒂利亚王国正忙于对付异教徒近邻，无暇他顾。唯一关注东方事务的西方君主是阿拉贡国王阿方索五世（Alfonso V），他在 1443 年还继承了那不勒斯王位。此人宣称自己渴望率领一支远征军前往东方，但他公开表示自己想成为君士坦丁堡的皇帝，因此其援助提议很可疑，而且几乎不可行。[3]

　　甚至教廷里也有一股乐观情绪，认为新苏丹不足为虑。但一些在这里避难的希腊人四处游说，希望西方各国在穆罕默德的理政能力成熟之前采取行动。他们的发言人是一个意大利人——托伦蒂诺的弗朗切斯科·菲莱尔福（Francesco Filelfo of Tolentino），他的妻子是希腊学者约翰·克里索洛拉斯（John Chrysoloras）之女，他的岳母还在君士坦丁堡居住。考虑到法国曾是十字军运动的领袖，他向法王查理递交了一封情真意切的求援信，恳求国王迅速组织军队奔赴东方。他坚称土耳其人无力抵抗。然而查理没有做出回应。[4] 1447 年接替尤金四世继位的教宗尼古拉斯五世（Nicholas V）是一个崇尚和平的学者，任内最大的成就便是创建了梵蒂冈图书馆。他与贝萨里翁私交甚好，对其学识相当仰慕，故而对拜占庭心怀同情。然而一是教宗不知道该向哪个世俗统治者求助，二是拜占庭方面依然拒绝落实当年约翰八世代表拜占庭在佛罗伦萨大公会议上签署的教会统一协议，因此教宗也不急于提供帮助。[5]

　　皇帝君士坦丁非常明白自己所面临的困境。1451 年夏，他安排安德罗尼库斯·布林尼乌斯·莱昂塔里斯（Andronicus Bryennius Leontaris）出使西方。安德罗尼库斯首先前往威尼斯，请求批准拜占庭在威尼斯控制的克里特岛招募弓箭手,① 再到达罗马,代表皇帝向教宗传达亲善之意,同时呈交了一封来自一个反对教会统一的委员会的书信。该委员会自称是一个"感恩聚会"(Synaxis),因为它缺少牧首的参与,无法合法地自称"教会会议"(synod)。皇帝显然是在卢卡斯·诺塔拉斯的建议下迫使他们发出这份吁请的。该团体提议在君士坦丁堡再召开一次新的会议,这次会议应保证其普世性,保证各个东方的牧首区都有充分的代表,而罗马教廷代表团的规模要有所缩减。许多反教会统一人士在这封书信上署了名,不过乔治·斯科拉里乌斯·金纳迪乌斯拒绝签名——他认为这不会有什么好结果。事实也确实如此。教宗既不准备推翻佛罗伦萨大公会议的决议,也不准备纵容这些异见者的抱怨。尤其不凑巧的是,或许就在安德罗尼库斯还未离开罗马之时,自愿从君士坦丁堡流亡的前牧首格里高利·玛玛斯正好抵达罗马,而格里高利的抱怨更是坚定了教宗决不妥协的信念。尼古拉斯五世没有答复"感恩聚会"委员。拜占庭皇帝被告知,尽管罗马理解其微妙处境,但他显然夸大了强制推行教会统一的困难。他需要果断采取行动,前牧首必须被召回、恢复职位,拒绝理解统一决议的希腊人应该被送往罗马接受再教育。教宗信中最关键的一句话是:"如果您的贵族与君士坦丁堡的人民接受了统一的决议,我们和我们那些可敬的弟兄——神圣的罗马教会的枢机主教们将倾力支持您的荣耀与您的帝国。但是如果您和您的人民拒绝接受,您就是在迫使我们为了您的救赎与我们的荣誉而采取一切必要的手段。"[6]

---

① 1204 年第四次十字军东征后,威尼斯共和国从拜占庭帝国手中夺取了克里特岛。

　　这样的一份最后通牒不可能减轻皇帝的任务，反而让金纳迪乌斯的反对态度更加坚决。数月后，君士坦丁堡来了一位布拉格的胡斯派教会（Hussite Church）的特使，此人名叫君士坦丁·普拉特里斯（Constantine Platris），绰号"英格兰人"，大概是因为他的父亲是一个流亡的英格兰罗拉德派教徒。此人对狂热的民众发表了一番关于信仰的演讲，他被送回了布拉格，身上带着一封严厉抨击教宗自命不凡的信，信上有包括金纳迪乌斯在内的感恩聚会的主要成员的签名。然而，当人们最终不得不放弃对穆罕默德的无能所抱有的幸福幻想时，痛苦情绪在城中不断蔓延。[7]

　　拜占庭与奥斯曼帝国关系的恶化，皇帝本人难辞其咎。1451年秋，卡拉曼埃米尔易卜拉欣贝伊同西方诸王公一样，认为新任苏丹无能可欺，于是联合新近臣服于奥斯曼的艾丁、格米延酋长国，外加门特瑟酋长国发动起义，一同反对穆罕默德。易卜拉欣入侵奥斯曼领土的同时，这些酋长国的年轻贵族纷纷宣布恢复独立统治权。当地的奥斯曼司令官伊萨（Isa）贝伊倦政且无能，安纳托利亚总督伊萨克帕夏只得乞求苏丹亲征平叛。穆罕默德率军迅速进入小亚细亚，粉碎了叛乱。伊萨克帕夏的军队占领门特瑟酋长国之时，易卜拉欣贝伊也屈服求饶了。但是在苏丹将要率军返回欧洲时，土耳其新军却险些爆发兵变——士兵们要求提高待遇。穆罕默德同意了他们的部分要求，安抚了军队，但同时将新军指挥官降级。为了避免重蹈覆辙，他从中央猎手部队（the Chief Huntsman）中抽调了大量驯犬人和驯鹰人编入新军，这些人的忠诚是靠得住的。[8]

　　君士坦丁显然是看到了苏丹的困境，便派遣使节面见苏丹，提醒后者支付早先允诺给予奥尔汗王子的年金，言外之意就是提

醒他在君士坦丁堡尚有一位苏丹之位的潜在继承者。使者抵达苏
丹的驻地（可能是在布尔萨）之后，大维齐哈利勒感到既尴尬又
愤怒。他现在已经很了解他的主人，知道苏丹对这种无礼行为会
有何反应：哈利勒所倡导的整个和平政策将受到威胁，甚至他的
官位都可能保不住。哈利勒对使团人发雷霆。而苏丹只是冷冷地
回复使者，说一切等他回到阿德里安堡再议。[9] 穆罕默德不可能对
拜占庭这个无礼且无用的要求感到遗憾，这或许能给他一个违背
不侵犯拜占庭领土的誓言的借口。苏丹原计划按照土耳其人惯常
走的路线，横渡达达尼尔海峡返回欧洲。但他得知此处有一支意
大利舰队在海峡中巡游之后，便率军前往博斯普鲁斯海峡，从巴
耶济德修建的阿那多卢要塞横渡海峡。欧洲海岸的这片土地名义
上仍属于拜占庭，但穆罕默德不屑于请求皇帝允许他在那里登岸。
他还敏锐地发现，阿那多卢要塞的对岸地势险要，适宜修筑要塞。

　　回到阿德里安堡后，穆罕默德立即下令驱逐了斯特鲁马河下
游各个城镇的希腊居民，并没收全部岁入。随后在 1451 年冬，他
在全国范围内召集了上千名熟练石匠以及相应数量的无技能熟练
工，计划次年春天在他选定的地点集结。该地点位于博斯普鲁
斯海峡最狭窄的地方，在一个叫作“阿索马顿”（Asomaton，今
天叫“贝贝克”[Bebek]）的村落附近；这里有一条山脊伸入海
峡。冬天还没过去，苏丹就派出测量员开始勘察地面，工人们
开始拆除附近的教堂和修道院，从它们身上收集了可以再利用
的石料。[10]

　　他的命令让君士坦丁堡感到惊愕。这显然是苏丹企图围攻拜
占庭首都的第一步行动。皇帝急忙向苏丹派遣特使，指出苏丹违
背了庄严的条约，并提醒后者，巴耶济德当年在修建阿那多卢要

塞前曾征得了皇帝曼努埃尔的同意。然而使者吃了闭门羹，无功
而返。1452 年 4 月 15 日，星期六，新要塞正式动工。作为反击，
君士坦丁囚禁了首都的所有土耳其人，但在意识到此举毫无效果
后，又不得不将其尽数释放。他随后派出满载礼物的使者，要
求苏丹在修建堡垒时至少不要破坏附近的希腊村庄，而苏丹对
此置若罔闻。6 月，作为最后的外交努力，君士坦丁又一次派出
特使，希望从穆罕默德那里得到保证，在要塞修筑完成后不会接
着进攻君士坦丁堡。结果特使被投入监狱，随后被斩首。这实际
上是宣战。[11]

　　1452 年 8 月 31 日，星期四，新要塞落成。它今天被称为鲁梅
里堡（Rumeli Hisar），不过当年土耳其人叫它"Boghaz-kesen"，意
为"海峡之刃"，或者"割喉之刃"。要塞落成前的几天里，穆罕
默德驻跸于要塞附近，之后率军直抵君士坦丁堡城下。他停留了
三日，仔细检查了城防情况——现在，他的意图已昭然若揭。与
此同时，他发布了一项公告，要求所有途经博斯普鲁斯海峡的船
只必须在新要塞前停靠并接受检查，[①] 不服从命令的船只将被击
沉。为了贯彻这一命令，苏丹在离水面最近的一座塔楼中安装了
三门重炮，这是当时能见到的最大的火炮。苏丹绝非虚张声势。
11 月初，两艘威尼斯船只从黑海进入博斯普鲁斯海峡时拒绝停船
接受检查，因而遭到炮击，不过它们没有被击中，得以逃脱。两
周后，又有一艘威尼斯船试图效仿它们，却被一发炮弹击沉，船
长安东尼奥·里佐（Antonio Rizzo）及船员被俘，并被带到苏丹

---

① 此举的实际意图为从海上封锁君士坦丁堡，因为该城主要粮食及物资
需要从海路进口。

驻跸的季季莫蒂霍①。苏丹下令立即将船员斩首，船长被钉死在尖桩上，尸体被弃在路旁。[12]

威尼斯水手的厄运击碎了西方对苏丹的个性与野心仍然抱有的任何幻想。此时威尼斯正面临两难的窘境。威尼斯在君士坦丁堡拥有居住区，而且其贸易特权在 1450 年得到了君士坦丁的确认；威尼斯同样在奥斯曼帝国的港口获益颇丰，而且有些威尼斯人认为，土耳其人征服君士坦丁堡后或许会让黎凡特的贸易更加稳定、繁荣。另一方面，一旦占领了君士坦丁堡，苏丹下一步必然觊觎威尼斯在希腊与爱琴海的殖民地。1452 年 8 月末，在一场激烈辩论之后，威尼斯元老院以 74 ∶ 7 的绝对多数票同意采取措施帮助拜占庭。不过威尼斯能做什么呢？此时它正在伦巴第打一场规模不大但耗资甚巨的战争，它与教宗的关系也谈不上融洽，尤其是因为教宗从未支付 1444 年从威尼斯租用一些加莱桨帆船的费用。让它与宿敌热那亚同仇敌忾就更不可能了。威尼斯驻那不勒斯王国的大使被告知要向阿方索国王求助，然而国王的回应很含糊。保卫共和国各殖民地的任务已经令威尼斯海军疲于奔命，而将商船改装成高效的战船又非常费钱。为了维护国家颜面，威尼斯不得不与苏丹终止友好关系。不过在黎凡特的威尼斯指挥官们收到了模棱两可的指示：既要帮助和保护当地基督徒，又不能攻击或挑衅土耳其人。同时，拜占庭皇帝得到了可以在威尼斯治下的克里特岛招募士兵与水手的许可。[13]

热那亚也面临着类似的困境，反应更加紧张。热那亚在欧洲也有麻烦，它需要船只来保卫东方的殖民地，还需要保卫本国的

---

① 希腊语 *Διδυμότειχο*，今属希腊埃夫罗斯州，位于阿德里安堡以南，亚历山德鲁波利斯以北。

水域。热那亚政府发表了一两份劝说基督教世界的人民为对抗土耳其人提供帮助的声明，但它自身却毫无动作，不过普通的热那亚公民被允许做他们自己想做的事。热那亚尤其担心它的佩拉①和黑海沿岸的殖民地。佩拉的市政官（podestà）受命与土耳其人达成任何他认为最好的安排，政府希望即使君士坦丁堡陷落，佩拉也能保留下来。管理希俄斯岛的委员会"马赫那"（Mahona/Maona）②也收到了类似的指示。在任何非必要的情况下，一律不得激怒土耳其人。[14]

和威尼斯人一样，拉古萨人在君士坦丁堡享有的贸易特权最近得到了皇帝的确认。但他们也在奥斯曼帝国的港口做生意。他们不会冒险以自身的弱小舰队对抗苏丹的舰队，除非是作为一支强大的西方联军的一部分，或许才有一定的可能。[15]

教宗虽然对拜占庭人感到不满，但是苏丹的意图让他感到由衷的震惊。1452 年 3 月，当腓特烈三世来到罗马加冕为皇帝时，

①　位于君士坦丁堡金角湾北岸，自公元 425 年起成为拜占庭首都的一部分（第 13 城区）。5 世纪时该地修建了城墙。11 世纪时它成为犹太人社区，拥有大约 2500 人。1204 年十字军摧毁了它。1261 年米哈伊尔八世收复君士坦丁堡时，一并夺回了佩拉区，6 年后皇帝将它赠予热那亚人以换取后者的支持，佩拉遂成为热那亚殖民地及繁荣的商业区。1453 年君士坦丁堡陷落后，佩拉向土耳其投降。参见：Alexander P. Kazhdan, ed. The Oxford Dictionary of Byzantium, pp. 815-816。
②　马赫那是希俄斯岛上一些热那亚商人、船主等组建的负责管理该地之"联合公司"。自 1347 年后，希俄斯岛被热那亚控制，热那亚共和国政府将岛屿转交给当地热那亚商人（其领导人属于朱斯提尼亚尼家族），负责开发资源、经商及管理居民（希腊人为主）。商人们于是组建了自己的公司，称"希俄斯的马赫那"，除了每年向中央政府缴纳一定贡金，享有很大自主权。1566 年，希俄斯岛被土耳其攻占，当地马赫那也退出了历史舞台。相关资料，可参见：George Finlay, The history of Greece under Othoman and Venetian domination, General Books LLC, 2010, pp. 85-90。

教宗趁机劝他向苏丹发出一份语气严厉的最后通牒。但这完全是虚张声势；众所周知，腓特烈三世既无实力，也无意愿采取行动。那不勒斯国王阿方索卷入得更深，他的王国在希腊有相关的利益，对一些希腊的土地有所主张，何况身在君士坦丁堡的加泰罗尼亚商人也是他的臣民。他满口答应提供援助，甚至派出了一支10艘船组成的舰队进入爱琴海水域——这支舰队的费用大部分由教宗支付。但几个月后，当阿方索联合威尼斯对抗米兰公爵弗朗切斯科·斯福尔扎（Francesco Sforza）并对热那亚人的反应感到紧张时，他召回了这支舰队。教宗在贝萨里翁的陪伴下，徒劳地向别处寻求援助，但他的特使与拜占庭皇帝的特使均未得到回应。当苏丹的要塞竣工不久后，君士坦丁改变了态度，写信向教宗承诺将实现教会统一——教宗受此鼓舞，更是竭尽所能地设法援助拜占庭。[16]

前任基辅及全罗斯都主教伊西多尔[①]近来成了罗马教会的一名枢机主教，于1452年5月被教廷任命为面见拜占庭皇帝的特使。他现在启程前往君士坦丁堡。他先在那不勒斯停留，教宗出资在此地招募了200名弓箭手，随后他前往米蒂利尼（Mitylene）[②]，希俄斯的莱昂纳德（Leonard of Chios）大主教（热那亚人的后裔）在此地加入了他的队伍。10月26日，伊西多尔

① 伊西多尔原为拜占庭神父，后被任命为基辅及全罗斯都主教，由于在费拉拉-佛罗伦萨大公会议上签字赞成统一，返回国内后激起众怒，被莫斯科大公瓦西里二世下旨投入大狱。他后来成功逃出，此时正流亡罗马。其生平参见：Alexander P. Kazhdan, ed. *The Oxford Dictionary of Byzantium*, pp. 1015-1016。

② 米蒂利尼（希腊语：*Μυτιλήνη*）位于希腊爱琴海莱斯博斯岛东南岸，为该岛屿的首府。

一行到达君士坦丁堡。尽管他的随行部队在规模上不算大，但至少能说明，一旦承认教宗的权威，教宗就会提供实际的援助。这一姿态取得了成效。不仅皇帝与宫廷以恭敬的态度欢迎伊西多尔一行，甚至民众中也不乏欢迎的热情。君士坦丁迅速抓住形势，委派了两个分别代表市民和贵族的委员会，表达它们对统一的支持。由于反对统一的人拒绝列席会议，市民的委员会同意统一。贵族代表的讨论更为严肃。他们倾向于通过一个折中方案：在礼拜仪式中承认教宗的威名，但暂缓推行实质上的统一。在伊西多尔施加的压力下，折中方案被皇帝否决了。几乎可以肯定的是，卢卡斯·诺塔拉斯机智地处理了谈判，但他没有得到任何感谢。金纳迪乌斯以及不肯妥协的拒统派人士认为诺塔拉斯似乎背弃了信仰，而伊西多尔与拉丁人则怀疑他的忠诚。他们的看法非常正确：大公一方面似乎提倡使用深受东正教神学家喜爱的"经世"原则，该原则允许为了整个基督教世界的更高的利益而求同存异；另一方面，他又暗示，一旦危机解除，整个问题还可以再度商讨。金纳迪乌斯感到非常痛苦。他在伊西多尔抵达前做了一次激昂的演说，号召人们不要为了毫无价值的物质援助而放弃世代相传的信仰。但是在看到枢机主教带来的士兵后，人们动摇了。于是，金纳迪乌斯将一份愤怒的宣言贴在全能者基督修道院的大门上，再次劝诫众人不要做违背信仰的愚行，然后就遁入了修道院里自己的小房间中。虽然诺塔拉斯曾去信告诉他此举不过是螳臂当车，但他的影响力开始再度显现。街头出现了反拉丁人的暴动，而随着接下来几周并没有更多的西方军队抵达，反对统一的势力恢复了力量。

　　枢机主教伊西多尔本就是希腊人，他在斗争的漩涡中表现得克制而圆滑，以至于皇帝的心腹弗兰泽斯建议任命他为君士坦丁堡牧首，以弥补格里高利·玛玛斯辞职后的空缺。但是，君士坦丁知道，伊西多尔绝不会从命。然而，出于拉丁人对希腊人的轻蔑，伦纳德大主教也感到不满。他要求皇帝逮捕反对派领袖，并安排法官给他们判刑。这个愚蠢的建议能带来的唯一结果就是制造几个殉道者。11 月 15 日，君士坦丁在皇宫召见了感恩聚会的主要成员，倾听他们的反对意见。在他的要求下，与会者起草并签署了一份文件，说明了他们拒绝接受佛罗伦萨大公会议的统一决议的理由。他们重申了他们在神学上不赞同天主教关于圣灵的说法，但他们表示愿意在君士坦丁堡再召开一次大公会议，所有东方教会的合格代表都将会列席。唯一的障碍是拉丁人的敌意。他们补充说，他们非常愿意召回前牧首格里高利——只要他向他们保证，他同意他们的宗教观点。金纳迪乌斯是否参加了这次会面，今天已经不得而知，在文件上签字的 15 人（包括 5 名主教、3 名君士坦丁堡牧首区的高级代表、7 名修道院长或修士）中没有他。他们的态度并非不可理解：统一可能致使君士坦丁堡教会与其他东方教会之间出现分裂。但对政客们来说，西方可能带来实质性的援助，而东方教会则无法提供任何帮助，那么与西方团结一致则更为重要。

　　几天后发生了威尼斯商船被鲁梅里堡的岸炮击沉的事件，新一轮恐慌的浪潮席卷了首都，人们对西方援助的渴求比以往任何时候都更加迫切。统一派赢回了支持者。金纳迪乌斯担心人们对援助的渴望会如燎原之火一般迅速扩散，于是再度发表了一大篇文章，强调西方的援助势必导致统一。他在其中反复强调，他至少不会为了西方非常不靠谱的援助而玷污自己的信仰。他的话被朗读并记录了下来。

　　1452 年 12 月 12 日，圣索菲亚大教堂举行了一次庄严的礼拜仪式，皇帝与宫廷要员均到场参加。祷文提及了教宗与牧首（当时缺位），仪式上公开宣读了佛罗伦萨大公会议的决议。枢机主教伊西多尔急于表明他的希腊同胞已经被争取了过来，报告说教堂里挤满了人，仅有金纳迪乌斯和另外 8 名修士没有到场。但根据伊西多尔的一些同行者的描述，情况完全不一样：希腊民众对这场仪式毫无热情；因此，他们中很少有人走进大教堂，而只有接受统一的教士才可以在此服侍上帝。在莱昂纳德大主教看来，就连皇帝本人似乎对推进统一也并不是太热心，没有花多大的力气，而卢卡斯·诺塔拉斯则是统一的公开的敌人。如果诺塔拉斯真的说过那句广为引用的"苏丹的头巾好过枢机主教的帽子"，那恐怕也是因为受到了莱昂纳德这类顽固的拉丁人的刺激——后者完全不明白他为双方的妥协所做的努力。

　　在统一被宣布完成之后，就不再有公开的反对意见了。金纳迪乌斯在修道院自己的小房间里保持缄默。多数民众闷闷不乐，被动接受了这个既成事实，但他们依然只去教士未受玷污的教堂祷告。甚至统一派的很多人士也认为，如果这座城市幸免于难，这项法令将会得到修改。倘若西方派来的舰队与士兵能够迅速现身，统一的实际好处就能为它赢得普遍的支持。心怀"经世"原则的希腊人本以为，既然已经抛弃了信仰的忠诚，那么自己将得到很好的补偿——基督教帝国会得以保全。但事实上，他们已经为西方的援助付出了代价，却遭到了欺骗。[17]

第五章

准备围攻

在1452年的最后几个月里，苏丹都在酝酿他的计划。甚至他的近臣都不知道他的确切意图。苏丹是不是想就这样用鲁梅里堡控制博斯普鲁斯海峡，完全封锁君士坦丁堡，直至城市投降？他已经筹备在阿德里安堡建造一座新皇宫，地点在马里查河的一座小岛上，这是否意味着他眼下并不急于将政府迁至君士坦丁堡？大维齐哈利勒希望如此。大家猜测哈利勒能定期收到拜占庭人的礼品，无论此事是否属实，他都不喜欢攻打君士坦丁堡的想法。攻城之举注定代价不菲，如果失败，奥斯曼帝国必将受到灾难性的羞辱，有损威信。此外，君士坦丁堡目前在政治上虚弱无力，不过在商业方面尚算便利。① 哈利勒在穆拉德的旧臣中不乏支持者。然而反对他的人的势力也不小，其领袖是扎加诺斯帕夏与图拉罕（Turahan）帕夏这些军人，而站在他们身后的是大宦官谢哈布丁——在苏丹那里说得上话的正是这些人。[1]

那年冬天，穆罕默德二世为了筹划战役而度过了许多不眠之

---

① 当时的拜占庭首都定位有些类似今天的"自由港"。

夜。据说曾有人在午夜看见他穿得像个普通士兵一样在阿德里安堡的街道上走来走去，而所有认出他并向他致敬的人都会被直接处死。某夜二更，苏丹突然召见哈利勒。老维齐心惊胆战，深恐会被苏丹就地免职。为了讨好主人，他特意呈上了一个匆匆装满金币的盘子。穆罕默德二世问："这是什么意思，我的老师？"① 哈利勒嗫嚅地说，按照惯例，臣仆突然被召见时不可空手而来。年轻的苏丹将盘子推到一边，他不需要这样的礼物。"我只想要一样东西，"他叫道，"把君士坦丁堡取来！"他随即表示自己已下定决心，将尽快攻打该城。虽然感到惶恐和无奈，哈利勒答应给予苏丹忠诚的支持。[2]

数日后，在 1 月底，穆罕默德二世召集全体重臣开会，发表了长篇演说，提醒他们记得先祖的功绩。苏丹宣称，除非占据君士坦丁堡，否则土耳其人的帝国就永远不会安全。拜占庭帝国虽然虚弱，却一直善于和奥斯曼人的敌人共同密谋，而且，恰恰由于它很虚弱，因此不能排除拜占庭人将首都交给更强有力的盟友的可能性。君士坦丁堡并非坚不可摧，先前的多次围攻都是因为不相干的原因而失败的。但现在时机已到。这座城市已经因为宗教纷争而陷入分裂。意大利人作为盟友并不可靠，他们之中有许多人是叛徒。此外，土耳其军队已经控制了海洋。穆罕默德最后表示，如果无法拥有君士坦丁堡，他宁愿不统治这样的一个帝国。

他的听众深受鼓舞。面对此情此景，原本反对开战的大臣也不敢表达自己的疑虑。于是与会人员全体一致地投票赞成开战。[3]

一旦就开战达成共识，穆罕默德二世迅速命令帝国欧洲部分

---

① 穆拉德将苏丹之位传予穆罕默德之时，指定哈利勒作为年轻苏丹的老师与监护人。

的军事长官达伊·卡拉贾（Dayi Karadja）贝伊召集军队，袭击位于色雷斯沿海地区的拜占庭市镇。黑海沿岸的梅塞姆布里亚[①]、安基亚洛斯（Anchialus）和拜佐斯（Byzus）迅速投降，得以免遭抢掠。而马尔马拉海沿岸的一些城市，例如塞吕姆布里亚和佩林苏斯（Perinthus）[②]，试图发起抵抗。它们被奥斯曼军队攻破，城市遭到洗劫，防御工事也被拆毁。[4] 而早在 1452 年 10 月，图拉罕帕夏及其儿子已经奉命率领军队进驻科林斯地峡，袭扰伯罗奔尼撒半岛，使君士坦丁的两个兄弟疲于奔命，无法增援首都。[5]

苏丹在讲话中强调他此时已经控制了海洋。早先对君士坦丁堡的围攻只在陆地上进行，于是拜占庭人往往可以从海上得到补给和增援；直到最近，土耳其人为了在亚洲和欧洲之间运送军队，还不得不雇用基督徒的船只。穆罕默德决心改变这一切。整个 1453 年 3 月，各式船只开始在加里波利聚集。其中一部分较为老旧，经过了维修和敛缝处理。但更多的船是新船，在过去几个月中于爱琴海沿岸城镇的船坞中匆匆造成。这些新船中有一些是三列桨帆船（trireme），它们和古代三列桨帆船不同，其桨手的长凳均在同一高度上。长凳与船舷之间的夹角不大，每条长凳上坐三名桨手，每名桨手都划一支短桨，每支桨各有桨座销，但三支桨都从一个桨架口伸出去。这种船吃水较浅，拥有两根桅杆，以便在顺风时用帆航行。有一些是双列桨帆船（bireme），更为小巧一些，只有一根桅杆，船上的每条长凳上坐两名桨手。还有一种是长船（fusta），比双列桨帆船更小、速度更快，在桅杆前的两侧各有一个桨手，在桅杆后的两侧则有两个。还有加莱桨帆船

---

① 现称内塞伯尔（Nesebar），位于保加利亚布尔加斯州。

② 马尔马拉埃雷利西（Marmara Ereğlisi）的旧称。

（galley），这个词通常被宽泛地用来指各种大型船只，无论是三列桨帆船、双列桨帆船，还是没有桨手的帆船，不过严格意义上它指一种离水面较高、有一排长桨的船。还有一种帕兰达里亚船（parandaria），是用于运输的重型平底帆船。[6]

关于苏丹舰队的规模，有各种不同的说法。拜占庭历史学家给出了极其夸大的数字，而根据当时身在君士坦丁堡的意大利水手的说法，奥斯曼舰队似乎包括 6 艘三列桨帆船、10 艘双列桨帆船、大约 15 艘带桨的加莱桨帆船、75 艘长船以及 20 艘帕兰达里亚船，还有一些主要用于传递信息的单桅帆船及小快艇。加里波利的长官苏莱曼·巴尔托格鲁（Suleiman Baltoghlu）负责指挥舰队，他是一个改信伊斯兰教的保加利亚人。水手与桨手之中有一些是囚犯或奴隶，不过大多数都是被高薪引来的志愿兵。[①]苏丹甚至认为舰队比他的陆军更重要，因而对舰队军官的任命颇感兴趣。[7]

大约在 3 月末，这支舰队沿着达达尼尔海峡进入马尔马拉海，让基督徒、希腊人、意大利人都感到惊愕。直到那一刻，他们才意识到苏丹的海军竟如此强大。[8]

当奥斯曼舰队在马尔马拉海巡弋时，陆军也在色雷斯集结完毕。与海军一样，苏丹也亲自督造了其装备。整个冬天，他领地内的所有军械师都在忙碌地生产盾牌、头盔、胸甲、标枪、刀剑和箭矢，而工程师则忙于建造射石炮和攻城槌。动员工作既迅速又全面彻底。各行省的军团，以及所有休假中的采邑士兵都被召集起来。成千上万的非正规军也被征召入伍。只留下了保护边境

---

① 甚至很多是希腊人，他们为了丰厚的报酬，不惜参与攻打拜占庭的战争。

和维持各省治安所需的驻军，以及图拉罕在希腊的部队。这支大军的规模相当惊人。希腊人声称苏丹动员了 30~40 万人，甚至比较清醒的威尼斯人也说土耳其的兵力达到了 15 万人。不过根据土耳其语的史料来看，这支部队大概包括 8 万正规军、2 万非正规军（主要是巴什波祖克），还有不参战的随军人员，他们肯定有数千人。其中的精英部队是土耳其新军。自 20 年前穆拉德重建新军之后，其人数维持在 1.2 万人左右，其中有一小部分是技术人员、文职人员以及穆罕默德二世加进去的驯犬人和驯鹰人。当时所有新军士兵均来自基督教家庭，不过从小便被培养成一名虔诚的穆斯林，他们将新军视为自己的家，将苏丹视为自己的最高统帅和父亲。部分新军士兵或许还记得自己的出身，偶尔会对基督徒展现仁慈，但是他们在宗教上的狂热是毋庸置疑的，其纪律也十分严明。新军昔日并不是非常支持穆罕默德，不过他们现在热切地赞同与异教徒开战。[9]

　　这支军队本身就令人印象深刻，但更令人震惊的是它所配备的新式攻城器械。穆罕默德之所以决定在 1453 年春进攻君士坦丁堡，一个重要原因就是他的火炮铸造师最近取得了巨大成功。自从一百多年前德意志托钵修士施瓦茨（Schwartz）制造了使用火药的炮以来，火炮便一直在西欧得到使用。人们很快就认识到了火炮在攻城战中的价值。不过，德意志军队 1321 年进攻意大利北部城市奇维达莱（Cividale）、英格兰军队 1347 年进攻加来（Calais）时都用到了火炮，效果不甚理想。那时火炮的威力还不足以破坏坚固的砖石工事。于是在接下来的一百年中，火炮主要用于在战场上驱散敌方军队、攻破轻型的防御工事。1377 年，威尼斯人尝试在海战中用火炮对付热那亚人。[10]

不过当时的船只无法承受重型火炮的重量，而船载火炮发射的实心炮弹威力不足，尽管可能给敌船造成相当大的伤害，但无法将之击沉。穆罕默德在自己的医生——意大利的犹太人加埃塔的雅各博（Jacobo of Gaeta）的影响下，对科学有着浓厚兴趣，他很清楚火炮的重要性。他在统治之初便命令帝国的铸造厂研制更大的火炮。[11]

　　1452 年夏，一位名叫乌尔班（Urban）的匈牙利工程师来到君士坦丁堡，提出要为皇帝研制火炮。然而君士坦丁既无法支付乌尔班认为应得的薪水，也无法提供研制火炮所需的原材料。于是乌尔班离开君士坦丁堡，去找苏丹。他立即得到了苏丹的接见，并受到了详细的盘问。在他宣称自己造的大炮能击毁巴比伦的城墙之后，乌尔班得到了比预期多 4 倍的薪水和一切他所需的技术援助。乌尔班在三个月之内造出了一门巨炮，苏丹将其安置在鲁梅里堡的壁垒上，而击沉试图突破封锁的威尼斯船只的就是这门炮。苏丹进而要求乌尔班建造一门尺寸大一倍的巨炮。1453 年 1 月，新炮在阿德里安堡铸造完成，炮管长度估计达 40 拃（约合 26 英尺 8 英寸）[①]，青铜炮壁厚 1 拃（约 8 英寸）。大炮分为前后两部分，装填火药的后部周长 4 拃；填弹的前部周长 12 拃。据说所用炮弹重达 12 英担。[②] 大炮造完后，负责照看它的 700 人将它拖到一辆由 15 对公牛拉着的车上。他们好不容易才将大炮运至苏丹的宫廷附近，它的威力将在那里得到测试。阿德里安堡市民提

---

① 约合 8 米。

② 1 英担约等于 50.8 公斤。关于乌尔班大炮及围城期间双方火器的运用，罗杰·克劳利在《君士坦丁堡的火炮》一文中有详细论述。参见：Roger Crowley, 'The Guns of Constantinople', in *Military History* 9（2007），pp. 42—49。乌尔班大炮炮弹一说重达 1500 磅。

前得到了通知：会有可怕的巨响，切勿惊慌。没错，当导火线点燃后，巨炮首次发射，其轰鸣声甚至在 100 斯塔迪昂（stadion）①之外清晰可闻。炮弹飞了 1 英里之遥，最后打进了地下 6 英尺深处。穆罕默德二世十分喜悦。苏丹派出 200 人去平整通往君士坦丁堡的道路、加固桥梁。3 月，60 头公牛拉着巨炮上路了，为了确保炮车不摇晃，旁边还有 200 人一同行进。与此同时，在乌尔班的指导下，铸造厂另外造了一批火炮，不过它们在尺寸和名气上均比不上这尊青铜巨兽。12

　　在整个 3 月，苏丹的大军分批从色雷斯向博斯普鲁斯海峡开拔。要满足如此庞大的队伍的所有需求并不容易，但各项事宜都得到了妥善安排。部队纪律严明，士气高涨。每个穆斯林士兵都深信，如果自己第一个攻进这座古老的基督徒都城，必将得到先知本人的眷顾，会在天堂中获得特殊的位置。曾有一则传说声称："他们终将征服君士坦丁尼耶（Qostantiniya），完成此举的君主与军队将享有无上荣光。"而在另一则被宣教者根据环境改写过的传说中，先知曾询问自己的追随者："你可曾听说过一座城市，一面与陆地接壤，两面环海？直到 7 万伊斯哈格（Isaac）的子孙将它征服，末日审判才会到来。"至于苏丹本人，其宗教热情是毋庸置疑的。人们多次听到他声称，他决心成为那位为伊斯兰教完成这项至高成就的君主。13 苏丹于 3 月 23 日离开阿德里安堡，4 月 5日，他与最后一批部队一起抵达君士坦丁堡城下。14

　　君士坦丁堡城内的气氛与奥斯曼方面的大相径庭。庞大的奥斯曼舰队在马尔马拉海航行，一台台巨炮以乌尔班巨炮为首，朝

---

① 古希腊长度单位，1 斯塔迪昂为 600 步，约合 176 米。

陆墙缓缓移动，这些景象是城墙后的居民早就料想到了的。一两次轻微的地震和几场暴雨都被解释为恶兆，城中的男男女女不禁想起了所有预告帝国将要毁灭、敌基督将要出现的预言。[15] 不过，纵然感到绝望，拜占庭人却不缺乏勇气。即使是那些认为并入奥斯曼帝国对希腊人而言可能比处于当下的分裂、贫困和无力的状态更好的人，也全身心地投入到了防御工作之中。在皇帝的鼓舞下，城中居民无论男女，利用整个冬季修缮了道路，清理了护城河。城内所有的武器都被集中起来，再发给最需要武器的人。为了应对危机，政府、教会、修道院甚至个人都纷纷捐资，最后募得了一笔特别经费。城中尚有可观的财富，而且在一些意大利人看来，某些希腊人还能拿出更多的钱。但事实上，比起金钱，拜占庭更需要人手、军备和粮食，现在花钱也买不到这些东西了。[16]

拜占庭皇帝做了他所能做的一切。1452 年秋，拜占庭的使节们到达意大利，寻求紧急援助，然而得到的反馈令人失望。[17]拜占庭向威尼斯派遣了一个新的使团，但元老院于 11 月 16 日答复称，他们对东方的消息确实深感忧虑，如果教宗等势力愿意出兵，那么威尼斯乐意协助。此时威尼斯人尚未收到里佐的商船在上周被击沉的噩耗，但即使是这个消息和君士坦丁堡的威尼斯人居住区发出的紧急信息，也不能促使他们采取明确的行动。[18]拜占庭使节也在 11 月到达热那亚，得到了派出一艘船前去援助的承诺，不过热那亚当局表示愿意进一步向法国及佛罗伦萨共和国求援。阿拉贡国王阿方索的承诺更加含糊不清，不过他允许拜占庭使节在西西里岛收集小麦等粮食，运往君士坦丁堡。围城战开始时，这些使节正忙于在国外求援，此后再也没有机会回到故土。教宗尼古拉斯五世急于提供帮助，但在他觉得教会统一还没有真正实现之前，他不愿意做过多的承诺，而且没有威尼斯人的帮助他也做不了什么。此外，罗马在 1453 年 1 月爆发了一场叛乱，让教宗无暇他顾。在叛乱被平定之前，他没法考虑在国外采取行动。[19]

　　教宗与威尼斯之间的书信读起来令人遗憾。威尼斯人至今对教宗尚未支付 1444 年租用加莱桨帆船的费用一事耿耿于怀，而教宗也不相信威尼斯人会心存善意。直到 1453 年 2 月 19 日，在收到东方传来的最新消息后，威尼斯元老院才投票决定立即向君士坦丁堡派出增援部队——2 艘运输船，每艘船上有 400 名士兵；另外 15 艘正在改装的加莱桨帆船在准备好后也要跟上。5 天后，元老院通过了一项法令，要求对从事黎凡特贸易的商人征收特别税款，以支付这支船队的费用。同一天，威尼斯还向教宗、神圣罗马皇帝、匈牙利国王、阿拉贡国王发函，表示除非立即提供帮助，否则君士坦丁堡将面临灭顶之灾。然而到了 3 月 2 日，元老院还在讨论这支船队的组织事宜。按照决议，船队由海军司令贾科莫·洛莱丹（Giacomo Loredan）总体负责，具体指挥权交给阿尔维索·隆戈（Alviso Longo）。元老院在一周后通过了另一项决议，敦促以最快的速度完成准备工作。但日子一天天过去，什么也没有完成。最终，威尼斯在 4 月初收到了罗马方面的答复：教宗打算向东方派遣 5 艘加莱桨帆船。4 月 10 日，威尼斯回复教宗说，恭贺枢机主教们的这一决定，但是又提醒他们前任教宗的债务还没有偿还。威尼斯补充说，根据君士坦丁堡发来的最新消息，城中亟需食物而非人手，并且提醒罗马船只应在 3 月 31 日前抵达达达尼尔海峡，因为此后盛行的北风将使海峡更难通行，从时间上来说这提醒来得太晚了。① 威尼斯船队最终决定在 4 月 17 日出发，却遭遇了一系列拖延和变故。当船队最终从威尼斯启程时，君士坦丁堡已经被围攻了两个星期。[20]

在延迟的日子里，教宗尼古拉斯夜不能寐。他已自费购买了一批食物和武器，用三艘热那亚船只将其送往君士坦丁堡，启程的日期大约在 3 月末。[21]

除此以外，再也没有别的国家关心拜占庭皇帝的求助。为了吸引热那亚商人向君士坦丁堡输送粮食，皇帝宣布免除其进口税，然而应者寥寥，因为此时热那亚当局严奉模棱两可的中立政策。人们一度对强大的基督教战士，匈牙利摄政匈雅提·亚诺什寄予厚望。既然奥斯曼帝国几乎完全撤走了多瑙河边境上的部队，此时应该是匈牙利发起进攻的绝佳时机。然而匈牙利仍未从穆拉德执政末期的惨败中恢复元气，何况匈雅提本人也处境艰难。1453 年 2 月 14 日，被他监护的匈牙利国王拉迪斯拉斯五世成年了，后者对匈雅提的监护心怀怨恨。东正教的君主们也没有人能提供援助。[22] 罗斯大公地处遥远，且有自己的麻烦需要处理，指望他相助是徒劳的。[23] 此外，罗斯人对教会统一的宣告深感震惊。摩尔达维亚的两位王公——彼得三世与亚历山大二世——此时正忙于内斗。瓦拉几亚大公弗拉迪斯拉夫二世（Vladislav II）是苏丹的属臣，如果没有匈牙利的帮助，他肯定不会对苏丹采取行动。[24] 塞尔维亚专制君主乔治是一个更加顺从的属臣，甚至派出一支士兵分队加入穆罕默德的大军。虽然这支塞尔维亚军队内心深处对城中的基督教兄弟怀有同情，却依然勇敢地为自己的领主而战。[25]

---

① 西方舰队从地中海进入君士坦丁堡需通过海峡由南向北航行，故 4 月达达尼尔海峡刮起北风后，对西方舰队而言相当于长期逆风天气。

阿尔巴尼亚的斯坎德培依然是苏丹的心头之患，但他素来与威尼斯人关系不睦，并且遭到了由土耳其人挑唆的国内叛乱的掣肘。除了加入一支庞大的联军，爱琴海诸岛的领主与罗得岛的医院骑士团没有能力出兵干涉。摩里亚的专制君主们则被图拉罕贝伊的军队所牵制，格鲁吉业国王和特拉布宗皇帝需要守卫自己的疆土，自顾不暇。安纳托利亚的各个埃米尔尽管非常厌恶奥斯曼苏丹，但是他们的叛乱刚刚被苏丹镇压下去，没有能力再次起事。[26]

不过，虽然各个政府对拜占庭的危机无动于衷，君士坦丁堡城内仍有一些人准备为基督教世界而战。城中的威尼斯人居住区向皇帝提供了不遗余力的支持。在一次君士坦丁十一世、帝国重臣、枢机主教伊西多尔出席的会议中，威尼斯大使（Bailey/Bailo）吉罗拉莫·米诺托（Girolamo Minotto）[①] 表示，威尼斯人将竭尽全力参与守城，且威尼斯船只不经允许不得离港。他同时保证威尼斯政府会派来一支船队，并紧急致函威尼斯政府，要求立即提供援助。两艘威尼斯商船刚从黑海归来，停泊在金角湾内，两船的船长加布里埃莱·特雷维萨诺（Gabriele Trevisano）与阿尔维索·迪耶多（Alviso Diedo）也承诺留在城中，投入了战斗。在指挥官的同意下，共有 6 艘威尼斯船只与 3 艘来自威尼斯殖民地克里特岛的船只留在了港口内，并被改造成了战船——正如特雷维萨诺向皇帝所言，这是"为了上帝与整个基督教世界的荣誉"。两个半世纪前，君士坦丁堡曾遭受威尼斯人的洗劫，在此时誓死捍卫该城的他们的后代中，有许多都拥有共和国最显赫的姓氏：科尔纳罗（Cornaro）、莫塞尼戈（Mocenigo）、孔塔里尼

① 威尼斯大使吉罗拉莫·米诺托同时兼任君士坦丁堡城中威尼斯租界长官。

（Contarini）和韦尼耶（Venier）。他们的名字都将出现在威尼斯船
医尼科洛·巴尔巴罗（Nicolo Barbaro）的一份阵亡将士名单中，
他记录此次围城战的日记坦率而质朴，可能是最为可信的史料。[27]

　　这些威尼斯人之所以选择帮助拜占庭，是因为荣誉和自
尊不允许他们在战争爆发时逃走。不过也有一些热那亚人参与
守城，他们对本国政府的胆小怯懦感到羞愧，自发从意大利赶
来，为基督教世界而战。其中有毛里齐奥·卡塔内奥（Maurizio
Cattaneo）、杰罗尼莫·迪·兰加斯科（Geronimo di Langasco）
与莱昂纳多·迪·兰加斯科（Leonardo di Langasco）兄弟，博
基阿尔多（Bocchiardo）家的三兄弟保罗（Paolo）、安东尼
奥（Antonio）和特罗伊洛（Troilo），他们带来了一小支他们自
掏腰包武装起来的部队。1453 年 1 月 29 日，拜占庭人迎来了
热那亚名将，年轻的乔瓦尼·朱斯提尼亚尼·隆戈（Giovanni
Giustiniani Longo），此人的家族是热那亚共和国最显赫的家族之
一，[①] 并与强大的多利亚家族沾亲。他带来了 700 名装备精良的士
兵，其中 400 名是他在热那亚招募的，300 名是在希俄斯岛及罗
得岛招募的。皇帝很高兴地接待了他，并许诺，一旦击退土耳其
人，便让他成为利姆诺斯（Lemnos）岛的领主。朱斯提尼亚尼被
认为特别擅长守卫有城墙环绕的城市，因此，他立即被授命接管
整个陆墙区域。朱斯提尼亚尼毫不犹豫地开始履行自己的职责，
仔细检查了所有的城墙，并在有必要的地方做了加固工作。虽然

---

① 乔瓦尼为热那亚名门朱斯提尼亚尼家族之后，该家族起源于威尼斯，
为意大利望族，在威尼斯、热那亚、那不勒斯、科西嘉等地均颇有势力，
还长期拥有希俄斯岛统治权。他增援君士坦丁堡后，皇帝君士坦丁十一
世还赐予他 protostrator 头衔。其生平参见：Alexander P. Kazhdan, ed. *The
Oxford Dictionary of Byzantium*, p. 851。

很难说服威尼斯人与一个热那亚人合作，但朱斯提尼亚尼的人格魅力为他赢得了他们的合作。在他的要求下，特雷维萨诺组织人力重新开凿、疏通了从布雷契耐城墙前的金角湾流至地势升高处的护城河。许多佩拉的热那亚居民也加入了守城的行列，正如其市政官后来记载的那样，他们认为君士坦丁堡倘若陷落，佩拉殖民地也就迎来了末日。[28]

还有少数战士来自更遥远的地方。加泰罗尼亚租界在其领事佩雷·胡利亚（Père Julia）的动员下也组建了一支部队，甚至一些加泰罗尼亚水手也加入其中。[29]从卡斯蒂利亚王国来了一名英勇的贵族托莱多的唐·弗朗西斯科（Don Francisco de Toledo），他宣称自己是科穆宁皇室的后裔，因此将拜占庭皇帝视作自己的表亲。[30]在朱斯提尼亚尼的队伍里有一个名叫约翰内斯·格兰特（Johannes Grant）的工程师，通常被描述为一个德意志人，但他很可能是一个苏格兰冒险家，穿过德意志地区来到地中海东部地区（即"黎凡特"）。[31]而自幼在君士坦丁堡长大的奥斯曼流亡王子奥尔汗，连同其家室成员，也表示愿意帮皇帝守城。[32]

并非所有城中的意大利人都表现出了朱斯提尼亚尼或米诺托那样的勇气。2月26日夜，6艘克里特船与1艘威尼斯船在彼得罗·达万佐（Pietro Davanzo）的率领下乘着夜色匆匆逃离金角湾——船上共搭载了700名意大利人。此举严重削弱了守方实力。但此后无论希腊人还是意大利人，没有再效仿他们的了。[33]

当围城战开始时，不计小船及停泊在殖民地佩拉城墙下的热那亚商船，金角湾共有26艘武装好了的战船。其中，属于威尼斯的5艘，热那亚5艘，克里特3艘，安科纳、加泰罗尼亚、普罗旺斯各1艘，拜占庭则只有10艘。它们几乎全是高甲板船，没有船桨，只靠船帆。[34] 与土耳其人的舰队相比，这只是一支小舰队，而双方在陆地上的人力差距更大。①

　　3月末，当土耳其大军开始穿越色雷斯时，皇帝君士坦丁派人找来其秘书弗兰泽斯，让他调查全城可作战的男丁数量，包括修士。当弗兰泽斯把名单加起来时，他发现全城能参战的男性希腊居民只有4983人，外国人则略少于2000人。对此结果大感惊骇的皇帝严令弗兰泽斯不得公开这个数字。不过意大利目击者也得出了类似的结论。[35] 这座拥有14英里长的城墙的伟大城市，此刻用来对抗苏丹8万正规军及大批非正规军的兵力，仅仅不足7000人。

---

①　虽然看上去基督教联合舰队规模和土耳其的相去甚远，但土耳其舰队多数船只吨位较小，大型舰只数量也仅在30艘左右。因此，双方大型战船的实力相差并不大，这也为日后海战的局面埋下了伏笔。

第六章

围城开始

对东正教会而言，复活节是个盛大的节日。在那一天，每一个基督徒都因为知道他的救主曾经复活而欢欣鼓舞。然而面对1453年的复活节（当年的4月1日，星期日），君士坦丁堡市民心中却难觅喜悦。在暴风雨频发的冬季过后，春天来到了博斯普鲁斯海峡。城内果园花团锦簇，夜莺又开始在树丛欢唱，鹳鸟则在屋顶筑巢。长长的候鸟队列划过天际，飞往北方避暑。但在色雷斯的土地上有一支大军行过，人声、马的嘶鸣声和牛拉着货车的嘎吱声响彻天空。

多日以来，君士坦丁堡的市民们都在祈祷，希望至少能够和平地完成圣周（Holy Week）^①的宗教典礼，他们也确实如愿以偿。4月2日星期一，第一支敌军进入了人们的视野。小队守军向敌军发动了一次突袭，杀死了一些人，击伤了许多敌兵。不过随着土耳其军队越聚越多，这支守军退回了城内。君士坦丁下令紧闭城门，摧毁护城河上的吊桥。同一天，他还下达指示，要求在金

---

① 指复活节前一周。

角湾的入口处布下一道横跨两岸的巨型水栅。[1] 水栅的铁链一端固定于君士坦丁堡卫城区下的尤金塔，另一端固定在热那亚佩拉区邻海城墙的一个塔楼上。这道水栅在水面上是由木浮筒支撑着的，由热那亚工程师巴尔托洛梅奥·索利戈（Bartolomeo Soligo）负责将其安置就位。[2]

到了 4 月 5 日星期四，在苏丹亲自指挥下，土耳其全军已经抵达城墙外。苏丹在距离城墙大约 1.5 英里[①] 处暂时扎营，第二天开拔前移，进入了最终的阵地。[②] 与此同时，守军士兵也各就各位。[3]

君士坦丁堡城区占据了一个大致呈三角形的半岛，半岛两边略带弧度。陆地上的城墙自金角湾的布雷契耐区延伸到马尔马拉海边的斯塔迪昂区，呈平缓的凸形曲线，全长约 4 英里。金角湾沿岸的城墙大约有 3.5 英里长，以凹形曲线从布雷契耐区延伸至朝向北边的博斯普鲁斯海峡的阿克罗波利斯角（Acropolis Point，现常用名 Seraglio Point[③]）。从阿克罗波利斯角到斯塔迪昂区的城墙总长约 5.5 英里，绕过半岛面向博斯普鲁斯海峡入口的弧度平缓的顶端，然后沿着马尔马拉海海岸呈微凹的曲线。从金角湾至马尔马拉海的城墙[④] 为单层。马尔马拉海沿岸的城墙直直地从海中升起，共有 11 道通向水域的城门及两座设防的小型港口，后者用于容纳因逆风无法北上绕过阿克罗波利斯角进入金角湾的小型

---

① 　1 英里合 1.6 公里。苏丹最初扎营在距城墙二三公里处。
② 　苏丹原本担忧君士坦丁堡的远程火力，因此谨慎地在较远处扎营，当他发现城中并无重型火炮后，便移动到距城墙约 400 米处展开攻击阵势。
③ 　在土耳其语中的意思是皇宫角。
④ 　即所谓的"海墙"。

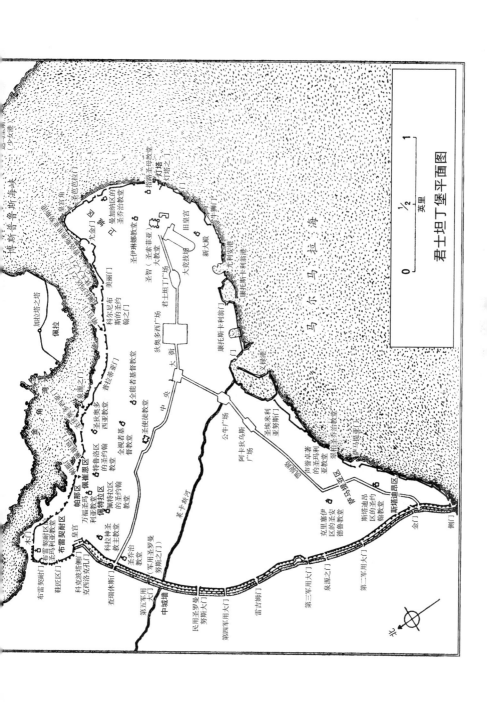

君士坦丁堡平面图

船只。在几个世纪的时间里，沿着金角湾的海岸出现了一个前滩，那里现在密布着货栈，共有 16 道大门通向它。在西端，为了保护易受攻击的布雷契耐区，^①约翰·坎塔库泽努斯在淤泥中开凿了一条护城河，直达城墙下。这些海墙得到了很好的修缮，它们不太可能受到严重的攻击——虽然 1204 年时法兰克人和威尼斯人是从金角湾攻入城内的，但只有在敌人完全控制了港口的情况下才可能发动这样的攻击。城市顶端周围水流湍急，登陆艇难以到达城墙的底部，而浅滩和暗礁还为马尔马拉海沿岸的城墙提供了额外的保护。

城里人预计敌人主要会攻击陆上的城墙。北端的布雷契耐区从城墙主干上突出出来。这里最初是郊区，但在 7 世纪时被一座单层城墙纳入市区。这道墙在 9 世纪与 12 世纪得到了两次整修。曼努埃尔一世倚墙修建了一座皇宫，其防御工事使这道墙得到了加强。在城墙的底部，约翰·坎塔库泽努斯开凿的护城河保卫着它。这条河似乎绕过了城墙伸向金角湾的拐角，一直延伸到一个陡峭的斜坡的起点，城墙沿着这个斜坡攀升，然后以直角转弯，与城墙的主干会合。这道墙共有两道城门，即鞋匠区（Caligaria）门与布雷契耐门，另外在与古老的狄奥多西城墙（Theodosian Walls）形成夹角的地方，还有一扇常年关闭的小侧门，名叫科克波塔（Kerkoporta）。从这里开始，直至马尔马拉海，矗立着三重的狄奥多西城墙，由近卫军长官安忒米乌斯

---

① 1453 年时，布雷契耐区为新皇宫所在地，但位于狄奥多西城墙之外，自希拉克略皇帝开始，历经利奥五世、曼努埃尔一世，拜占庭人逐步兴建、完善了布雷契耐城墙，但它仅为单层结构，防御力弱于狄奥多西城墙。参见：Alexander P. Kazhdan, ed. *The Oxford Dictionary of Byzantium*, p. 293。

（Anthemius）[①] 在狄奥多西二世统治时期督造。墙外是宽达 60 英尺 [②] 的深沟（城壕），必要时可淹没部分沟段。护城河内侧还有一道带有雉堞的低矮胸墙，在它与城墙之间有一条宽约 40~50 英尺的通道，和城墙一样长，被称作"外城台"。接下来的一堵墙通常被称为外墙，高约 25 英尺，每隔 55 至 100 码建有一座方形塔楼。[③] 外墙之后亦有一道 40~60 英尺宽的"内城台"。[④] 这之后是

———————

① 约去世于 414 年，在阿尔卡迪奥斯及狄奥多西二世两任皇帝期间担任帝国东方行省总督，还一度担任年幼时的狄奥多西二世的摄政，他是一名干练有为的政治家，摄政期间着力改善了君士坦丁堡的粮食供应并监督修建了狄奥多西城墙。生平参见：Alexander P. Kazhdan, ed. *The Oxford Dictionary of Byzantium*, p. 109。

② 1 英尺合 0.3048 米。壕沟宽约 18 米。

③ 外墙方形塔楼共 96 座。

④ 朗西曼先生原文中，将内外城墙间的空地（即内城台）拼写为 Parateichion，而将外墙与护城河之间的空地（即外城台）拼写为 Peribolos，并附有插图，此处应有误，与正确的称谓恰好相反。Peribolos 一词的希腊原文为 περίβολος，该词的基本含义相当于"围墙环绕的庭院"。而 Parateichion 对应的希腊词语为 παρατείχιον，该词基本含义为"向外延伸之物"。从词义看，Peribolos 作为内城台显然更加贴切。朗西曼原注中表示，他对君士坦丁堡城墙所用资料，最权威的来源是 Alexander Van Millingen 所著《拜占庭君士坦丁堡：城墙及周边古迹》一书。译者仔细查阅该书后，发现作者也认同外墙外的空地是 Parateichion，外墙与内墙间的空地为 Peribolos。参见：Alexander Van Millingen, *Byzantine Constantinople: The Walls of the City and Adjoining Historical Sites*, New York: Cambridge University Press, 2010, p. 60。Stephen Turnbull 在他关于君士坦丁堡城墙的专著中与 Alexander Van Millingen 观点一致，而与朗西曼提法相反。参见：Stephen Turnbull, *The Walls of Constantinople AD 324-1453*, London: Osprey Publishing, 2004, p. 13。持同样观点的资料还可参见：John Freely, *The companion guide to Istanbul and around the Marmara*, Woodbridge: Companion Guides, 2000, p. 203; J. F. C. Fuller, *A Military History of the Western World: From the Earliest Times to the Battle of Lepanto*, Cambridge: Da Capo Press, 1987, p. 511; Ernle Bradford, *The Sundered Cross: The Story of the Fourth Crusade*, Prentice-Hall, 1967, p. 75。另外，Peribolos 一词在古希腊还常常指神庙中围墙环绕的庭院，参见维基百科：http:// en.wikipedia.org/wiki/Peribolos。译者与国内拜占庭专家、（接下页）

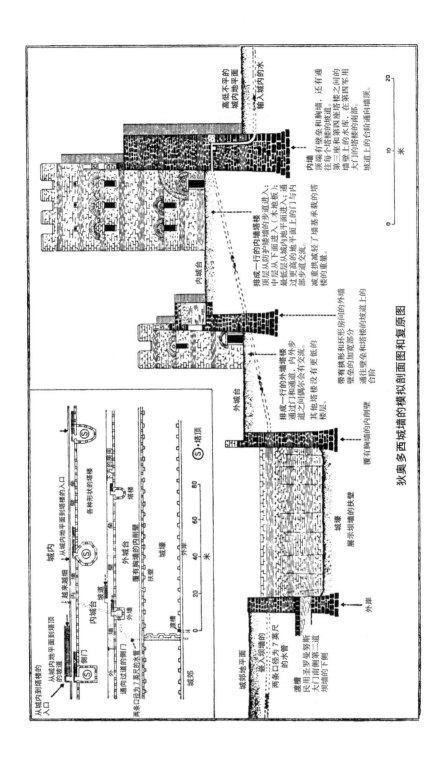

狄奥多西城墙的模拟剖面图和复原图

从城内地平面到塔楼的入口

从城内地平面到塔楼顶

的坡道

城内

从城内地平面到塔楼的入口

越来越细

各种形状的塔楼

环形状的塔楼

S塔顶

内城台

坡道

内墙

外墙

外城台

覆有胸墙的内削壁

两条口径为7英尺的水管

通向过道的侧门

城壕

扶壁

渠槽

民用圣罗克努斯第二道坝墙的下侧

城郊

米

0 20 40 60 80

城郊地平面

渠槽

民用圣罗克努斯第一道大门南端的第二道坝墙的下侧

两条口径为7英尺的水管

城墙地平面

覆有胸墙的内削壁

展示现削壁的扶壁

城墙

城壕

外岸

带有拱形和环形房间的外墙壁垒的加固部分

通往壁垒和塔楼的坡道上的合阶

排成一行的外墙塔楼

通过门和通道、内外步道之间有交流。其他各楼不会有更低的楼层。

外城台

覆有胸墙的内削壁

排成一行的内墙塔楼

顶层从防护塔楼墙的步道进入；中层从下面进入（木地板）；最低层从城内地平面上的门与内部过道交流。通过更高的地平面上的门与内部过道交流。减重拱减轻了两座塔楼基承载的塔楼的重量。

内城台

内墙

顶端有壁垒和胸墙，还有通往每个塔楼第四座塔楼之间的塔墙壁和第四座塔墙的水平，在第四军用坡道上的坡道通向墙顶。

高低不平的城内地平面

输入城内的水

米

0 10 20

内墙，高约 40 英尺，建有高达 60 英尺的方形或八角形塔楼，它们以一定的间隔排列，正好覆盖了外墙塔楼之间的空隙。[①] 这道城墙上有许多城门，有的是供百姓使用，其他的则是专供军队使用。在马尔马拉海海岸有一道小侧门，它的北面是著名的"金门"（the Golden Gate）。金门被列为第一军用城门，传统上是皇帝得胜回朝举行凯旋式入城的使用通道。继续往北，接下来是第二军用大门，再然后是民用的泉源之门（Pēgē/Pegae）[②]，它现在的土耳其名为塞利维亚（Silivri 或 Silivria）门。紧挨着它的是第三军用大门。地势现在开始升高，然后是雷吉姆（Rhegiums）门，再往前是第四军用大门。民用圣罗曼努斯之门（Gate of St. Romanus）[③] 位于地势最高点上。然后地面下降了约 100 英尺，到了一处河谷，名叫莱卡斯（Lycus）的小河经城墙下的涵洞流过。再往北 200 码处坐落着位于谷底的第五军用大门，它也被希腊人称作圣基里亚科（St. Kyriake，得名于附近的教堂）门。[④] 不过它似乎总是被人们称作军用圣罗曼努斯之门，记载这次围城

（接上页）南开大学教授陈志强先生就这两个专有名词进行了交流，陈教授也赞同内城台为 Peribolos，外城台为 Parateichion。个人分析，朗西曼先生出现这一错误，大体是受埃德温·皮尔斯著作的影响，参见：Edwin Pears, T*he Destruction of the Greek Empire and the Story of the Capture of Constantinople by the Turks*, Kessinger Publishing, 2004, p. 239。

① 内墙塔楼同样有 96 座。

② 因该门外的 Zōodochos Pēgē 修道院得名。

③ 圣罗曼努斯之门因其附近的圣罗曼努斯教堂而得名。现代土耳其名字为托卡普（Topkapı），意为"大炮之门"，这是由于当年穆罕默德攻城时将重炮集中于此处的缘故。

④ 土耳其人入城后，将它改称为"突击之门"，因为 1453 年 5 月 29 日晨，奥斯曼帝国军队在这里成功突破防线。关于狄奥多西城墙上诸城门的详细情况，参见：Alexander Van Millingen, *Byzantine Constantinople: The Walls of the City and Adjoining Historical Sites*, pp. 59-94。

的史家常犯将其与民用圣罗曼努斯之门混淆的错误。从这里开始，地势再次升高到达另一个山脊，[①]顶部矗立着查瑞休斯门，今天被土耳其人称作阿德里安堡门。[②]穿过莱卡斯河谷的那段城墙被称作"中城墙"（Mesoteichion），一直被认为是狄奥多西城墙最薄弱的部分。[③]查瑞休斯门有时也被称作波利安得里翁（Polyandrion）门。沿着山脊一直到就在与布雷契耐区城墙交界处的克西洛克孔（Xylokerkon）门的那段城墙，被称为米里安德里翁（Myriandrion）。[4]

　　1422 年穆拉德围攻君士坦丁堡时，拜占庭将士集中兵力守卫外墙，土耳其人无法攻破该墙。朱斯提尼亚尼与皇帝鉴于兵力捉襟见肘，认为这次也该采取这个正确的战略。内墙尽管能从其塔楼上发射更重的投射物，但也没有充足的兵力驻守。1422 年时外墙受到的破坏在此后若干年中得到了很大程度的修复，朱斯提尼亚尼把确保修复工作完成视为自己的一项任务。自诩战略家的莱昂纳德大主教事后宣称军事战略家们都错了，认为他们应该守卫内墙。但是他带着对希腊人一贯的恶意补充说，外墙的修缮工作完成得很差，因为修缮资金被两个希腊人——亚加鲁斯（Jagarus）与修士尼奥菲图斯（Neophytus）挪用了。这是非常可怕的诽谤中伤：亚加鲁斯（其真名为 Manuel Palaeologus Iagrus）是拜占庭皇室成员和受人敬仰的政治家，实际上，在得到了精心修缮的几段城墙的铭文中都出现了他的名字。尼奥菲图斯则是当

---

①　查瑞休斯门所处的小丘，即"第六高地"。

②　因穆罕默德二世最终由此入城得名。

③　希腊语拼写为 Μεσοτείχιον，意为"中城墙"。这一段城墙地势最矮，而对面地势较高，易受到敌人居高临下的攻击，同时穿墙而过的莱卡斯河一定程度也削弱了城墙强度。

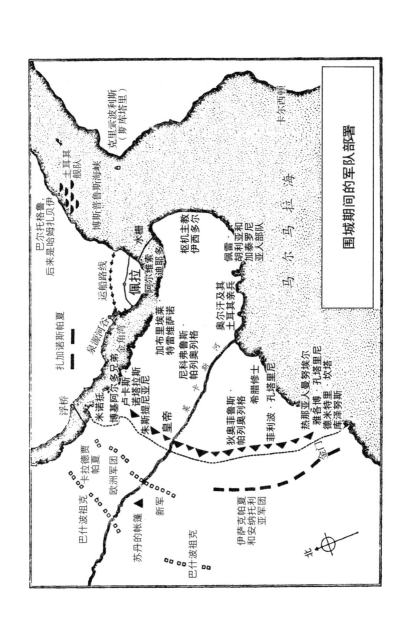

围城期间的军队部署

时的一位著名的修士，他是皇帝的好友，但反对教会统一，此时在查尔斯亚尼茨修道院（Charsianites monastery）中虔诚地清修，不问世事。很难看出他是如何截获一份修缮合同的。但大主教认为，无论什么滔天罪行，拒绝统一的教会成员都干得出来。[5]

4月5日，守军按照皇帝的分配已各就其位。君士坦丁率领最精锐的希腊军队亲自防守穿过莱卡斯河谷的"中城墙"，朱斯提尼亚尼位于他的右翼，驻扎在查瑞休斯门及米里安德里翁。但当苏丹显然要集中兵力攻击"中城墙"后，朱斯提尼亚尼率领热那亚人南下到那里与皇帝合兵一处，而查瑞休斯门则由博基阿尔多兄弟及其士兵接管。威尼斯大使米诺托与手下负责守卫布雷契耐区的皇宫，他们的首要任务是清理并重新灌满墙外的护城河。一位比他年龄稍长的同胞，特奥多罗·卡里斯托（Teodoro Caristo），率部守卫鞋匠区门和狄奥多西城墙之间的那段城墙。兰加斯科兄弟与莱昂纳德大主教一起驻扎在流入金角湾的护城河后面。在皇帝左翼的是卡塔内奥和他的热那亚部队，在他旁边的是皇室成员狄奥菲鲁斯·帕列奥列格（Theophilus Palaeologus），带着希腊部队守卫泉源之门。威尼斯人菲利波·孔塔里尼负责从泉源之门至金门的防线，金门由一个叫曼努埃尔的热那亚人守卫。在他的左侧，靠近大海布防的是德米特里·坎塔库泽努斯的部队。

海墙上的兵力比较稀少。雅各博·孔塔里尼（Jacobo Contarini）负责防守斯塔迪昂区，在他旁边，一段不太可能受到攻击的城墙由希腊修士守卫，他们大概是负责放哨的，并在发生紧急情况时负责召集预备队。在他们附近，守卫义禄（Eleutherius）港口区的是土耳其王子奥尔汗及其亲兵。在马尔马拉海海岸的东端，大竞技场及旧皇宫交给了佩雷·胡利亚领导的加泰罗尼亚人守卫。在他们北侧，负责守卫阿克罗波利斯角的是教宗特使伊西多尔及 200 名士兵。金角湾海岸由加布里埃莱·特雷维萨诺麾下的威尼斯、热那亚水兵负责，他的同胞阿尔维索·迪耶多负责指挥港内的舰队。城中还保留了两支预备队。一支由拜占庭大公卢卡斯·诺塔拉斯率领，驻扎在佩特拉（Petra）区城墙之后，并配备了机动火炮。另一支由尼科弗鲁斯·帕列奥列格（Nicephorus Palaeologus）带领驻扎在中央山脊上的圣使徒教堂附近。水栅由从舰队中抽调的 10 艘船来守卫，5 艘属于热那亚，3 艘来自克里特，1 艘来自安科纳，1 艘属于希腊，它们的指挥权很可能被交给了热那亚人索利戈（他固定了水栅）——由于铁链的一端固定在佩拉的城墙上，那么安排一位与热那亚人关系密切的人士负责此处防务就很有必要了。总的来说，皇帝似乎试图将他的希腊人、威尼斯人、热那亚人部队混编在一起，这样他们就会意识到他们相互之间的依赖，从而避免因为民族身份反目。[6]

为了守城，士兵们充分装备了各种投枪、弓箭，还有一些手铳[①]与投石机。城中也有几门火炮，但事实证明它们没有什么价值。首先是缺少硝石，其次，人们发现当它们在城墙和塔楼上发射炮弹时（如果炮弹要到达敌人的阵线，就必须在城墙或塔楼上发射），所产生的混响会破坏防御工事。士兵们都穿戴着精良的铠甲，比大多数土耳其士兵的要好。[7]

到了 4 月 6 日上午，士兵们都各就其位，城墙上的守军可以看到土耳其人也在排兵布阵。苏丹派遣扎加诺斯帕夏率领一支大

---

① 朗西曼原文使用 culverin 一词，根据上下文判断，应该属于 hand culverin，即一种 15 世纪时流行的手持无膛线、火门式火枪，通常发射散弹，与后世"火绳枪"不同。故译者将它翻译为"手铳"。

军部署在沿着一座座山丘伸展到博斯普鲁斯海峡上的金角湾北岸，从而孤立了佩拉，并监视着热那亚人可能采取的任何行动。土耳其人在金角湾湾头的沼泽地上修筑了一条路，以便扎加诺斯能迅速与主力部队联系。从金角湾至地势较高的查瑞休斯门，卡拉德贾帕夏的欧洲军团部署在君士坦丁堡城墙的对面，他们配有一些重炮用以攻击单层的布雷契耐城墙，尤其是它与狄奥多西城墙相连的脆弱角落。从莱卡斯河谷的南坡直至马尔马拉海一线部署着伊萨克帕夏率领的安纳托利亚正规军，由马哈茂德帕夏协助，毫无疑问，这是因为苏丹并不完全信任他。马哈茂德帕夏出身于拜占庭古老的安杰洛斯（Angeli）①家族，兼有希腊与斯拉夫血统，此时早已改宗伊斯兰教，并成了苏丹最亲密的挚友与顾问。② 苏丹本人则率军于莱卡斯河谷一带列阵，正对"中城墙"。他在离城墙约四分之一英里的地方搭起了他的红金帐篷，帐篷前是他的土耳其新军及其余精锐部队，配有他最好的大炮，包括乌尔班的伟大杰作。而非正规军巴什波祖克分批驻扎在主阵线的后方，随时准备转移到任何需要他们的地方。在阵地前面，沿着整座城墙，土耳其人还挖了一条堑壕，壕沟后面是一道土垒，其上竖立着木栅栏，每隔一段距离就留有一个便门。[8]

巴尔托格鲁领导的土耳其海军舰队奉命确保任何物资都不能从海上运抵城内。马尔马拉海岸边有一支日夜巡航的船队，因此没有船只可以接近那里的小港口。不过，他的主要任务是强行突

---

① 拜占庭贵族世家，在1185—1204年间产生过三位拜占庭皇帝，13—15世纪家族支系一度统治着色萨利、伊庇鲁斯与塞萨洛尼基。

② 他在君士坦丁堡战役之后仕途顺利，且战功卓著，深受苏丹宠幸，后曾于1456—1468年、1472—1474年两度担任帝国大维齐。

破金角湾的水栅。巴尔托格鲁将指挥部设在博斯普鲁斯海峡岸边，在码头"双圆柱"（Double Columns，今天这里矗立着多尔玛巴赫切宫①）附近。围攻开始10天后，他还得到了10艘来自安纳托利亚北部港口的大船的增援，这些船全都配备了重炮。[9]

当皇帝看到土耳其军队在城墙前集结时，他建议特雷维萨诺率领其麾下水手（约有千人之众）身着威尼斯独特的传统服装沿城墙列队游行，目的是让苏丹彻底明白自己的敌人中也有威尼斯人。威尼斯人很高兴地照做了。[10]另一方面，穆罕默德二世按照伊斯兰传统律法在正式开战前派出了和平使节劝降，声称只要城内公民交出城市，他就会按照律法的要求宽恕他们，确保他们的家人和财产的安全，否则，他们将不会得到任何怜悯。但是，市民们一点儿也不相信苏丹的许诺，现在他们也不会背弃自己的皇帝。[11]

例行公事的劝降一结束，火炮也全都就位后，土耳其人就拉开了战斗的序幕，猛烈轰击城墙。至围攻第一日（1453年4月6日）黄昏时分，查瑞休斯门附近的一段城墙已被严重破坏，第二天持续的炮轰使它变成了废墟。但在夜幕降临后，守军设法对这段城墙做了充分的修复工作。穆罕默德于是决定等待更多的火炮就位后再炮轰城墙的薄弱部分。与此同时，他命令士兵们填充宽阔的护城河，这样当炮兵在城墙上造成缺口后他们就能立即前进去占领缺口。他还命令坑道兵在地势看起来合适的地方挖掘地道破坏城墙。与此同时，舰队司令巴尔托格鲁也奉命对水栅发动试探性进攻。大概是在4月9日，他的战船对那里发动了第一次攻

---

① 1856年建成，一度是奥斯曼帝国行政中心。

击，不过没有成功。于是巴尔托格鲁也决定在黑海的分舰队到来前暂时按兵不动。[12]

在这段等待的时间里，苏丹带着他最精锐的部队和一些火炮，去攻击城墙外的两座小型要塞，它们还在为皇帝坚守。一座位于瑟拉比亚（Therapia）①区，修建在博斯普鲁斯海峡北段岸边的一座小山之上；另一座在马尔马拉海海岸附近的斯图狄奥斯（Studius）村。瑟拉比亚区的城堡抵抗了两天，随后城墙被炮弹摧毁，大部分守军被屠杀。然后幸存的40人无条件地投降了。他们被处以穿刺之刑。斯图狄奥斯村的另一个较小的堡垒只坚持了数小时，活下来的36名守军在废墟中被俘，同样遭穿刺而死。为了让市民们看到反对苏丹的人的下场，这些都是在从城墙上看得见的范围内进行的。与此同时，苏丹派遣巴尔托格鲁去占领马尔马拉海上的王子群岛。他们仅在最大的岛屿普林基波岛（Prinkipo）上遭到了些许抵抗。在该岛主修道院旁边的山顶上有一座坚固的高塔，是修士们为了躲避海盗而修建的避难所，可能建于加泰罗尼亚军团袭击帝国的时候。一小支30人的守军现在拒绝投降。巴尔托格鲁带来了一些大炮，不过炮弹对厚厚的砖石没有造成任何影响。因此，一旦风向适宜，他就敛集枯枝，堆在墙边点燃，还往火中倒入硫黄和沥青。火焰很快就吞没了这座建筑。一些守卫者在墙内被烧死，那些从火焰中逃生的人则被俘虏并处死。然后，巴尔托格鲁把岛上的平民都围了起来，并把他们卖为奴隶，以惩罚他们在自己的土地上发起抵抗。[13]

4月11日，苏丹回到了他位于城墙之前的营帐，所有的重型

---

① 今称萨勒耶尔（Sarıyer），位于伊斯坦布尔最北侧。

火炮都已经摆放在了他想摆放的地方。第二天，轰炸开始了，持续了六个多星期，无休无止，单调乏味。大炮很笨重。它们被架在用木板和碎石铺成的平台上，要让它们保持原位是很困难的。它们不断地滑入 4 月的雨水造成的泥泞中。其中最大的，包括乌尔班大炮，需要予以大量的关照，以至于一天只能发射 7 次。但这 7 发炮弹都造成了巨大的破坏。炮弹从护城河对岸飞来，在一团黑烟和震耳欲聋的轰鸣中撞在墙上，碎裂成成百上千片，砌石经不起它们的冲击。守军试图通过在城墙上悬挂皮革及装填羊毛的袋子来降低它们的冲击力，但收效甚微。在不到一周的时间里，穿过莱卡斯河谷的外墙有很多段已被完全摧毁，前面的护城河也基本被填满，修复城墙的任务非常艰巨。尽管如此，朱斯提尼亚尼和他的助手们还是设法修建了一道栅栏。每天入夜后，城中居民不论男女，全都携带着木板、木桶及一袋袋的土赶来。栅栏主要是用木头做的，其上摆放着装满泥土的木桶，当作雉堞。这道栅栏虽然东倒西歪、不堪一击，但它至少为守军提供了一些保护。[14]

在港口水栅处，情况要好一些。4 月 12 日，在增援部队从黑海抵达后，巴尔托格鲁立刻率领他的大型船只驶向金角湾的铁链。当他的舰队接近停泊在铁链附近守卫它的船只后，弓箭手射出了一阵箭雨，船上的火炮也射出了炮弹。在进一步靠拢后，他的水兵便开始向基督教船只投掷燃木，而其他人则试图切断它们的锚索，还有人试图用抓钩和梯子登上它们。结果收效甚微。炮弹无法射到足够的高度来击毁高大的基督教加莱桨帆船。大公卢卡斯·诺塔拉斯和他的预备队已被派来协助防御。防御工作组织得井井有条，人们接力搬运一桶桶的水，扑灭了大火。基督徒从高耸的桅斗（crows-nest）①射下的箭矢和标枪比土耳其人的有效得多，他们的投石机也制造了巨大的破坏。在这些成功的鼓舞下，在比敌人更有技巧的领航员的帮助下，基督教船队开始向外移动，意欲包围离水栅最近的土耳其船只。为了保住它们，巴尔托格鲁下令停止进攻，退回了他在"双圆柱"附近的锚地。[15]

这场败仗令苏丹颜面尽失。思维敏捷的穆罕默德立刻意识到，要对付基督徒高大的船只，必须要让火炮瞄得更高。于是他的铸造厂奉命改进设计。要计算出必需的弹道是很困难的，不过它们几天后就做出了让苏丹满意的改进。一门弹道更高的大炮被放置于加拉塔岬角（Galata Point），并开始向沿着水栅停泊的船只开火。第一发炮弹未能命中，但第二发落在了一艘加莱桨帆船的正中央，并将其击沉，造成了惨重伤亡。基督教船只不得不退回水栅之后，佩拉区的城墙为那里提供了保护。

然而，陆地上的局面让穆罕默德充满希望。在计算过陆墙的损坏程度后，他自忖不需要强行突破水栅便可以攻下城市。4月18日，太阳落山两小时后，苏丹下令对"中城墙"发起进攻。在火光的照耀下，伴随着战鼓声与铙钹声，土耳其重装步兵、标枪手、弓箭手和新军步兵冲过被填埋的护城河向栅栏扑去。他们用携带的火把点燃了栅栏的木板，并用长矛上的镰钩把栅栏上装满泥土的木桶取了下来。其中一些人还携带了梯子，试图爬上尚未崩塌的城墙。战斗非常混乱。土耳其人发动攻击的地方地形狭窄，他们在人数上的优势毫无价值，而基督教士兵所穿的甲胄比敌人的更能有效抵挡攻击，使他们能更大胆地作战。负责指挥的朱斯

---

① 即桅杆上的瞭望台。

提尼亚尼被证明无愧于这份职务。无论意大利人还是希腊人，都被他的骁勇无畏所激励，齐心协力与之并肩战斗。皇帝本人并不在此处。由于担心土耳其人沿着城墙全线发动进攻，他马不停蹄，四处巡视战场防务，并激励大家的士气。

战斗持续了四个小时。之后，土耳其人被召回了他们的阵线。威尼斯日记作者巴尔巴罗计算过，土耳其方面阵亡了约 200人，而基督徒则没有一个人牺牲。[16]

奥斯曼人对城墙的第一次进攻受挫，而且是在攻击水栅的行动失败之后不久，这给了守城者新的信心。虽然轰炸仍在无情地继续，但重振士气的守军开始修复城墙。如果外援能很快赶到，这座城市也许会转危为安。

两天后，他们有了新的希望。

第七章

金角湾失守

在 4 月的头两个星期里，狂风一直从北方吹来。教宗雇佣的 3 艘满载武器与粮食的热那亚船只因为暴风被困在希俄斯岛动弹不得。然而到了 4 月 15 日，突然风向转南，这几艘船立即启程前往达达尼尔海峡。当它们接近海峡时，一艘大型皇家运输船加入了它们的行列，船上满载着皇帝的使节在西西里岛采购的粮食，船长弗拉塔涅拉斯（Phlatanelas）是一名经验丰富的水手。由于土耳其舰队全都在君士坦丁堡附近，达达尼尔海峡现在无人防守。这四艘船迅速驶入了马尔马拉海。4 月 20 日星期五上午，君士坦丁堡海墙上的哨兵发现了向城市靠近的它们，与此同时，土耳其哨兵也将此消息飞报苏丹。穆罕默德二世跃身上马，越过山丘，来到舰队司令巴尔托格鲁驻地下达命令。后者被要求在可能的情况下捕获这些船只，否则就把它们击沉。无论如何都不能让它们到达城市。如果他完不成这项任务，就别想活着回来。

巴尔托格鲁立即准备他的船只。他决定弃用仅靠风帆的船只，因为它们无法顶着新刮起的南风前进，舰队的剩余船只全都随他出行。苏丹带来了他的一些最精锐的士兵，这些士兵被装在较大的运输船上。这些船只中一些装备了火炮，另一些则受到竖起的大型护甲的保护。两三个小时后，只见千桨并进，这支庞大的舰队出发，前去捕获那几艘可怜的牺牲品。鼓声隆隆，号声嘹亮，土耳其士兵怀着必胜的信心向基督教船队靠近。在城里，所有可以从守卫城墙的任务中抽身出来的市民纷纷聚集到阿克罗波利斯角的斜坡上或大竞技场废墟的顶端，焦急地望着那几艘基督教船只。与此同时，苏丹与其随员则来到佩拉区城墙外的博斯普鲁斯海岸一带观战。

下午早些时候，当土耳其舰队追上这几艘基督教船只时，后者已经来到了君士坦丁堡的东南角附近。巴尔托格鲁在其三列桨帆船旗舰上高声命令热那亚人降帆投降，而基督徒们置若罔闻，继续前行。于是，几艘领头的土耳其船只向它们逼近。此时的海面波涛汹涌，劲风大作。在这样的天气里操纵三列或双列桨帆船是很困难的。此外，基督教船只在高度上有优势，而且装备精良。水手们从甲板、高高的船首和船尾、桅斗上可以向下面的土耳其船只射箭、投标枪和掷石块，而土耳其人只能试图发起接舷战或点燃敌船。[①] 基督教船只继续航行了将近一个小时，并不断挫败土耳其人的阻挠。就在它们即将绕过卫城区下的海角时，风突然停了，四艘船的船帆无力地飘动着。在这里，沿着博斯普鲁斯海峡向南的一股洋流撞到了海角，朝向北边的佩拉区海岸回流；南风过后，洋流的拉力特别大。这支船队被海流挟裹，眼见城墙触手可及，却开始慢慢地向苏丹正在观战的地方漂去。

此刻，对巴尔托格鲁而言，敌船似乎唾手可得。他注意到如

① 热那亚及拜占庭的 4 艘帆船体积更大，并且高度占优，与土耳其人对射自然处于上风。

果距离过近，基督徒的火力会给他的船造成伤害，因此他指挥较大的船围住敌船，并保持稍远距离，向它们发射炮弹及火矛，打算在敌人被削弱后再逼近它们。他的努力是徒劳的。他的轻型火炮无法将炮弹射到足够的高度，而火苗也迅速地被经验丰富的基督教船员扑火。于是他下令接舷并登船。土耳其海军司令为自己选择的对手是体积最大但武装最简陋的皇室运输船，他以他的三列桨帆船的船头撞向敌船的船尾，同时其他土耳其船只则赶上前来，试图用抓钩或钩子钩住后者的锚链来固定自己。在热那亚的船只中，有人看到一艘被 5 艘三列桨帆船包围，另一艘被 30 艘长船包围，第三艘被 40 艘满载士兵的帕兰达里亚船包围，但在一片混乱中，没有人能够从远处看出发生了什么。基督教船只上的船员训练有素——热那亚人身披精甲，准备了充足的用来灭火的水桶，还准备了斧头，用来砍掉登船者的头和手。皇室运输船虽然不太适合作战，却携带着装着被称为"希腊火"（Greek fire）①

----

① 希腊火是一种液体燃烧武器，拜占庭人一般多称之为海火（$πῦρ$ $θαλάσσιον$）、液体火（$ὑγρὸν$ $πῦρ$）等，"希腊火"为阿拉伯人、西欧人的通俗称谓。据说，它最初于 668 年由叙利亚建筑师、工程师加利尼科斯（Kallinikos）发明并将配方带到君士坦丁堡，在此后 800 年中成为拜占庭的秘密武器。希腊火的准确配方历来属于最高机密，甚至禁止一切文字记载。皇帝利奥在《战术学》中谈到希腊火的三种用法：近距离手抛希腊火罐，远距离则用投石机发射，此外还有虹吸管"喷火器"。他较详细地讲解了海战中希腊火的作用：海战开始时，首先，向敌人发射装有毒蛇、蜥蜴、蝎子等动物的罐子，造成敌军混乱。随后，向敌人投射生石灰，可产生烟雾，阻碍敌军视线，甚至直接令敌人目盲。接下来，投射装有铁蒺藜的罐子。最后，撒手锏铜喷希腊火登场。按利奥的说法，敌舰一旦着火，敌人必四处奔走，忙于救火，这时散布在敌舰上的铁蒺藜就能伤害敌人脚掌，使他们失去行动能力。此外安娜·科穆宁娜在《阿莱克修斯传》中亦有所涉及，但语焉不详。据日后专家考证和试验，一般认为其主要成分为蒸馏石油（俗称石脑油，或音译为"拿法"），在制作时混入一定比例的硫黄、沥青、松香、树脂等易燃物质（是否加入硝石目前还存在争论），通过加（接下页）

的易燃液体的木桶，这种武器在过去800年的许多场海战中拯救了君士坦丁堡。本次战斗中，希腊火也给土耳其人造成了毁灭性的打击。土耳其船只受到划桨的拖累，各船的长桨时常纠缠在一起，

（接上页）热而熔为易燃液体。它具有以下特点：可在水上燃烧，甚至遇水自燃；海战中拜占庭人一般在船头使用虹吸管（类似于现代的火焰喷射器）喷射这种液体，用于点燃敌船，陆战中除了虹吸管，也使用装有希腊火的罐子作为投掷武器；发射时往往伴有巨响及浓烟。它既可以用投石机或人力投掷后再加以点燃，亦可预先点燃后用虹吸管喷出（除了战船用虹吸管，拜占庭甚至装备了单兵使用的小型喷火筒）。希腊火的特性使它在海战及守城战中能发挥巨大威力，并多次拯救了帝国。例如，678年及718年，拜占庭两度大败阿拉伯围攻君士坦丁堡的舰队。718年的战役中，阿拉伯人共出动2560艘船只，最终幸存的仅有5艘。941年，拜占庭同样依靠希腊火，击败了基辅罗斯大公伊戈尔的远征舰队。不过希腊火并非火药，它必须借助氧气，仅能速燃，而不能像火药那样，在无氧环境下便可爆燃，因此在火药时代之后，便渐有落伍之虞。根据现有资料记载，1453年君士坦丁堡战役期间希腊火虽仍有装备，但运用不多，个人估计这与帝国财政捉襟见肘，及石油原产地（主要在小亚细亚）落入敌手有关。奥斯曼人入主后，希腊火配方宣告失传。穆斯林在与拜占庭人长期交战的过程中也习得了类似武器，他们一般将石脑油盛入容器中纵火抛射，专门使用该武器的部队称 naffātūn。阿拉伯人最早在712年印度阿洛（Alor）围城战中使用它，随后于十字军东征期间广泛用于守城作战。无独有偶，类似武器由阿拉伯人经东南亚最终传入我国，称"猛火油"，在宋代有着广泛应用（但依据李约瑟在《中国科学技术史》中相关介绍，阿拉伯、中国的类似武器与希腊火在配方上应该存在些许不同，性能上也会有微妙差异）。关于希腊火的专著，译者首推 R. Partington, *A History of Greek Fire and Gunpowder*, Johns Hopkins University Press, 1998。相关资料亦可参见：陈志强，《拜占廷帝国史》，198—199 页；Joseph Needham, *Science and Civilisation in China*, Volume 5: *Chemistry and Chemical Technology*, Part 7: *Military Technology*; Alexander P. Kazhdan, ed. *The Oxford Dictionary of Byzantium*, p. 873; Adrienne Mayor, *Greek Fire, Poison Arrows, and Scorpion Bombs: Biological & Chemical Warfare in the Ancient World*, New York: Overlook TP, 2009; Leo VI, George T. Dennis (trans.), *The Taktika of Leo VI*, Dumbarton Oaks Research Library and Collection, 2010, p. 529; Anna Komnene, Peter Frankopan (ed.), E. R. A. Sewter (trans.), *The Alexiad*, Penguin Classics, 2009; Alfred W. Crosby, *Throwing Fire: Projectile Technology through History*, Cambridge University Press (Reprint edition), 2010。

同时被敌人居高临下的射击所重创。但是，只要一艘土耳其船无法继续作战，就总会有另一艘来代替它。

皇室运输船周围的战斗最为激烈。巴尔托格鲁绝不会放弃这个到手的猎物。他的部下一波接一波地试图登上这艘船，却被船长弗拉塔涅拉斯及其船员击退。但运输船的弹药快用完了。热那亚船长们尽管自己也有困难，却注意到了皇室运输船的困境。他们设法把船靠得很近，很快，4 艘船就被牢牢地绑在一起了。在岸边观战的人看来，它们就像一座拥有 4 座塔楼的城堡，在一片混乱的土耳其舰队中升腾起来。

整个下午，君士坦丁堡市民们在城墙和塔楼上越来越焦虑地注视着这场战斗，而苏丹也在岸上情绪激动地观望着。他时而喊着鼓励的话，时而咒骂，时而发出各种指示，但巴尔托格鲁假装没听见，因为苏丹虽然重视海军力量，但对航海技术其实一无所知。心急如焚的穆罕默德甚至纵马走入浅滩，仿佛要亲自投入战斗，直至其长袍被海水浸湿方有所觉察。

夜色将近，基督徒的船只似乎已经撑不下去了。它们已经给敌人造成了巨大的伤害，但始终有新的土耳其船只准备发起攻击。当太阳开始落山时，风突然又从北面刮起来了。基督教船只的大帆再次鼓起，它们成功地从土耳其的小船中穿过，到达了安全的水栅处。在渐浓的夜色中，巴尔托格鲁已无法重整其舰队，虽然苏丹仍在咆哮着向他发出命令和咒骂，海军司令还是下令撤回"双圆柱"附近的锚地。当夜幕降临时，水栅被打开，伴随着响亮的军号声，特雷维萨诺指挥着 3 艘威尼斯加莱桨帆船驶了出来，以至于土耳其人相信他们将受到全体基督教舰队的攻击，于是摆出了防御的阵势。在激战中全身而退的 4 艘船随后被护送到金角湾安全的锚地。

这是一场伟大而振奋人心的胜利。基督徒们高兴地宣布，有 1 万或 1.2 万名土耳其人被击毙，而己方无一人阵亡，不过几天后，两三名水手因伤而死。一个更冷静的估算数字认为，土耳其方面有略多于 100 人死亡，300 多人受伤；基督徒这边则阵亡 23 人，约半数船员挂彩。尽管如此，这 4 艘船令人欣慰地带来了宝贵的人手、武器和补给，并且展示了基督徒在航海技艺上的优势。[1]

苏丹被激怒了。虽然实际的损失并不大，但他受到了莫大的羞辱，土耳其人的士气也受到了严重的打击。一位军中的宗教权威阿克沙姆萨丁谢赫（Sheikh Ak Shemseddin）立即给他写了一封信，告诉他人们正在指责他判断失误、威信尽失，并严厉告诫他须惩处责任人，以免在陆战中重演类似的灾难。[2]第二天，穆罕默德把巴尔托格鲁召到他的面前，当众斥责他是叛徒、懦夫和愚人，并下令将他斩首。这位不幸的海军司令已被自己的一艘船上投出的一块石头砸伤了一只眼睛，只是由于下属为他陈情，证明他作战顽强英勇，才保住了性命。但他被剥夺了舰队司令与加里波利总督的职务（后者由苏丹的亲信哈姆扎贝伊接任），并且还被剥夺了所有的私人财产，分给了新军将士。然后他受到了杖责并被释放，在穷极潦倒、默默无闻中度过了余生。[3]

自从第一次强闯水栅失败后，苏丹就一直在思考如何能控制金角湾。这次惨痛的失败促使他下定决心立即采取行动。4 月 20 日海战正酣时，陆上的炮击也并未停歇。第二天，比以往任何时候都更加无情的炮轰又重新开始了。这一天里，莱卡斯河谷附近的一座被称为巴克塔提尼安（Bactatinian）的巨塔被炸成了废墟，同时其下方的一大段外墙也被摧毁。如果当时土耳其人下令发动总攻，守军不可能认为自己能够阻挡他们。但当天苏丹并不在城墙附近，总攻的命令也没有下达。入夜后，守军用梁木、泥土和碎石修补了缺口。[4]

苏丹在"双圆柱"待了一天。他的聪明头脑已经想出了问题的答案。很可能是他手下的一个意大利人向他建议，通过陆路也可以运送船只。威尼斯人在最近一次伦巴第战役（1438 年）中，曾经成功地利用轮式平台将一整支舰队经陆路由波河（River Po）运至加尔达湖（Lake Garda）。不过那里的地形较为平坦，而如果要将船只从博斯普鲁斯海峡运到金角湾，需要越过一个海拔不到 200 英尺的山脊，这是一个更难的挑战。不过苏丹有足够的人力物力。在围城初期，土耳其工程师们就一直在修建一条通路。它似乎是从托普哈内（Tophane）区沿着陡峭的河谷一直延伸到今天的塔克西姆（Taksim）广场，然后稍微向左一点，沿着现在的英国大使馆下面的河谷，一直延伸到金角湾旁的低地［拜占庭人把这里称作"泉源河谷"（Valley of the Springs），现在被命名为 Kasımpaşa］。倘若金角湾的水手或佩拉区的居民注意到了此路的修建，他们无疑会认为苏丹只是希望能更容易地进入他在"双圆柱"的海军基地。在那里，木材被收集起来，用于制作承载船只的轮式托架以及某种运输滑轨，金属滑轮已经铸造好了，成群的公牛集合了起来。与此同时，一些大炮被布置于泉源河谷。

4 月 21 日，工作速度加快了。当数以千计的工匠与劳工忙于最后的准备工作时，苏丹则下令让他在佩拉区后方的大炮不断地轰击水栅，从而使泊守在那里的船只分心，而炮击产生的浓烟则会遮住博斯普鲁斯海峡上方的视野，掩护他在那里的活动。有一些炮弹还故意地"误炸"了佩拉的城墙，以使市民远离这片是非之地，后者自然也无法窥探土耳其军队的动向了。

4月22日星期天，当天际露出第一缕曙光时，一支奇怪的船队出发了。土耳其人首先将托架放进水里，把船绑在上面，然后由一队公牛拖拽轮式托架将船只拉上岸，在某些陡峭或困难的地段它们还得到了人力的辅助。每条船上的桨手都坐在自己的位置上，按照来回走动的军官给予的节奏，在空气中划动长桨，风帆也一如既往地升起，如同船只正畅游于海上。当一艘又一艘的船被拖上山的时候，只见战旗飘扬，鼓乐喧天，仿佛在举行一场盛大的狂欢节。一艘小长船在前方开路，一旦它成功翻越一个斜坡，后面一连串的大约70艘三列桨帆船、双列桨帆船、长船、帕兰达里亚船就会快速穿过。[5]

早在中午之前，金角湾上的基督教水手及海港步道上的哨兵就惊恐地看到了船只在他们对面的山上的异常移动，从山上下来下到了泉源河谷旁的金角湾水中。城里一片恐慌。在敌军最后一艘战船于港口内就位之前，威尼斯大使米诺托已经同皇帝和朱斯提尼亚尼商量过了，并根据他们的建议召集了威尼斯船长们进行了一次私下讨论，在场的只有朱斯提尼亚尼是"门外汉"。[①] 大家提出了各种建议。其中一个建议是劝诱佩拉的热那亚人加入对港口内的土耳其舰队的总攻。在迄今仍然严守中立的热那亚人的船只的帮助下，土耳其人可能很容易就在正面交锋中被击败。但佩拉不太可能希望放弃其中立地位，而且无论如何，为此进行的谈判都会很费时间。另一个建议是派人在对岸登陆，摧毁泉源河谷的土耳其人火炮，然后尝试烧毁其船只。然而城里没有足够的战

---

① 朱斯提尼亚尼当时负责指挥陆战。

士能冒险执行如此危险的行动。最后，一艘从特拉布宗来的加莱桨帆船的船长贾科莫·科科（Giacomo Coco）毛遂自荐，要趁夜间尝试烧毁这些船。会议同意了他的请求，他们同意在不通知城内的热那亚人的情况下采取行动。保密是必要的，威尼斯人准备提供必要的船只。

科科的计划是先派出两艘大型运输船，用大捆的羊毛或棉花保护船舷以抵御炮弹的袭击。两艘大型加莱桨帆船紧随其后，负责赶走敌船。在这些大船的掩护下，两艘小长船不知不觉地划桨潜入土耳其船只中央，砍断它们的锚索，并向船上投掷可燃物。令科科失望的是，进攻尝试被推迟至 24 日夜，以便威尼斯人的船只能做好准备。不幸的是，这个秘密走漏了风声，城中的热那亚人不知怎的听说了这一消息，他们怀疑威尼斯人想要窃取荣誉，对于把自己排除在外感到愤怒。[①] 为了安抚他们，大家同意让热那亚人提供一艘船。但后者还没有做好准备，所以他们坚持要把计划再推迟一次，直到 28 日。这是一个灾难性的决定。土耳其人一直在泉源河谷添加火炮，这些准备工作不太可能不被人注意到。消息传到了佩拉的一名被苏丹收买的热那亚人的耳朵里。

4 月 28 日星期六，拂晓前两小时，2 艘捆好了棉花和羊毛的大型运输船（一艘威尼斯人的，一艘热那亚人的）离开佩拉城墙

---

① 威尼斯人与热那亚人虽然同文同种，但作为地中海两个商业强权，二者长期处于激烈竞争当中，甚至不时兵戎相见，以致民间人士也往往存在敌对情绪。说两国互为世仇也不为过。1204 年十字军反戈一击攻陷君士坦丁堡，据说幕后指使便是威尼斯人。尼西亚帝国光复首都后，便有意扶持热那亚势力，以对抗威尼斯。颇具讽刺意味的是，在 1453 年帝国末日来临时，热那亚人严守中立，反倒是昔日帝国仇敌威尼斯和教宗国给予了实质援助。

的保护，缓缓驶出，随行的还有 2 艘威尼斯加莱桨帆船。它们每艘还配有 40 名桨手，分别由特雷维萨诺及其副手扎卡里亚·格廖尼（Zaccaria Grioni）指挥。紧随其后的是 3 艘轻型长船，每艘拥有 72 名桨手——科科在领头的船上，此外随行的还有一些载着可燃物的小船。当他们出发时，佩拉的一座塔楼上发出了耀眼的光芒，一度令水手们怀疑这是给土耳其人发出的信号，但当他们靠近土耳其舰队时，敌人似乎没有做什么防备。笨重的运输船和加莱桨帆船在静止的水面上缓慢移动，科科变得不耐烦了。他知道他的船可以超过它们，所以，为了快速展开行动，为了获得荣誉，他命令几艘长船穿过队伍，直奔土耳其人。随着一声突然的吼叫，土耳其人从岸边开始发射火炮，他们已经得到了警告。科科的船在第一轮炮击中即被击中，几分钟后舯部中弹，随即沉没。几个水手尚能泅渡上岸，但大多数人，包括科科本人都死了。剩余的长船在小船的簇拥下，重新躲在了加莱桨帆船身后。但与此同时土耳其火炮仍在持续射击，通过它们自己发出的火光来瞄准目标。排头的两艘运输船被多次击中，好在棉花与羊毛使它们免受了严重的损坏，但由于它们的水手忙于扑灭炮击引起的阴燃，无暇他顾，致使许多小船纷纷被击沉。土耳其人尤其集中火力猛攻特雷维萨诺的加莱桨帆船，在它被从山坡上发射的两发炮弹以极大的力道命中后，船舱开始进水，特雷维萨诺和他的船员不得不放弃加莱桨帆船并登上小船逃生。在胜利的鼓舞下，在微弱的曙光中，土耳其船只开始出击，不过基督徒们尚能拯救自己。在经历大约一个半小时的激烈战斗后，两支船队返回了各自的锚地。

　　有 40 名游上岸的基督徒水手落入土耳其人的阵线中，当天晚些时候他们全被屠杀，君士坦丁堡中的很多居民目睹了这一幕。

为了报复，城内的 260 名土耳其囚犯被带到城墙上，在土耳其人眼前被斩首。

这场仗再次表明，基督徒在船只的质量与航海技术上胜过了土耳其人，但他们还是损失惨重。他们损失了 1 艘加莱桨帆船、1 艘长船以及大约 90 名最优秀的水手，而只有 1 艘土耳其船只被毁。城中的士气非常低沉。很明显，土耳其人现在已经不可能从金角湾被赶走了。他们并没有完全掌控金角湾，毕竟基督教舰队仍漂浮在湾里的水面上。但港口已不再安全，面对着它的漫长海墙也将有受到攻击的危险了。希腊人还记得，1204 年，十字军就是从海墙一侧破城的，对他们来说，眼前的景象显得格外险恶；皇帝和朱斯提尼亚尼绝望了，他们现在不知道如何给所有的防线都配置人力。

在将舰队的一半船只运入金角湾，并挫败了基督徒赶走入侵者的企图之后，穆罕默德赢得了一场大胜。他似乎仍然认为，必须通过突破陆墙来攻占该城；但他现在可以一直威胁港口上方的城墙，同时仍然能在水栅外保有足够的船只封锁该城。此外，即使有救援舰队企图突破封锁，它们也会发现港湾不再是安全的了。新的局面还令苏丹对佩拉区有了更大的控制力。热那亚人的态度一直可耻地十分暧昧。热那亚政府给了佩拉地方当局自主决策权，同时可能建议他们奉行中立政策——在官方层面，他们的确这么做了，而殖民地民众普遍对海港对面的基督教同胞心怀同情。一些热那亚人甚至加入了朱斯提尼亚尼的军队；佩拉的商人继续与君士坦丁堡进行贸易，把他们能匀出来的货物运到那里。诚然，佩拉也与土耳其人贸易，但很多商人趁贸易之便在土耳其营地中收集情报，并向朱斯提尼亚尼报告。到目前为止，由于佩拉当局允许港口的水栅把一端固定在他们的围墙上，这已经危及了他们的中立立场，而虽然他们的船只没有参战，但热那亚水手似乎曾经为水栅旁的船只提供过少量服务。但是，要让一个热那亚人对一个希腊人有好感是困难的，更别提让他对一个威尼斯人有好感了。像朱斯提尼亚尼或博基阿尔多兄弟这样的勇士或许会全身心地投入到战争中去，但是在佩拉，一般人都不认为自己会立即受到威胁，要求他们都如此英勇就有些不切实际了。

希腊人与威尼斯人同样厌恶热那亚人。虽然他们由衷地敬佩朱斯提尼亚尼并愿意听从其调遣，虽然他们慷慨地赞美热那亚人中的英勇之士，但佩拉在他们眼中已沦为基督教叛徒的大本营。上一场战事表明，那里必然藏有苏丹的耳目。无疑，人们也认为，佩拉肯定已经有人知道苏丹准备沿着离城墙如此之近的一条路线运送他的船只，即使不可能加以阻止，但至少可以向金角湾对岸通报消息。莱昂纳德大主教本人就是一名热那亚人，他在信中为同胞的所作所为感到尴尬。[6]

但是，如果说君士坦丁堡的基督徒对佩拉区的公民感到不满，苏丹也同样如此。不过他不可能在围攻君士坦丁堡的同时尝试占领佩拉。如果对它发起猛攻，他需要更多的兵力和攻城器械，而且他的举动有可能导致热那亚舰队出兵黎凡特，从而使他丧失制海权。但是现今他的舰队已进入金角湾，包围了佩拉。热那亚商人再也不能像过去那样轻易地划船穿过港口将他们的货物运送到君士坦丁堡，并带来关于土耳其营地的最新消息了。除非佩拉准备打破中立，否则它无法伸手援助基督徒，而苏丹似乎从他派驻那里的密探口中得到了佩拉当局不会冒此风险的消息，这使他大为宽心。[7]

此外，苏丹现在可以与驻守在佩拉后方高地上的扎加诺斯帕夏及博斯普鲁斯海峡岸边的海军总部建立更加紧密的联系了。到目前为止，唯一的通道是一条绕着金角湾湾头的沼泽地的迂回的道路，尽管可以利用一个穿过上游水域的浅滩作捷径，但依然不方便。现在，有了金角湾内的船只为他提供保护，苏丹就可以在城墙以北建造一座横跨港湾的桥梁。这是一座浮桥，由大约一百个酒桶成对地绑在一起纵向相连而成，构成了可以行走的通道，每对浮桶间略有空隙。桶上铺设横梁，横梁上铺着木板。五个人可以在浮桥上面并排行走，而且它也可以支撑沉重的马车。浮桥两侧连接着浮动的平台，每个平台的坚固程度足以承受一门大炮的重量。这样，军队就可以在大炮的掩护下从佩拉区的岸边迅速转移到城墙前的阵地，同时大炮还可以从新的角度轰击布雷契耐区的城墙。[8]

基督徒仍然将他们的大部分船只停泊在水栅后，以防止两支土耳其舰队会合或迎接任何可能抵达的救援船队；土耳其人在数日内没有冒险攻击他们。然而，这一切都无法改变金角湾已经失守的事实。

第八章

凋零的希望

苏丹在取得胜利后并没有试图攻打君士坦丁堡。他更愿意暂时骚扰和削弱敌人的防线。对陆墙的炮击从未停止。每天晚上，成群的市民赶来尽可能地修缮防御工事。从新架设的浮桥的平台上，大炮不停地轰击着布雷契耐区。不时地，土耳其船只会从金角湾对岸的锚地驶出，似乎要攻击港口上方的城墙。希腊人与威尼斯人的船只不得不保持警戒，以拦截它们。在一周时间里，双方没有短兵相接，也没有人员伤亡。但这座城市面临着其他的难题。粮食快吃完了。那些本应在城墙上站岗的男丁不断请求允许他们回城里为妻儿找寻食物。至5月初，粮食短缺的情况变得非常严重，于是皇帝紧急从教堂和私人那里筹集了一笔资金，用于购买一切能找到的食物。他甚至专门成立了一个委员会，负责粮食的平均分配，后者出色地完成了任务。虽然口粮配给并不多，但每个家庭都保证获得了一份，于是再也没有严重的抱怨了。但在这个季节，城里的园圃几乎没有什么收成，而即便在金角湾里的渔船，也不再能安全地出海了。至于城里的猪牛羊等家畜，原本数量就不多，现在正在迅速减少，储备的谷物同样如此。①援军尚在其次，但如果粮食无法立即从外面送到，城中军民将会因为饥馑而不得不投降。1

　　考虑到这一点，皇帝召集威尼斯领导人及本国贵族商议对策，并决定派出一艘港口内的快船，经达达尼尔海峡南下去寻找米诺托承诺过的威尼斯增援舰队。早在 1 月 26 日，米诺托就写信向威尼斯政府求援，然而迄今仍无回音。君士坦丁堡对威尼斯方面发生的延误一无所知——虽然威尼斯元老院早在 2 月 19 日便收到了求援信，但直到两个月后增援舰队才起航。皇帝对威尼斯海军司令贾科莫·洛莱丹非常有信心，因为他听闻后者极为英勇。他并不知道 4 月 13 日威尼斯给舰队司令阿尔维索·隆戈下达的指示：后者要尽快率领舰队前往武涅多斯岛（Tenedos），中途只许在莫顿停留一天以补充物资。他要在武涅多斯岛停泊到 5 月 20日，了解土耳其舰队的实力及动向。在那一天，他将与洛莱丹自己的以及来自克里特岛的加莱桨帆船舰队会合。然后整支舰队将沿着达达尼尔海峡向被围困的君士坦丁堡进发。君士坦丁堡里也没人知道洛莱丹直到 5 月 7 日才接到离开威尼斯的命令。他将先去科孚岛（Corfu）与当地总督的加莱桨帆船会合，然后后者将带他前往内格罗蓬特（Negropont），在那里与两艘克里特加莱桨帆船会师后，再一起驶向武涅多斯岛。如果届时隆戈已经动身前往君士坦丁堡，就需要留下一艘加莱桨帆船以知会洛莱丹，并护送

---

① 君士坦丁堡粮食长期依赖进口（主要通过水路），因此，入侵的敌人历来以围困作为夺取该城的重要武器。但在帝国漫长的历史中，多数时间拜占庭尚能掌控首都附近的制海权，故而这一问题尚不算突出。不过 1453 年金角湾失手后，制海权被土耳其掌握，导致后勤补给压力骤然上升。但也应该看到，君士坦丁堡城中此时仅有数万人，并且还拥有一些果园菜圃，对外来粮食的需求与极盛时期亦不可同日而语，也算减轻了部分供给的压力。

后者穿过达达尼尔海峡。但是，在抵达君士坦丁堡之前，洛莱丹被严禁挑衅土耳其人。随后他要听从拜占庭皇帝的指挥，并向皇帝强调威尼斯为此做出了巨大牺牲。如果届时君士坦丁堡已与土耳其缔结和约，那么他的舰队将前往摩里亚，用武力迫使专制君主托马斯归还此前非法吞并的一些威尼斯村庄。5 月 8 日，威尼斯元老院又通过了补充议案：如果洛莱丹在途中知悉皇帝没有讲和，他可先在内格罗蓬特就地转入防御。此外，还有一名特使巴尔托洛梅奥·马尔切洛（Bartolomeo Marcello）与他同行，此人将立即前往苏丹的宫廷，向后者保证共和国只想保持和平，海军司令和他的舰队来这里只是为了护卫从事黎凡特贸易的商船返回并保护威尼斯的合法利益，同时敦促苏丹与皇帝讲和，并力劝皇帝接受一切合理的条件。不过如果苏丹一意孤行，特使也无须强求，而是要返回威尼斯向元老院汇报。

　　元老院的指示是经过了深思熟虑的，倘若时间是无限充足的，或许能行之有效。但在威尼斯，没有人了解苏丹坚韧固执的个性及其战争机器的威力。他们意识到了君士坦丁堡面临的威胁，但每个人都相信这座伟大的设防城市是可以永远坚持下去的。[2]

　　教宗此时尽管忧心忡忡，但还是比较从容。直到 6 月 5 日，尘埃落定一周之后，教宗的代表拉古萨大主教才通知元老院，教宗陛下提出了让他向威尼斯人雇佣 5 艘加莱桨帆船前去解救君士坦丁堡的建议。为此，他将支付 1.4 万达卡特（ducat）①，这笔钱足够支付船员四个月的薪水了。然而大主教被告知这笔钱不够。他回到罗马，向教宗面陈还需支付部分武器费用。不过与此同时

————————

① 达卡特，一种威尼斯金币。

这些加莱桨帆船倒的确做好了出航准备。³

由于对以上延宕一无所知，并且希望尽快与威尼斯舰队取得联系，金角湾的船队派出了一艘威尼斯双桅帆船。船上有 12 名志愿者，均乔装为土耳其人模样，5 月 3 日晚这艘船被拖曳至水栅处。午夜时分，铁链被挪开，让它通过。船上升起了土耳其的旗帜，乘着北风穿过了马尔马拉海，进入了爱琴海域，一路未受拦截。⁴

在君士坦丁堡城里，守卫者们的神经开始紧张起来。威尼斯人与热那亚人的长期积怨此时已爆发为公开的争吵。威尼斯人指责热那亚人应为 4 月 28 日的灾难负责，而热那亚方面反驳说，这都是科科轻率冒进的错。然后，热那亚人指责威尼斯人一有机会便准备登船逃亡。而后者指出，他们已将很多加莱桨帆船上的舵与帆拆下并存放在城市中，为什么热那亚人不这么做呢？① 热那亚人则辩解说他们不打算降低他们的船只的效率，尤其是他们中的许多人要照顾居住在佩拉的妻儿。当威尼斯人进一步指责热那亚人与苏丹的营地保持往来时，后者回答说，这些谈判都是在皇帝完全知情的情况下进行的，皇帝的利益和他们的利益是相似的。双方如此公开地相互攻讦，以至于绝望的皇帝召集了双方的领导人，请求他们保持和平。"城墙外的战争已经够了，"他说，"愿上帝怜悯，不要在你们之间再起争端吧。"皇帝的话产生了一些效果。热那亚人与威尼斯人表面上恢复了合作，但敌意依然存在。⁵

很可能在这些日子里，皇帝曾试图与苏丹谈判。佩拉的热那亚人似乎曾代表他进行了试探性的询问。然而苏丹的条件依旧未

---

① 威尼斯人将部分暂不投入战斗的船只的舵、帆、锚等部件拆下交给拜占庭人，以此表明自己与城市共存亡的决心。

变：君士坦丁堡必须立即无条件投降，而他会保证市民的人身及财产安全，至于皇帝本人，倘若愿意，则可退隐至摩里亚。上述条件是无法接受的。城中军民不论政治观点如何，现在都不会考虑接受投降的羞辱，并且也没有人相信苏丹会仁慈相待。不过，皇帝的顾问中也有几个人认为他应该逃离这座城市。因为他在城外更能组织力量对抗土耳其人，这好过困守孤城。他的兄弟们及巴尔干各地的同情者们肯定会涌向他的旗帜，甚至英勇的斯坎德培也可能助他一臂之力，更何况还有机会唤起西欧诸国的干预。但是皇帝平静而坚定地拒绝听从他们。[①] 他担心一旦自己放弃都城便会导致整个抵抗分崩离析，于是决定与城市共存亡。[6]

佩拉的热那亚人有充分的理由期待和平。5 月 5 日，土耳其火炮开始越过加拉塔轰击水栅附近的基督教船只。他们专门瞄准威尼斯的船只攻击，然而一发 200 磅的炮弹误中一艘载着贵重丝绸的热那亚商船，把它击沉了。船主是一名佩拉商人，当时其货船正停泊在靠近城墙的地方。市政当局立即派人向苏丹抱怨，指出佩拉的中立对他是多么有好处。而苏丹的下属的回复则有些粗暴：炮兵们无法判断那艘船是否为援助敌军的"海盗"船；但是，如果船主能够证明他的情况，苏丹一旦攻下君士坦丁堡，就会调查此事并给予充分的赔偿。[7]

---

① 君士坦丁死守都城的做法是明智的。15 世纪中期的拜占庭国力极度衰落，与土耳其周旋的最大资本便是君士坦丁堡的地利。该城扼黑海之咽喉，地势险要，且蕴藏巨大商机；它还拥有当时欧洲最先进、最牢固的城防系统——放弃该城便等于丢失了帝国最后一点儿战略上的资本。况且君士坦丁堡易守难攻，即使皇帝在摩里亚建立了稳固统治，要夺回首都也无异于天方夜谭。君士坦丁早年曾作为摩里亚君主与土耳其交战，其惨痛经历告诫他仅仰仗该地是无法与奥斯曼帝国长期对抗的。接受苏丹的条件，退居摩里亚便等于是饮鸩止渴。

5月初，乌尔班大炮一度发生了故障，6日才被修复，对陆墙的轰击旋即恢复了力度，而与此同时土耳其的船只显然正在为战斗做准备。守军判断翌日很可能会发动一次总攻，并做好了相关准备。5月7日，日落四小时后，预期中的攻击果然出现了——集中于陆墙的中城墙的部分。潮水一般的土耳其士兵像往常一样携梯子及带倒钩的长矛，涌过被填平的护城河，接下来是一场持续三小时的苦斗，最终土耳其人未能突破已破损的城墙及栅栏。战斗中一位名叫朗加比（Rhangabe）的希腊人表现得尤其英勇，他手刃了苏丹的掌旗官埃米尔贝伊（Amir Bey），但很快就被敌人包围并杀死了。[8]

虽然是夜土耳其海军并未发起进攻，但金角湾似乎已经不安全了，第二天，威尼斯人决定卸下其战船上的军事物资并储存于皇家兵工厂。5月9日他们决定进一步分拆舰队，除了守卫水栅所需的船只，其他所有船只都应移至卫城区下水栅内侧的内奥里翁（Neorion）港或普洛斯弗里亚努斯（Prosphorianus）港，船员全体上岸，以协助防御城墙已被浮桥上的火炮严重破坏了的布雷契耐区。有些水手起初不愿意，直到13日这一重新的安排才完成。水手们的主要任务是修复保护布雷契耐区的城墙。[9]

他们差一点儿就来得太迟了。前一天晚上，土耳其人又发动了一次全面进攻，这次是在靠近布雷契耐区与狄奥多西城墙交界处的高地上。袭击开始时已近午夜，在被击退后马上就取消了，此处的城墙仍然很坚固。[10]

5月14日，在发现威尼斯舰队的调动后，由于不再担心自己在金角湾的船只会受到攻击，放心了的苏丹将其原本部署于泉源河谷后面山上的火炮通过新搭的浮桥移至对岸，轰击布雷契耐城墙开始爬上山坡的一段。它们在那里只造成了很小的破坏，于是一两天后，他再次把它们转移到莱卡斯河谷，并入他的主要炮兵阵地。他看得出来，这里是最有希望突破的地段。此后，对城墙其他部分的炮击只是断断续续的，但在这里，随着火炮数量的增加，炮击可以不间断地进行下去。[11]

16 日及 17 日，土耳其舰队主力两度从"双圆柱"巡弋至水栅处，摆出攻击态势，然而拜占庭人的防守仍很严密，土耳其船只两次都未发一弹就撤退了。21 日又出现了同一幕。整支舰队鼓乐喧天，来势汹汹，以至于君士坦丁堡城内敲响了钟声，让每个人都进入警戒状态。又一次在水栅前来回游弋之后，土耳其船只静静地驶回了锚地——这是水栅最后一次受到威胁。之所以会如此，很可能是因为水手们士气低迷，他们中很少有人是土耳其人，也可能是因为苏丹和舰队司令都不想冒再次失利的风险。[12]

与此同时，陆军在行动中开始考虑挖掘地道突破城墙。其实苏丹早在围攻的头几天便开始了这项活动，但他缺乏足够有经验的坑道兵。而现今扎加诺斯帕夏在其军中找到了一些职业矿工士兵，他们曾在塞尔维亚的新布尔多（Novo Brdo）挖掘银矿——他们旋即被要求在查瑞休斯门附近的城墙下挖掘一条地道，因为那里的地面被认为适合作业。为了不引起守军注意，坑道兵们从较远处开挖，但试图在护城河下挖洞和在城墙下挖洞一样艰难，[①]这条坑道被放弃了。于是他们转而开始在鞋匠区门附近挖掘单层的布雷契耐城墙。5 月 16 日他们的作业被守军发现了。负责处理此类紧急事务的大公卢卡斯·诺塔拉斯找来了工程师约翰内斯·格

---

① 据说他们在工作中遇到了坚硬的岩石层。

兰特，在他的要求下格兰特挖掘了一条反地道，成功地连通了土耳其地道，并将坑道中的木支架付之一炬——倒塌的地道令多名土耳其工兵当场殒命。这次失败令土耳其工兵们沮丧了好几天，不过从 21 日起他们又在城墙的多个地段开始挖掘了，主要集中于鞋匠区门附近。在格兰特的指导下，诺塔拉斯的希腊部队做了反地道的工作——守军时而用浓烟熏出敌军工兵，时而引用水塔的蓄水（原本是为护城河供水的）灌入坑道中，敌人被挫败了。[13]

苏丹已经使用了另一种手段。18 日清晨，守军惊恐地看到一座巨大的攻城塔矗立在中城墙外。土耳其人是在夜里把它组装起来的，其底部装有车轮，木骨架外罩着牛皮、骆驼皮提供保护，内有阶梯，直达塔顶平台，而整个攻城塔与外墙一样高。塔顶平台上存放着攻城梯，一旦接近城墙便可派上用场；不过它的主要功用还是为那些填埋护城河的工兵提供保护。早先的经验告诉苏丹护城河仍是攻城的一大阻碍，必须要有坚实的通道穿越它。18 日，苏丹的士兵一整天都在修建一条通过护城河的路，而壕沟旁的攻城塔就在他们的上方，对面是一座被他的炮兵摧毁的塔楼，塔楼上的砖石已经向前掉到壕沟里了。到天黑时，虽然遭到了猛烈抵抗，但任务几乎已经完成。部分护城河被城墙上落下的砖石、泥土、柴枝填满了，而攻城塔则被缓缓推到新建的堤道上以测试其强度。但入夜后一些守军蹑手蹑脚地走出来，将一桶桶火药埋进了填充物里。当它们被点燃时，发生了剧烈的爆炸，令攻城木塔燃烧起来并轰然倒塌，塔上的士兵也死了。到第二天清晨，护城河有一半已经被清理出来，而附近的城墙、栅栏也得到了修复。土耳其人建造的其他攻城塔命运也与之类似，部分被摧毁，剩余

1　皇帝约翰八世

2　年轻时代的苏丹穆罕默德二世

3　威尼斯画家真蒂莱·贝利尼为穆罕默德二世创作的肖像画

4　封锁住金角湾入口的铁链的一部分

5　土耳其军队经由陆路将船只运送至金角湾

6、7　画作中的君士坦丁堡城墙

8　残存的一段狄奥多西城墙

9　狄奥多西城墙外墙和内墙之间的内城台

10　模仿乌尔班大炮铸造的巨炮

11　新军中的阿迦和伯鲁克

12　画作中的圣索菲亚大教堂

13　圣索菲亚大教堂穹顶内部景观

14 土耳其军队对君士坦
丁堡的围攻

15 君士坦丁堡城陷场景

的也被撤出战场。[14]

这样的成功使基督徒们的士气不再下降。5 月 23 日，他们取得了最后一次振奋人心的胜利。那一天与之前数日一样，土耳其人依旧尝试在布雷契耐城墙下挖掘地道；但这一次希腊人成功地包围并俘虏了一些敌方坑道兵，其中包括 名高级军官。在被严刑拷打后，此人透露了所有土耳其地道的位置。格兰特据此得以在之后两天逐一摧毁了它们。最后被摧毁的一条地道，其入口被苏丹的一个攻城木塔巧妙地掩盖了起来；如果计划没有被泄露，它永远也不会被发现。从那时起，土耳其人彻底放弃了通过坑道战攻城的努力。[15]

他们或许已经意识到，守军承受的压力正在帮助他们。迄今为止，阵亡的基督徒非常少，但很多人受伤了，所有人都疲惫不堪、饥肠辘辘。武器的补给，尤其是火药，已经日益短缺，食物匮乏也达到了前所未有的程度。就在 5 月 23 日，获得坑道战胜利的那天，基督徒的希望遭受了沉重的打击。当天下午，有人看到一艘船在几艘土耳其船只追击下驶入了马尔马拉海，它成功地摆脱了追兵，在夜色的掩护下，守军为它打开了水栅，让它进入金角湾。起初人们以为它是增援舰队的先锋，后来才发觉竟是 20 天前派出搜寻威尼斯舰队的那条双桨帆船。它遍寻爱琴海上各个岛屿，不仅未见威尼斯舰队的踪迹，甚至也没有听闻任何关于船只在近海出没的说法。当继续寻觅看起来也没有什么用之后，船长征求各位水手的意见，究竟该何去何从。一名船员表示：君士坦丁堡想必已落入敌手，贸然返回无异于羊入虎口，是不明智的。但是其他人并不赞同。他们声称，尽管此行生死未卜，但将消息回报皇帝是众人的职责所在。君士坦丁在他们面前听到了这番话后不禁泪光闪烁，并向船员们表达了谢意。看来不会有基督教势力加入这场保卫基督教世界的战争了。这座城市只能依靠基督、圣母与建城者圣君士坦丁的保佑了，皇帝说道。[16]

就连这种信念也开始受到考验。越来越多的异兆出现，它们被解释为上帝将要抛弃君士坦丁堡。在这段日子里，每个人都想起了这样一则预言：帝国将亡于和最早的那位基督教皇帝君士坦丁同名的皇帝之手，并且他们的母亲都叫海伦娜。另一则预言则声称，帝国在月亮逐渐形成满月时是不会灭亡的，过去一周守军士气高昂，也是受它鼓舞。然而自 24 日满月后，月亮随即转缺，意味着危险即将来临。在满月的当天夜里出现了月食，并且有三个钟头是月全食。可能是在第二天，当市民们都知道了双桅帆船带来的无望的消息，当月食使他们的士气更加低落的时候，人们向圣母发出了最后的恳求。虔诚的信众将她最神圣的圣像扛在肩上，绕着城市的街道游行，除了必须在城墙上坚守岗位的士兵，几乎所有人都加入了游行队伍。当队伍缓慢、庄重地行进时，圣像突然从承载它的平台上滑落到地上。人们慌忙上前要抬起圣像，却发现它犹如铅一般沉重，要花极大的力气才能将它搬回原处。① 然后，当队伍继续前行时，突然下起了雷雨，夹杂着冰雹，几乎令人难以站立；大雨滂沱，道路变为河泽，水势几可冲走孩童。游行不得不终止。第二天，似乎这些不祥之兆还不够，浓雾笼罩了整座城市，这种现象在以往的 5 月是从未有过的。人们认为这是上帝在用云遮挡自己，以掩盖他离开城市的事实。那天晚上，雾散了，市民们注意到圣索菲亚大教堂的圆顶上有一道奇怪

---

① 圣像是木头的。

的光在闪烁。土耳其营地里的人也见证了这一奇景，同样深感不安。苏丹的智囊团向他解释说这一征兆表明真正的信仰终将降临圣索菲亚大教堂，[①] 这才使他宽下心来。但对于希腊人及其意大利盟友，就没有这样令人欣慰的解释了。

越过城墙，人们还能看到土耳其营地后方很远的乡村里闪烁着光，而那一带本不应出现灯火。一些满怀希望的哨兵宣称这是前来救援的匈牙利摄政匈雅提部队的营火，然而最终并无援军出现。这些微光也永远成了谜。[17]

现在，皇帝的大臣们又一次奉劝他在可能的情况下逃走，前往能够找到支持的比较安全的地方组织保卫基督教世界的活动。他非常疲惫，在与大臣们交谈时，竟然一度昏厥过去。当他苏醒后，他再次告诉他们，他绝不抛弃自己的人民，他将与他们生死与共。[18]

5月即将过去，在花园及绿篱里，玫瑰已经盛开了。然而月影正逐渐消瘦，对拜占庭的男男女女而言，既然月亮是这座古老的城市的象征，那么他们将准备迎接所有人都知道马上要降临到他们头上的危机。

---

① 暗示穆斯林必然能够征服这一伟大城市。

第九章

拜占庭的末日

在基督徒中，希望正在消退，但在土耳其营地，也弥漫着悲观情绪和普遍的受挫感。围攻已持续了七周，拥有壮观的作战器械的土耳其大军却收效甚微。守军可能已经疲惫不堪，人力物力短缺，城墙也被严重破坏，但奥斯曼军队没有一个人能够逾越防线。西方国家仍有可能伸出援手。穆罕默德的间谍告诉他，一支威尼斯舰队已经奉命出发，甚至有传言说它已经抵达希俄斯岛。[1] 匈牙利人也随时都有可能渡过多瑙河。早在围攻初期，匈雅提就派了一位大使来到土耳其营地，并表示由于匈雅提已不再担任匈牙利摄政，那么此前与苏丹签署的三年停战协议便不再具有约束力。[2] 此外，苏丹军队的士气也开始消沉了。他的海军遭到了耻辱性的失败，陆军也还没有取得任何胜利。而君士坦丁堡坚守得越久，苏丹的威望就会愈发遭到削弱。

在宫廷中，老维齐哈利勒及其同党依然不赞成整个进攻行动。穆罕默德不顾他们的劝告发动了进攻。他们是否有可能是对的呢？或许部分为了向他们表明自己并非不可理喻，部分为了安抚自己的良心（按照穆斯林的传统，除非异教徒顽固地拒绝投降，否则应该避免战斗），苏丹最后一次提出了和平的建议，当然条件完全是站在他自己的角度考虑的。在其军营中有一位名叫伊斯梅尔（Ismail）的年轻贵族（此人父亲为一改宗的希腊人，被苏丹封为锡诺普的附庸君主），他被选作特使派往君士坦丁堡。伊斯梅尔在希腊人中颇有人缘，他尽力说服他们相信现在自救还为时不晚。在他的敦促下，希腊人派出了一名使节和他一起回到土耳其营地。此人姓名今天已不可考，我们只知道他并非名门之后，身份地位也不高。苏丹对待使节是出了名的喜怒无常，毫无疑问，人们认为没有一个贵族能在如此危险的任务中幸免于难。然而他受到了苏丹的礼遇，并将穆罕默德的建议带回城中。苏丹提出，如果皇帝答应每年进贡 10 万枚金币，他就可以解除围攻；或者，如果愿意的话，市民可以带着他们所有的动产离开城市，没有人会受到伤害。当御前会议讨论这个提议时，有一两位大臣认为同意支付年金或许能为帝国赢得喘息的机会，但大多数人都知道，这笔天文数字远远超出了拜占庭的能力，只要无法马上交付，苏丹就会继续围攻，而且现在也没有人愿意让苏丹如此轻易地占据自己的城市。土耳其方面的史料记载，皇帝的回应可能是，他愿意放弃自己拥有的一切，唯独君士坦丁堡除外，这实际上是他仅存的财产。对此，苏丹反驳说，除了交出这座城市，希腊人只有两种选择，要么在刀剑下死亡，要么皈依伊斯兰教。[3]

这些空洞的谈判很可能发生在 5 月 25 日，星期五。星期六，穆罕默德二世召开了他的内部御前会议。大维齐哈利勒帕夏以功勋元老自居，站出来要求放弃围攻。他表示自己从未赞同这一行动，并且事实证明他是对的。土耳其人不仅毫无进展，而且遭受了不少耻辱的挫折；西方的君主随时都会前来拯救这座城市；威尼斯已经派出了一支庞大的舰队；热那亚，虽然未必是出于自愿，也将被迫采取同样的行动；苏丹最好向皇帝提出可接受的条件，然后于灾难发生前体面地撤退。大维齐素来德高望重。他的很多听众对之前土耳其舰队对抗基督徒的拙劣表现记忆犹新，一想到强大的意大利海军正在向他们逼近，不禁战栗起来。苏丹毕竟只是个 21 岁的年轻人，他是否因为年轻气盛、鲁莽冲动，而令自己的高贵血统蒙羞了呢？

第二个发言的是扎加诺斯帕夏。他素来与大维齐不睦，而且知道苏丹也不喜欢哈利勒。在发觉穆罕默德因哈利勒的讲话而露出愤怒绝望的表情后，扎加诺斯表示，他并不赞同大维齐的疑惧。欧洲列强内部分歧严重，无法联合起来对抗土耳其人；即使威尼斯舰队正在逼近——他并不相信这一点，其船只数量与兵员人数也远逊于土耳其大军。他谈到了预示基督教帝国的灭亡的种种征兆；他谈到了亚历山大大帝，后者同样年轻，并用更少的军队征服了半个世界。箭在弦上，岂有后退之理？许多年轻将领纷纷站起来支持扎加诺斯，巴什波祖克部队的指挥官尤其强烈地要求采取更有力的行动。[①]苏丹的精神振作起来了，这正是他想听到的话。他随即要求扎加诺斯走出营帐，到军队中去问问士兵们的想法。扎加诺斯很快带着他想要的答案回来了。他说，每个人都坚持认为应该立即发动进攻。苏丹随后宣布，一旦准备就绪，就立即发动进攻。

从这一刻起，哈利勒肯定知道自己的日子屈指可数了。他历来是基督徒友善的朋友，有着老派虔诚穆斯林的宽容，不像扎加

---

① 恐怕也是因为巴什波祖克这支非正规军主要靠劫掠获得军饷，如果不能攻下君士坦丁堡，其生计都成问题。

诺斯或马哈茂德这样的新得势的改宗者那么自命不凡。他是否曾收取希腊人的贿赂如今已无从考证，不过现在他的政敌含沙射影地暗示事情就是如此，苏丹也就乐于相信。[4]

城中的军民很快知晓了苏丹的这一决定——土耳其营地里的基督徒把描述会议信息的信件裹在箭上，射入了城墙内。[5]

整个周五和周六，对陆墙的轰击比以往任何时候都要猛烈，但炮弹造成的破坏仍然很快得到了修复。至周六晚，栅栏又像以前一样坚固了。不过在这天的整个晚上，人们发现土耳其一方灯火通明，士兵们忙着用运来的各种材料把护城河填实，并把大炮移到他们建造的平台上。星期天，土耳其人集中火力轰击中城墙前的栅栏。三发重磅炮弹击垮了其中一段。负责监督修复工程的朱斯提尼亚尼被一块弹片击中受了轻伤，在退至后方花费几个小时包扎处理伤口后，他于日落前又回到了岗位上。[6]

5月27日，同一天，苏丹骑马检阅了整支军队并宣布即将发起总攻的消息。随行的传令官则不时停下来告知众人，按照伊斯兰教传统，城破之后真主的战士可以在三天内自由地洗劫这座城市。苏丹以真主、穆圣、四千位先知、自己的父辈和后世子孙的名义起誓，君士坦丁堡城内的一切财富都将在军队中公平分配。这一番声明引发了阵阵欢呼。即使在城墙内，人们也能听见穆斯林军队在欢呼："万物非主，唯有真主；穆罕默德，是主使者。[①]"[7]

---

①　此为清真言（Shahada），是伊斯兰教的信仰基石，又称为作证词。清真言代表的是穆斯林的认主独一信念，并接受穆罕默德为真主的使者。清真言又称为"凯里麦"，即"美好的语言"。念诵清真言是穆斯林的五功当中最重要的一种，每日都必须诵读。非穆斯林若要信仰伊斯兰教则须公开诵读清真言，表示归信。什叶派穆斯林不把清真言视为五功中独立的一功，而是将它并入什叶派特有的信条（阿奇达）之中。

是日夜，与前一天晚上相同，土耳其营地灯火通明，成群结队的工人将越来越多的填充物倒入护城河，并把武器堆放了护城河的另一边。他们兴奋地工作着，又喊又唱，横笛、竖笛、战鼓与鲁特琴为他们彻夜伴奏。火光如此明亮，以至于有一瞬间守军甚至误以为奥斯曼人的军营失火了，他们急忙跑到城墙上去观看火灾。等到明白事情真相后，他们只得双膝跪地，开始祈祷起来。[8]

午夜时分，土耳其人的工作突然停顿下来，所有的火光都熄灭了。这是因为苏丹将周一定作休息日及忏悔日，以便士兵们能够为周二发起最后的攻击做好准备。而苏丹本人则将这一天用于检阅全军，并对部队下达各种指示。首先，在庞大卫队的簇拥下，他骑马走过金角湾上的浮桥，来到"双圆柱"，并召见了海军司令哈姆扎贝伊。哈姆扎被告知，明天他的船只必须在水栅对面散开，包围君士坦丁堡的整条马尔马拉海海岸。应该给士兵们准备攻城梯，在任何可能的情况下，无论是从船上还是小舟上，他们都要尝试登陆并爬上城墙，或者，如果这行不通，至少要不断地佯攻，使守军士兵都不敢离开阵地。当苏丹骑马回来向金角湾内的船只下达类似的命令时，他在佩拉的大门外停了下来，召来了佩拉的长官。他严厉地命令他们确保他们的公民第二天不会向君士坦丁堡提供任何帮助，如果他们胆敢违令，他将立即惩治他们。之后苏丹返回了自己的营帐，并于下午再次现身。在骑马走过整条陆墙战线时，他与军官们纷纷交谈，并向围坐在营地周围的士兵们发表了热情洋溢的演说。[9]当他看到一切都符合心意后，他把大臣和将领召集到他的营帐里并作了讲话。

苏丹的讲话被历史学家克里托布鲁斯（Critobulus）[①] 记录下来，他与许多拜占庭知识分子一样，深得修昔底德（Thucydides）的真传，喜欢让笔下的主人公说出他认为可能会和应该会说出的话。不过，虽然这些话出自这位历史学家之手，但依旧可供我们一窥苏丹必定会说的内容。苏丹提醒与会者君士坦丁堡仍然据有巨大的财富，一旦攻陷该城，将为众人带来丰厚的战利品。苏丹还提醒他们，几个世纪以来，夺取基督徒的这一首都一直是伊斯兰信徒的神圣职责，而圣传也预示了它的最终成功。苏丹表示，这座城市并非牢不可破，其守军人数不多，筋疲力尽，几乎弹尽粮绝，而且内部并不团结，而意大利人无疑不愿意为这块不属于自己的土地而死。明天，他宣布，他将派出一波又一波攻击梯队，直到守军因疲惫和绝望而屈服投降，方才停歇。他敦促自己的军

---

① 　克里托布鲁斯（希腊语为 *Μιχαήλ Κριτοβούλος*，亦可拼写为 Michael Kritovoulos，约 1410—约 1470 年），希腊政治家、历史学家。他出生于伊姆布罗斯岛的一个地主家庭，1450 年左右担任该岛行政首长及法官。克里托布鲁斯很早便意识到奥斯曼帝国对拜占庭的征服难以避免，故对土耳其人采取了亲善态度。君士坦丁堡陷落后，他推行与奥斯曼土耳其交好的政策，主动投诚，并促使了利姆诺斯岛与萨索斯（Thasos）岛的投降。1456 年，他被穆罕默德二世任命为伊姆布罗斯岛总督，直至 10 年后该岛被威尼斯夺取，他被迫流亡君士坦丁堡，并在该地去世。克里托布鲁斯共留下 5 部历史著作，时间涵盖 1451—1467 年，其中最重要的是关于"征服者"穆罕默德二世的历史著作（*History of Mehmed the Conqueror*）。虽然是希腊人，但他的著述却以土耳其人为焦点，尤其关注穆罕默德二世对君士坦丁堡的征服及随后对城市的重建。他的作品虽然对拜占庭的覆灭有所惋惜，但于苏丹却不吝溢美之词，甚至将后者称作"巴塞勒斯"（Basileus，拜占庭历史后期皇帝常用头衔），以示其对拜占庭帝国的合法继承。同期其余希腊相关史料多侧重于希腊方面的记载，而克里托布鲁斯的著作从另一侧面为这段历史提供了有益补充。今天，克里托布鲁斯的手稿仍收藏于伊斯坦布尔图书馆。参见：Alexander P. Kazhdan, ed. *The Oxford Dictionary of Byzantium*, p. 1159; Kritovoulos, *History of Mehmed the Conqueror*, Greenwood Press Reprint, 1970。

官们要表现出勇气并保持纪律。随后他命令众人各自返回营帐休息并静待攻击的信号，但几位主要将领则留下来接受他最后的指示。海军司令哈姆扎已经知道了分配给他的任务。扎加诺斯帕夏在分拨一部分人手支援海军进攻金角湾一带海墙后，将率领余部穿过浮桥，向布雷契耐区发起进攻。卡拉德贾帕夏列阵于他的右翼，直至查瑞休斯门。伊萨克与马哈茂德率领亚洲军团攻击从民用圣罗曼努斯之门至马尔马拉海的漫长地段，并集中火力攻击第三军用大门附近的地区。苏丹本人偕同哈利勒、萨鲁贾在莱卡斯河谷一带指挥主力部队攻击。部署完毕后，苏丹用了晚膳，随即进入了梦乡。[10]

整整一天，城墙外是一片异样的沉寂。甚至大炮也暂停了发射。城中有人宣称土耳其人正准备撤退，不过这种乐观的言论仅仅是给自己打气而已。每个人都心知肚明，事实上危急时刻已经到来了。在最后的这些日子里，希腊人、威尼斯人、热那亚人之间的争吵和相互指责显示了守军的紧张和疲惫。对希腊人和威尼斯人来说，佩拉的中立表明热那亚人是不可信任的。而威尼斯人的傲慢激怒了希腊人与热那亚人。威尼斯人在自己居留区的工坊里生产了不少木盾和护罩，当米诺托要求希腊工人将这些装备运到布雷契耐区的防线时，后者表示除非预先付钱，否则他们恕难从命——这并非像威尼斯人所相信的那样是出于贪婪，而是因为他们厌恶一个意大利人向自己发布如此草率的命令，也因为他们真的需要金钱与闲暇时间为自己饥饿的家人寻觅食物。威尼斯人极少拖家带口，至于热那亚人，他们的妇女儿童在佩拉区过着舒适的生活。意大利人从未意识到希腊人心里的压力，因为后者的妻子和孩子与他们的命运息息相关。有时还会出现战略上的分歧。

一旦知道总攻即将来临，朱斯提尼亚尼就要求大公卢卡斯·诺塔拉斯将他手中的几门火炮转移到中城墙一带，那里需要所有的大炮。诺塔拉斯拒绝了，他不无理由地认为，港口的城墙同样有遭到攻击的可能，而此处的守备已经够薄弱的了。两位贵绅甚至恶语相向，皇帝只好疲倦地出面干预。朱斯提尼亚尼似乎最后占据了上风。莱昂纳德大主教怀着对东正教会的仇恨，宣称希腊人由于嫉妒，生怕守城的功劳落在拉丁人身上，因此从一开始就郁郁寡欢、三心二意。他选择性忘记了在莱卡斯河谷作战的希腊人和意大利人一样多，他自己也承认，在战斗开始时，没有一个希腊人显得缺乏热情。[11]

在这个星期一，士兵和市民们知道危机即将到来之后，终于尽释前嫌。城墙上的士兵们继续修复受损工事的同时，一支庞大的队伍被组织起来了。与土耳其营地的寂静形成鲜明对比的是，君士坦丁堡城里响起了教堂的钟声和木锣声，信徒肩上扛着圣像、圣髑走过大街小巷，他们还特意在城墙受损最严重或遭到威胁最大的地方驻留片刻，以期得到天主的庇护。尾随的游行队伍中，无论是希腊人还是意大利人，东正教徒还是天主教徒，都同声高唱赞美诗，并一次又一次重复着恳求天主怜悯的祷词①。皇帝本人也在游行队伍中。游行结束后，他召集了他的希腊和意大利显贵、指挥官，向他们讲话。他的讲话被两位与会者记录下来，一位是皇帝的秘书弗兰泽斯，一位是米蒂利尼大主教莱昂纳德。他们各自以自己的方式记载这段演讲，并用学究气的典故和虔诚的警句为之添加了修辞色彩，而它本身多半是缺乏这些要素的。不过他

---

① 该祷词为著名的 kyrie eleison，或译为慈悲经，是希腊正教与天主教做弥撒常用起始语。

们的记载足以让我们了解其内容。君士坦丁告诉他的听众，总攻即将开始。他对他的希腊臣民说，一个人应该随时准备为他的信仰、国家、家庭或君主而牺牲。现在他的人民必须准备好为这四者而死了。他谈到了这座帝国首都昔日的荣耀与高贵传统。他谈到了异教苏丹背信弃义挑起了这场战事，妄图破坏真正的信仰，并用自己的伪先知取代基督。他敦促人们牢记他们乃是古希腊罗马先贤英烈之后，须无愧于列祖列宗。对他本人而言，他已经做好准备，为自己的信仰、城市和人民献出生命。接着皇帝转向意大利人，感谢他们做出的巨大贡献并表达了在接踵而至的战斗中对他们的信任。他恳求所有的人，不管是希腊人还是意大利人，不要畏惧敌人的惊人数量，也不要害怕用来吓唬他们的炮火和噪音——保持士气，保持勇敢和坚定！在上帝的眷顾下他们必将取得胜利。

在场的每一位与会者纷纷起身向皇帝表示他们将为他赴汤蹈火，万死不辞。君士坦丁则一一走到每个人身前，恳请他们的谅解——如果先前曾有冒犯的话。受皇帝感染，人们纷纷互相拥抱，就像壮士赴死前的表现一样。[12]

长日将尽。人们涌入圣索菲亚大教堂，已有整整五个月，由于认为受到拉丁人及叛教者玷污，虔诚的希腊人拒绝前往该教堂参加神圣的礼拜仪式。但在这个夜晚，这份痛苦结束了。除了守城将士，几乎所有市民都参加了这个绝望的代祷仪式。那些认为与罗马教会统一为不赦之罪的教士，此刻也走上祭坛，与他们的统一派教友共同主持仪式。而枢机主教也与从不承认其权威的东正教主教共处一室。所有的人都来做忏悔和领圣餐，而不在乎是东正教徒还是天主教徒主持的。金色的马赛克镶嵌画上有基督、圣徒及历代拜占庭皇帝、皇后的图像，在千盏烛火下熠熠生辉；在镶嵌画下面，身着华丽法衣的教士们最后一次伴随着仪式的庄严节奏移动。此时，此地，君士坦丁堡教会实现了统一。[13]

御前会议结束后，大臣与指挥官们骑马穿过城市，加入敬拜仪式之中。在忏悔和领受圣餐之后，他们便抱着不战胜便战死的决心奔赴各自的岗位。朱斯提尼亚尼与其希腊、意大利战友穿过内墙，来到外墙及栅栏的指定位置，身后的内墙大门随即奉命关闭，断了撤退的后路。[14]

傍晚时分，皇帝本人骑着他的阿拉伯牝马前往大教堂做了祷告，接着穿过夜幕笼罩的大街返回位于布雷契耐的皇宫，并召集家人相见。就像对待他的大臣们一样，他请求他们原谅他过去可能有过的不近人情之处，并向他们道别。临近午夜时分，在忠心耿耿的弗兰泽斯的陪同下，皇帝再次上马，沿着城墙走了一圈，看一切是否正常、内墙的大门是否已经关闭。在他们返回布雷契耐区的途中，皇帝于鞋匠区门附近下马，和弗兰泽斯共同登上布雷契耐区城墙最外侧拐角处的一座塔楼。在这里他们可以在黑暗中眺望左侧的中城墙与右侧的金角湾。城墙下土耳其人将大炮移过填实的护城河的声音清晰可闻。哨兵告诉他们，这些行动从日落时分就开始了。在远处，他们可以看到土耳其船只驶过金角湾时闪烁的火光。弗兰泽斯与主君共处了一个小时左右，随后君士坦丁让秘书离开了，他们此后再也未能重逢。决战开始了。[15]

第十章

君士坦丁堡陷落

5月28日，星期一下午，天气晴朗，阳光明媚。当太阳开始西下，阳光直刺守城者的双眸，令后者几乎失明。就在这时，土耳其军营开始了行动。成千上万的士兵完成了填充护城河的工作，其他人则开始移动大炮与其他攻城器械。日落后不久，天空乌云密布，下起了倾盆大雨，但这并没有妨碍土耳其人的工作，基督徒们束手无策。大约在凌晨一点半的时候，苏丹判断一切都准备好了，于是下令发起总攻。[1]

突如其来的噪声让人惊恐。沿着城墙一线，土耳其士兵喊着战斗口号，在军号、战鼓、横笛的驱策下如潮水般发起了攻势。基督教守军一直静静地等待着，但当塔楼上的哨兵发出警告后，城墙附近的教堂便敲响了大钟，全城教堂的大钟随后逐一响起，直到3英里外圣索菲亚大教堂的礼拜者们也知道战斗已经开始了。每一个到了战斗年龄的男子都回到了他的岗位；妇女，包括修女，都急忙跑到城墙上帮忙，她们搬来木石增强城防，搬来一桶桶的水给守军提神。老人与儿童从家里涌入教堂，相信圣徒与天使会保护他们。一些人去了他们的堂区教堂，其他人去了金角湾附近

的圣狄奥多西亚教堂（Church of Saint Theodosia）。周二恰好是她
的斋日，整座教堂被从附近花园和绿篱采来的玫瑰装点一新。她
肯定不会抛弃她的礼拜者。还有一些人回到了圣索菲亚大教堂，
因为有一则古老预言声称，即使有朝一日异教徒攻破城市进入这
座神圣的教堂，也会有天使显灵，手持明亮的宝剑将敌人打回地
狱。在黎明前的黑暗时刻里，会众们都在静静等待与祈祷。

城墙上的守军无暇祷告。苏丹精心地制订了他的计划。尽管
他对士兵们发表了贬低敌人的讲话，但过往经验告诉他需要尊重
对手。在这次攻击中，他计划在出动精锐之前先消耗、削弱敌人。
因此，苏丹首先派遣非正规军（即巴什波祖克）上阵。这支部队
有上万人，由不同国家、民族的冒险家构成，其中很多是土耳其
人，但更多的来自基督教国家，如斯拉夫人、匈牙利人、日耳曼
人、意大利人、甚至希腊人，为了苏丹给他们的报酬和允诺的战
利品，他们不惜与基督徒同胞为敌。他们大多数人都自带武器，
包括各式各样的弯刀、投石器、弓和几支火绳枪[①]，不过为了这次
进攻他们被分发了大量攻城梯。他们是一支不可靠的部队，首次

---

① 此处史蒂文原文所用词语为 arquebus，实际上，英语中该词的来源是
德语词 hakenbüchse，原意为"带钩子的管子"，这是由于早期火枪为了减
缓后坐力，经常加上钩子（可抓住城墙或掩体）以增强固定性，15 世纪
时又逐步用挂肩托架取代了钩子。此时的火枪为火门式，并没有用到火
绳（matchlock），直到 15 世纪中期，真正意义上的火绳枪才走上历史舞
台，但它与其前身共用 Arquebus 这一称呼。1440—1443 年与匈牙利作战
之后，土耳其军才开始装备火绳枪，1453 年君士坦丁堡战役期间，与早
期手铳、手炮相比，它属于新式武器，装备数量并不多。参见：Jean-Denis
G. G. Lepage, *Medieval Armies and Weapons in Western Europe*, McFarland &
Company, 2005, pp. 255-258; David Nicolle, *The Janissaries*, Osprey Publishing,
1995, pp. 21-22; Gábor Ágoston, *Guns for the Sultan: Military Power and the
Weapons Industry in the Ottoman Empire*, Cambridge University Press, 2005, pp.
16-25。

冲锋时往往表现出色，但如果不能立刻取得成功，就很容易气馁。穆罕默德知道这个弱点，于是在他们后面安排了一支装备皮鞭与锤矛的督战队，其任务是督促他们向前并严惩有动摇迹象的士兵。在督战队的后面是苏丹自己的新军部队。如果有个别受惊的巴什波祖克闯过了督战队的队伍，新军士兵就会用弯刀将其砍倒。

巴什波祖克发起了全线攻击，但只有莱卡斯河谷一带的城墙受到了猛烈的打击。其他地段的城墙依然十分坚固，对此处的攻击的主要目的是分散守军的注意力，使其不能增援要害地区。战斗异常惨烈。巴什波祖克面临着装备更精良、更训练有素的对手，而且他们还受到自己庞大数量的拖累。他们总是互相妨碍。守军的投石一次就可以让巴什波祖克蒙受大量伤亡。虽然有些士兵试图逃脱，但大部分依然坚持进攻，将攻城梯固定在城墙和栅栏上并爬了上去，结果还没爬到墙顶就被砍倒了。朱斯提尼亚尼与其希腊、意大利部下得到了城里能找到的所有火器的支援。皇帝也亲临前线鼓舞士气。经过近两个小时的苦战，穆罕默德命令巴什波祖克撤退。他们被遏制和击退了，但其削弱守军的目的已然达到了。

一些基督教士兵希望这不过是一次孤立的夜袭，旨在测试他们的实力，他们全都渴望获得喘息之机。但他们没有得到这个机会。在土耳其人发起第二次攻击前，他们几乎没有时间重整战线，更换栅栏上的木梁及盛土木桶。通过特有的军装与胸甲，人们很容易就能辨认出此次发动进攻的是伊萨克帕夏的安纳托利亚土耳其人军团，他们从民用圣罗曼努斯之门外的山上涌下来进入河谷，转过身来面对中城墙的栅栏。附近的教堂再次响起报警的钟声，但当乌尔班大炮和其他火炮开始重新砰砰地猛击城墙后，钟声就被轰鸣声淹没了。短短几分钟内，安纳托利亚人就冲上前发起了攻城战。与巴什波祖克这样的非正规军不同，他们装备精良、纪律严明，而且都是虔诚的穆斯林，渴望获得第一个进入这座基督教城市的荣耀。在军号手和横笛手吹响的狂暴的军乐声中，他们冲向栅栏，踩着彼此的肩膀努力把攻城梯固定在栅栏上，并试图向墙头杀出一条血路。乌云遮月，火光昏暗，很难看清发生了什么。安纳托利亚人与之前的巴什波祖克一样，由于人数众多，在这条狭小的战线上处于不利地位。当守军向他们扔石头、推倒他们的攻城梯或与他们肉搏时，他们的纪律与坚韧只会使他们损失更大。大约在拂晓前一个小时，第二次进攻开始动摇，但此时一发乌尔班大炮的炮弹准确命中了栅栏，并把好几码长的一段击垮了。碎石和泥土冲上了天，扬起了一片尘土，火药产生的黑烟也阻碍了守军的视线。一支约 300 人的安纳托利亚部队冲向了这个新形成的缺口，并高呼城市是他们的了。但是，在皇帝的带领下，基督教士兵包围了他们并歼其大部，剩余的残兵不得不退回护城河。这次失利挫败了安纳托利亚军团，进攻被取消了，他们也退回了自己的阵地。在胜利的欢呼中，守军又一次开始修复栅栏。

土耳其人在其他地段也没有取得更大的成功。沿着陆墙的南段，伊萨克持续施压以阻止守军驰援莱卡斯河谷，但是，由于他的精锐部队已前往那里作战，他无法发起猛攻。在马尔马拉海一带，哈姆扎贝伊的舰队甚至难以靠近海岸，他能派出的几支登陆小队很容易就被负责防守此处的修士或奥尔汗王子及其追随者击退了。整个金角湾沿岸的舰队只是摆出佯攻的姿态，并不真的想要发起攻击。布雷契耐区附近的战斗比较激烈。在港口旁边的低地上，扎加诺斯用浮桥运过来的军队持续发起进攻，而卡拉德贾帕夏的部队也在山坡上的高处发起攻势。不过米诺托及其威尼斯战友抵住了扎加诺斯的攻势，博基阿尔多兄弟则抵住了卡拉德贾。

据说，苏丹对安纳托利亚军团的失败暴怒不已。不过，他很可能就是想让他们像之前的非正规军一样消耗敌人，而不希望他们能够破城而入。苏丹允诺给第一个突破栅栏的士兵一大笔赏金，但他希望此项殊荣由他最喜欢的军团——新军——的某个成员获得。现在是他们投入战斗的时候了。苏丹心里是焦虑的，因为如果新军也失败了，就几乎不可能继续围城了。穆罕默德迅速下达了攻击令。基督徒们还没有来得及恢复精力并对栅栏做几次粗略的修理，流矢、标枪、石弹和子弹就像雨点一样落在了他们身上。在这一番射击后，土耳其新军以最快的速度前进，他们没有像巴什波祖克或安纳托利亚军团那样杂乱地冲锋，而是保持着整齐的队伍，没有被敌人的投射物击溃。为他们助威的军乐是如此响亮，以至于透过隆隆的炮声，在博斯普鲁斯海峡对岸都能听到。穆罕默德二世亲自率领他们来到护城河前，并在他们经过身边时大声予以鼓励。精力充沛、仪容华贵、身穿坚固盔甲的新军士兵一波又一波冲向栅栏，扯下其上的盛土木桶，砍断支撑它的木梁，并把他们的梯子架在栅栏不会垮塌的地方，每一波都不慌不忙地为后继者让出位置。基督徒已经筋疲力尽了，在超过 4 个小时的战斗中，他们只有几分钟的喘息时间，但他们仍拼命地战斗着，因为他们知道，一旦松懈就会万劫不复。在他们身后的城中，教堂的钟声再度响起，市民们的祈祷声连成一片，响彻云霄。

现在，栅栏附近的战斗发展到白刃战。在将近一个小时的时间里，新军没有取得任何进展。基督徒们开始认为，对方的攻势已经有所减弱。只可惜命运弄人。在布雷契耐城墙的拐角处，就在它与双层狄奥多西城墙相连的地方前面，有一个被塔楼半掩的暗门，称作科克波塔。它在许多年前就已经关闭了，但老人们还记得它。就在围城开始前，为了方便突击敌军侧翼，科克波塔门被重新开启。战斗中，博基阿尔多兄弟及其部下有效地利用了它来对付卡拉德贾帕夏的军队。但现在，有的人在出击后回来时忘了把小门关上。一些土耳其人注意到了这个入口，就从此门冲进了门后的院子，顺着楼梯开始向城墙顶端进发。就在门外的基督徒看到了发生的一切，纷纷回身夺回了科克波塔门的控制权，并阻止其他土耳其人通过。在一片混乱中，大约有 50 名土耳其人被留在了墙内，如果不是当时发生了更严重的灾难，他们很可能会被围歼。①

　　就在日出之前，一发近距离射出的手铳子弹击中了朱斯提尼亚尼并穿透了他的胸甲。由于流了大量的血及明显的剧痛，他恳求部下们将他带离战场。其中一名部下奔向在附近作战的皇帝，向他要一扇通往内墙的小门的钥匙。君士坦丁闻讯急忙赶到朱斯提尼亚尼身边，希望他不要放弃战斗。但后者的神经已然崩溃，坚持要退下战场。门被打开了，他的卫兵护送他进了城，穿过街道来到港口，把他安置在一艘热那亚船只上。他的部队注意到了主将的撤离。其中的一些人或许认为朱斯提尼亚尼撤退只是为了保卫内墙，但大多数人认定大势已去。有人高喊：土耳其人已经突破城墙了！在小门关闭前，热那亚人从这里仓促逃走，只留下皇帝与他的希腊士兵孤军奋战。

　　苏丹从护城河对岸注意到了这阵惊慌，他喊道："这座城市已

---

① 是否存在科克波塔门及这一段插曲，史学界还有争论。

经是我们的了!"他命令新军再次发起冲锋,并召唤由一位名叫哈桑(Hasan)的巨人率领的连队投入战斗。哈桑从残破的栅栏上劈开一条血路,向着成为首个入城者的奖赏奔去,大约30名新军士兵紧随其后。希腊人给予了反击。哈桑本人被一块投石击中,倒地阵亡,大约17名同袍也一并战死。不过剩余的士兵守住了他们在栅栏上的阵地,并且不断得到涌来的新军支援。希腊人顽强抵抗,但敌军的庞大数量迫使他们退往内墙。内墙前有一条沟,某些地方被挖掘得很深,以便获得加固栅栏的泥土。很多撤退的希腊士兵被迫掉入这些无法轻易爬出来的土坑之中,身后高耸的内墙也显得遥不可及。已登上外墙栅栏的土耳其军居高临下,开火射击,这不啻一场对希腊人的屠杀。很快,大量新军抵达内墙,未经抵抗便攀爬而上。突然,有人抬起头来看到科克波塔上方的塔楼上飘扬着土耳其人的旗帜,于是欢呼声响起:"城市已被攻占了!"

当皇帝正在劝说朱斯提尼亚尼时,被告知土耳其军突破了科克波塔门,他立即骑马赶赴那里。不过一切都太迟了。恐慌已经在那里的一些热那亚人中蔓延,混乱之下,门已经无法关闭。土耳其士兵蜂拥而至,博基阿尔多兄弟手下兵力不足,难以将其击退。君士坦丁调转马头,飞奔回莱卡斯河谷中栅栏的缺口处,身边仅余三骑,分别是自称皇帝表亲的英勇的西班牙人托莱多的唐·弗朗西斯科,皇帝的亲堂兄弟狄奥菲鲁斯·帕列奥列格,以及忠心耿耿的战友约翰·达尔马塔(John Dalmata)。他们一起试图将希腊人集结起来,但徒劳无功;屠杀太惨烈了。他们下马并一度守了朱斯提尼亚尼撤走的那道小门几分钟,但现在防线已被攻破了。门被试图逃跑的基督徒士兵堵住了,越来越多的新军士兵从身后向他们扑来。狄奥菲鲁斯高喊道：与其苟且偷生，毋宁以死殉国！随即他便消失在人潮之中。君士坦丁自己现在也知道，他的帝国已然覆灭，而他也不愿苟活于世。他扔掉自己的皇家标识，与仍在身边的弗朗西斯科、达尔马塔一道，追随狄奥菲鲁斯而去。这是皇帝最后一次露面。[2]

街道上回荡着城市已经失陷的呼声。从金角湾及其海岸，基督徒与土耳其人都可以看到布雷契耐区高塔上飘扬着的土耳其人的旗帜，而就在仅仅几分钟之前，拜占庭双头鹰旗帜与圣马可飞狮旗帜[①]还在这里飘扬。各处的抵抗依旧持续了一段时间。在科克波塔门附近的城墙上，博基阿尔多兄弟率部继续战斗，但很快他们就意识到已经无力回天了，于是从敌军中杀出一条血路奔向金角湾。三兄弟中的保罗被俘并被杀害了，不过安东尼奥与特罗伊洛登上了一条热那亚小船，成功地避开了土耳其船只的注意，安全抵达了佩拉区。在他们的侧翼，布雷契耐皇宫一带，米诺托及其威尼斯部下被重重包围。许多人阵亡，而威尼斯大使本人与他手下的显贵们则沦为阶下囚。[3]

土耳其全军都收到了破城的信号。金角湾的土耳其船只急忙派员登陆海滩，攻打海墙。除了在美丽门（Horaia Gate），他们几乎没有遇到抵抗。而在这座城门，两艘克里特船只的海员凭借三座塔楼殊死抵抗，拒绝投降。在其他地方，希腊人纷纷逃回家里，希望能保护自己的家人，而威尼斯人则登上了他们自己的船只。不久，一支土耳其部队强行通过了普拉蒂亚（Plataea）门，这道门位于至今仍被庞大的瓦伦斯水道桥占据的山谷的底部，另一支

---

① 圣马可飞狮是威尼斯国旗上的图案。

则通过了美丽门。这两支部队都派出了分遣队，沿着城墙为在外面等候的战友们打开了其他大门。附近的渔民发现大势已去，便主动打开了佩崔恩门（Gate of Petrion），以换取土耳其人不侵犯他们家园的许诺。[4]

在莱卡斯河谷以南的陆墙沿线，基督徒击退了土耳其人所有的攻击。叮是现在，一群又一群的敌军正从栅栏上的缺口入城，并向两边散开，打开了所有城门。在城墙上作战的士兵们发现自己被包围了。在企图逃生的过程中，很多人被杀死了，不过多数的指挥官，如威尼斯人菲利波·孔塔里尼及德米特里·坎塔库泽努斯，均被生俘。[5]

在马尔马拉海海岸附近，哈姆扎贝伊的舰队同样看到了信号，于是他派出了登陆队攻打城墙。在斯塔迪昂区及萨马提亚区，为了避免住所与教堂遭到劫掠，守军望风而降，土耳其军因此未遇抵抗。[6]但在他们的左翼，土耳其王子奥尔汗及其部属深谙倘若落入苏丹手中会有何下场，于是继续战斗；[7]驻扎在旧皇宫的加泰罗尼亚部队也坚持反抗，直至全部被俘虏或杀害。[8]负责守卫阿克罗波利斯角的枢机主教伊西多尔发现情势危急，需要放弃职守以自保了，于是他乔装打扮，企图逃跑。[9]

虽然苏丹依然控制着部分军队作为其卫队或宪兵队，但多数将士已经迫不及待地开始抢劫了。水兵们由于担心陆军抢在他们前头，显得尤为急不可耐。由于认为水栅能阻止基督教船只逃出港口，可留待空闲之时再来捕获，于是他们弃船上岸了。他们的贪婪救了许多基督徒的命。虽然包括特雷维萨诺在内的一些希腊、意大利海员在逃离城墙之前就被俘获了，其他人却未受土耳其人阻止，加入了留在船上的那些骨干船员，并做好了战斗准备。其他人则在船起航前爬了上去，或者像佛罗伦萨人泰塔尔迪（Tetaldi）那样游到船上。在目睹城市沦陷后，舰队指挥官阿尔维索·迪耶多乘坐一艘小船前往佩拉，询问那里的热那亚当局，他们是打算劝说热那亚同胞留在港口战斗，还是向远海进发。他承诺，无论他们做出何种决定，他的威尼斯船只都会配合。佩拉市政官则建议说不妨派出一名特使面见苏丹，让后者在任由所有基督教船只离去与冒险和威尼斯、热那亚开战之间做出选择。在这种时刻，这个建议基本行不通，与此同时，市政官已经锁上了佩拉的所有城门，迪耶多和跟随他的日记作者巴尔巴罗也无法回到他的船上了。但是，停泊在佩拉城墙下的船只上的热那亚水手们表示，他们打算乘船离去，并希望得到威尼斯人的支持。在他们的坚持下，迪耶多获准乘坐他的单桅帆船离开。他径直朝仍然关着的水栅驶去。两名迪耶多麾下的水手用斧头砍断了将水栅一端绑在佩拉城墙上的皮绳，水栅随着木浮筒漂走了。在向港湾的船只发出跟随的信号后，迪耶多驶过了这个缺口。7艘来自佩拉的热那亚船只紧随其后，很快，大部分威尼斯战船、4至5艘拜占庭加莱桨帆船以及1到2艘热那亚战船也加入进来。他们尽可能地多停留片刻，以便接应那些游向他们的难民，随后整支船队通过水栅，并在博斯普鲁斯海峡入口停留了一个小时左右，看还有没有船只能逃出来。然后，它们顺着强劲的北风，南下马尔马拉海，穿过达达尼尔海峡，获得了自由。[10]

　　哈姆扎贝伊手下的许多水手都已经弃船进城，赶去劫掠，因此他无力阻止迪耶多的船队逃跑。他带着那些还有水手的船绕过打开缺口的水栅，进入金角湾。他把剩下的船只——四五艘拜占庭加莱桨帆船、两三艘热那亚加莱桨帆船以及所有的威尼斯非武装商船——困在了港口里。它们中的大多数由于收留了过多的难民而严重超载，无法出航。一些小船依旧企图设法溜向佩拉区，但在光天化日之下要躲过土耳其人已经不再容易。到了中午，整个港湾区都已经被征服者掌控了。[11]

城里还有一小股抵抗力量。在金角湾入口处，克里特水手们仍然坚守着三座塔楼，无法被驱逐。到下午早些时候，他们发觉自己已然完全孤立，终于不情愿地向土耳其军官投降了，条件是他们的生命与财产须得到保障。他们的两条船先前被拖上了岸，停在塔楼下面。由于赢得了土耳其人的敬佩，他们没有受到任何阻挠，把船拖下了水并驶向克里特岛。[12]

早在好几个小时前，苏丹穆罕默德就知道这座伟大的城市是他的了。黎明时分，他的部下便突破了栅栏，不久，当残月依然高高地挂在天空时，穆罕默德亲自来视察他们的突破口。[13]不过他一直等到下午，在最初的屠杀与劫掠得到控制后，方才举行盛大的入城式。与此同时，他返回自己的营帐，接见了惊恐市民的代表团及佩拉总督本人。[14]苏丹也急于知晓拜占庭皇帝的下落，但没有人清楚知道。后来在黎凡特的意大利殖民地流传着这样一个故事：两名土耳其士兵自称杀死了君士坦丁并向苏丹献上首级，后者的身份得到了被俘的拜占庭大臣的确认。穆罕默德将首级挂在奥古斯塔广场①的圆柱上示众了一段时间，然后把它填充起来，

①　朗西曼原文将奥古斯塔广场拼为 Augustean，但译者手中历史地图、工具书及相关专著中均无该广场名。盐野七生、罗杰·克劳利、米贾托维奇等学者在其作品中相关部分只提到皇帝首级被示众于圣索菲亚大教堂及旧皇宫附近的石柱。英国拜占庭学家唐纳德·妮科尔则明确指出为 Augustaion 广场的石柱。经译者进一步查询亚历山大·卡日丹（接下页）

并送往伊斯兰世界各王廷展示。目睹了这座城市沦陷的作家们讲述了不同的故事，巴尔巴罗报告说，有人声称在一堆尸骸中看到了皇帝的尸体，而另一些人坚持说皇帝的尸体从来没有被找到过。

（接上页）《牛津拜占庭辞典》、艾弗尔·卡梅伦《8世纪早期的君士坦丁堡》、帕斯帕特斯《君士坦丁堡大皇宫》及米林根《拜占庭君士坦丁堡：城墙及周边古迹》等资料，发现位于君士坦丁堡圣索菲亚大教堂及旧皇宫附近，仅有一座广场，且广场内曾经矗立着石柱，而该广场名为 Augustaion。综上所述，译者认为此处地名正确拼写应为 Augustaion，即奥古斯塔广场（希腊语：Αὐγουσταῖον，拉丁语：Augustaeum）。具体考证过程，参见：马千，《〈1453，君士坦丁堡的陷落〉一处地名错误》，《理论观察》2013年第三期，108—111页。奥古斯塔广场是古代和中世纪君士坦丁堡一个重要的典礼广场，约相当于现代的圣索菲亚广场（土耳其语：Ayasofya Meydanı）。它原为公众市集，6世纪时被改造成一个由柱廊环绕的封闭庭院，作为拜占庭帝国首都一些最重要的建筑之间的联系空间。广场一直幸存到拜占庭帝国晚期，后来成为废墟，直到16世纪初仍可看见其痕迹。"奥古斯塔广场"系得名于广场上的一根斑岩纪念柱，柱顶是君士坦丁大帝母亲海伦娜太后的雕像，她的称号为奥古斯塔（即奥古斯都的阴性形式）。这座广场的一大特色为各式纪念石柱，除了海伦娜石柱，君士坦丁、狄奥多西、查士丁尼等皇帝也纷纷为自己或亲属建立塑像石柱，不过在16世纪后被奥斯曼帝国拆除，今天仅余部分底座。但对于君士坦丁十一世之死及其头颅是否被置于该广场示众，至今史学界仍众说纷纭，未有定论。有关君士坦丁最终结局的各种说法，译者推荐读者查阅英国拜占庭学家唐纳德·妮科尔1992年的专著《不朽的皇帝》，该书用整整一章的篇幅详细论述了皇帝的死亡，记载版本多达数十种。参见：Donald Nicol, *The Immortal Emperor: The Life and Legend of Constantine Palaiologos, Last Emperor of the Romans*, New York: Cambridge University Press, 1992; Roger Crowley, *1453: The Holy War for Constantinople and the Clash of Islam and the West*, New York: Hyperion, 2006, p. 229; Cedomilj Mijatovic, *Constantine, the last emperor of the Greeks; or, The conquest of Constantinople by the Turks*, London: S. Low, Marston & company limited, 1892, p. 229; Alexander P. Kazhdan, ed. *The Oxford Dictionary of Byzantium*, p. 232, p. 1330; Averil Cameron, Judith Herrin, *Constantinople in the Early Eighth Century: The Parastaseis Syntomoi Chronikai*, New York: Brill Academic Pub, 1984, p. 13; Alexander Van Millingen, *Byzantine Constantinople: The Walls of the City and Adjoining Historical Sites*, p.18; A. G. Paspates, *The Great Palace of Constantinople*, trans. William Metcalfe, Whitefish: Kessinger Publishing, 2004, pp. 66–67.

佛罗伦萨人泰塔尔迪的记载同样写道，有人说皇帝被砍了首级，也有人说他被击倒在地后死在了城门附近。他补充说，这两种说法都有可能是真实的，因为皇帝肯定是死于乱军之中，而土耳其人斩下了大多数尸体的首级。皇帝忠实的朋友弗兰泽斯试图了解更多的细节，但他仅仅得知，当苏丹派人寻找皇帝尸体时，人们清洗了许多尸体和头颅，希望能认出后者。最后发现一具尸体的袜子及胫甲上有双头鹰的图案，于是它便被假定为君士坦丁的遗骸，苏丹将它转交给希腊人安葬。但弗兰泽斯自己并没有看到，有点儿拿不准这具遗骸是不是他主人的，他也不知道它埋在哪里。在后来的几个世纪里，一座位于韦法（Vefa）区的无名冢被认作皇帝的葬身之地展示给虔诚的信徒，但它的真实性从未得到证实，今天已被忽视与遗忘。[15]

　　无论细节如何，皇帝的死都让穆罕默德感到满意。他现在不仅是土耳其苏丹，而且是古罗马帝国的继承人和据有者了。

第十一章

战败者的命运

自第一位伟大圣战者奥马尔（Umar ibn al-Khattāb/Caliph Omar）① 哈里发以来，伊斯兰传统就规定了应如何妥善处理被征服的民族。如果一座城市或一个地区主动向征服者投诚，它就不会遭到劫掠，尽管可能要缴纳一定的赔偿金，它的基督徒或犹太居民可以保留自己的礼拜场所，但这些建筑物本身要遵守某些规定。即使防守者是在走投无路的情况下被迫投降的，这条规则依然有效，只不过征服者现在可以坚决提出更严苛的条件，征收更重的罚金，并要求惩罚顽固抵抗的敌人。但如果一座城市是被攻陷的，其市民就毫无权利可言。征服者的军队被允许在三天内不受限制地抢掠，宗教建筑与其他建筑一样，都会沦为征服者的战利品，

① 奥马尔·伊本·哈塔卜，伊斯兰教历史上第二任哈里发（634—644年），亦为先知穆罕默德最著名的拥护者和战友之一。在他统治时期，阿拉伯人征服了美索不达米亚、波斯，并从拜占庭帝国手中夺取了埃及、巴勒斯坦（包括圣城耶路撒冷）、北非和亚美尼亚。奥马尔为人宽厚，对不同宗教、民族较为宽容，但他却于644年被一名波斯奴隶刺杀。关于他的赫赫战功，可参见：Fred McGraw Donner, *The Early Islamic Conquests*, Princeton University Press, 1981。

而后者可以随心所欲地处置它们。

　　苏丹穆罕默德早先向他的士兵们许诺，他们有权享受三天的掠夺。于是他们便蜂拥入城。在第一支部队攻破城墙后，苏丹坚持必须恢复一定的纪律。军乐不绝，彩旗飘扬，各部队一个接一个有序地进城了。然而一旦进入城市，他们就变成了疯狂搜寻战利品的野兽。起初他们并不相信抵抗已经停止了，[①] 于是他们不加区别地杀死在街上遇到的每一个人，无论男女老少。鲜血像河流一样沿着陡峭的街道从佩特拉高地流向金角湾。但很快，屠杀的欲望得到了抑制。士兵们意识到，俘虏与珍贵的物品，而非尸体，能给他们带来更大的利益。[1]

　　那些突破栅栏或科克波塔门的士兵们，有许多人转身去洗劫布雷契耐区的皇宫。他们制服了威尼斯守军，开始抢夺皇宫里所有的珍宝。他们将镶有宝石的封面和画框剥下后，便将书籍与圣像付之一炬，并凿下墙壁上的马赛克或大理石。其他人则去了城墙附近那些规模不大但富丽堂皇的教堂，如查瑞休斯门旁边的圣乔治教堂、佩特拉区的圣约翰教堂，以及美丽的科拉教堂[②]，他们夺走了教堂的金属餐具、法衣以及一切可劫掠之物。在科拉教堂，土耳其人放过了马赛克镶嵌画及壁画，却破坏了整个拜占庭最神圣的圣母像《指路圣母》，据说它是使徒圣

---

① 土耳其人高估了守军数量，认为市区内可能还埋伏着一支大军。

② 全名为"科拉神圣救主教堂"（Church of Holy Saviour in Chora），通常认为始建于公元 4 世纪。帕列奥列格王朝时期，科拉教堂拥有大量藏书，成为帝国最重要的图书馆之一，并吸引了许多学者（如卜列东）慕名而来。同时，它也是拜占庭最美丽的教堂之一，内部有大量精美马赛克镶嵌画和壁画。16 世纪后被奥斯曼帝国苏丹巴耶济德二世改为清真寺，1948 年后成为卡里耶博物馆（土耳其语 Kariye Müzesi）。参见：Alexander P. Kazhdan, ed. *The Oxford Dictionary of Byzantium*, pp. 428–429。

路加亲手画的。它是在围城之初从皇宫旁边的教堂搬到这里来的，以便让它激励附近城墙上的守军。但它被人从它的位置上取了下来，并被劈成了四块。士兵们继续向前冲去，有的闯入了附近的民居，有的则奔向巴扎（市场）及位于城区东部高地的宏伟建筑。[2]

从金角湾弃船登陆的水手们已经从普拉蒂亚门进入市区，正在沿着城墙将货栈席卷一空。不久，他们中的一些人遇到了一群准备前往圣狄奥多西亚教堂祈求保佑的可怜的妇女（5月29日正好是圣狄奥多西亚的节日），就围捕了她们，这些围捕者把她们当作战利品分配了。他们接着来到用玫瑰装扮的教堂，将它洗劫一空，教堂里的礼拜者也被掠为奴隶。[3]另一些人爬上了山丘，与自陆墙而来的士兵会合，前去洗劫由三个部分组成的全能者基督教堂（Church of the Pantocrator）及其附属的修道建筑，以及邻近的全视者基督教堂（Church of the Pantepoptes）。[4]还有一些从美丽门入城的土耳其人在暂停了对巴扎区的劫掠后，爬上了朝向大竞技场及卫城区的山丘。与此同时，从马尔马拉海登陆的水手们已经穿过了旧皇宫。虽然它的殿宇已经破败，但附近仍有一些宏伟的教堂，如瓦西里一世（Basil I）在将近五个世纪前兴建的"新大殿"，它们全都被洗劫一空。接下来，来自两支舰队的海员与首批入城的陆军在拜占庭最宏伟的教堂圣索菲亚大教堂碰头了。[5]

教堂里仍然挤满了人。圣礼（Holy Liturgy）结束了，人们开始唱晨祷（matins）。在教堂外的一片骚动声中，这座建筑巨大的青铜大门被关了起来。门内的会众祈祷奇迹的出现，只有奇迹能拯救他们。但他们的祈祷是徒劳的。没过多久，大门就被撞倒了，信徒们被困住了。一些年老体弱的人当场惨遭屠戮，但大多数人都被捆绑或拴在一起。妇女们的面纱和披巾被扯下来当绳子用，而许多可爱的少女和青年，以及许多衣着华丽的贵族则成了土耳其士兵激烈争夺的战利品，在撕扯中几乎丧命。很快，俘虏们被不分男女地胡乱分成小组，紧紧地绑在了一起，排成了长长的一串，被拖拽着走向奥斯曼人的营地，在那里，又少不了一场分赃的争斗。教士们继续在祭台上唱诵经文，直到他们自己也被捆走。一些虔诚的信徒相信，在最后一刻，他们中的一些人抓起了最神圣的圣器，消失在教堂的南墙中。那堵墙为他们打开，又在他们身后关闭，直到这座神圣的建筑有一天再次变成一座教堂时，他们才会重现于世。[6]

洗劫持续了一整天。土耳其士兵闯入男女修道院，围捕里面的人。一些年轻的修女宁愿殉道也不愿受辱，就跳下竖井自杀了。但多数修士及年长的修女现在都遵从了东正教古老的被动传统，丝毫也没有反抗。私宅也遭到了系统的劫掠，每支洗劫队伍在抢光一座住宅后，都会在门前插一面小旗，以便提醒同僚。居民连同他们的财产被一道掠走。凡因虚弱而昏倒的人，连同许多被认为是无用的婴孩都惨遭屠杀，但总的来说，现在土耳其士兵不再无度地滥杀了。城市里仍有一些大型图书馆，有些是世俗的，更多的附属于修道院。大部分图书被付之一炬，但也有精明的土耳其人看出它们具有市场价值，于是保留了其中一部分，日后以几便士的价格将它们卖给可能感兴趣的人。教堂里不断上演着亵渎神灵的场面。许多镶有珠宝的十字架苦像被运走，上面随意盖着土耳其人的头巾。许多建筑遭到了无法挽回的破坏。[7]

到了傍晚，已经没有什么可以掠夺的了。当苏丹宣布现在应该停止抢劫时，无人表示异议。在接下来的两天里，士兵们有足够的时间来分配战利品和清点俘虏。有传言说，土耳其人俘获了大约5万人，其中仅有500人是士兵。除了少数从海路逃走的，其余的基督徒士兵都阵亡了。包括在大屠杀中受害的平民，死亡人数据说有4000人①。[8]

苏丹本人于当天下午晚些时候入城。在精锐新军卫队及大臣们的陪同下，他策马缓缓穿过街道，向圣索菲亚大教堂走去。在教堂大门外，苏丹下了马，弯腰捧起一把泥土撒在自己的头巾上，以示对真主的敬意。随后他进入教堂，并默默驻足片刻。然后，当他走向祭坛时，他发现一名土耳其士兵正在试图从大理石地板上凿下一块来。穆罕默德愤怒地转身对这名士兵说，他允许洗劫城市，但并不包括破坏建筑。这些建筑是专属苏丹的。此刻还有几名希腊人蜷缩在角落里，土耳其人还没有把他们绑起来带走，苏丹下令让他们平安返家。接着，几名教士从祭台后的密道里走了出来，恳请苏丹宽恕。他们也在苏丹的保护下得以安全离开。不过，穆罕默德坚持要求将圣索菲亚大教堂立即改建为清真寺。他的一名乌理玛（ulema）爬上讲坛，宣布万物非主，唯有真主。苏丹本人也走上祭坛，向获胜的真主跪拜。[9]

离开大教堂后，苏丹骑马穿过奥古斯塔广场，走向旧皇宫。

---

① 平心而论，土耳其军入城后的举止，按那个年代的标准尚算"文明"。君士坦丁堡军民总计4000人的死亡数字并不算大。原本按照伊斯兰传统，顽抗到底的城市，城破后是不受保护的，而苏丹并不希望将这座历史名城破坏殆尽，故对士兵们的烧杀劫掠做了一定的节制。土耳其的表现固然达不到现代标准，但对比十字军攻陷耶路撒冷与蒙古军攻陷巴格达后的所作所为，拜占庭军民理应感到庆幸。朗西曼先生在著作中虽力求客观公正，但情感上难免略偏向希腊人，这一点在本章尤为明显，请读者留意。

当他穿过大半遭毁的大厅和长廊时，据说苏丹低吟起某位波斯诗人的诗句①："蜘蛛在恺撒的宫殿中织网，枭鸟在阿弗沙布的城堡上唱挽歌。"[10]

随着苏丹对整座城市的检阅，秩序得到了恢复。他的军队士兵对战利品心满意足，在宪兵的注视下各自返回了军营。于是苏丹也穿过平静的街道，回到自己的营帐。

第二日，苏丹下令将缴获的所有战利品摆在他面前，并从中选出了他作为指挥官有权分得的一份。他还给那些因恪尽职守而无法参与劫掠的士兵安排了适当的份额。他把被俘的拜占庭贵族成员和在屠杀中幸存下来的高级官员留给了自己，并立即释放了

---

① 阿弗沙布（Afrasiab），传说中的图兰国王，图兰人（根据《阿维斯塔》记载，图兰人为古波斯民族一支）的民族英雄。这两句诗歌在朗西曼原文中为：The spider weaves the curtains in the palace of the Caesars, the owl calls the watches in Afrasiab's towers。据译者考证，多部相关著作中也引用了类似诗句。如吉本在《罗马帝国衰亡史》中引用版本如下：The spider has wove his web in the Imperial palace; and the owl hath sung her watch-song on the towers of Afrasiab.（席代岳先生翻译的中文版处理为："蜘蛛结网昭阳殿，枭鸟哀鸣子夜歌。"）罗杰·克劳利与伯纳德·里维斯在各自的著作中引用了同一版本：The spider is curtain-bearer in the Palace of Chosroes, The owl sounds the relief in the castle of Afrasiyab。其共同的来源为土耳其历史学家、君士坦丁堡战役亲历者图桑贝伊（Tursun Bey）的编年史。考虑到它来自波斯古诗，译者以为罗杰·克劳利等人的英文版本更为贴切，在这个版本中，罗马化的"恺撒"一词被波斯化的 Chosroes（"库斯老"，波斯国王常用名，其中最显赫者为萨珊王朝最伟大国王库斯老一世，531—579年间在位）一词取代。不过译者在翻译过程中依然大体按照朗西曼原文翻译。相关文献参见：Edward Gibbon, *The History of the Decline and Fall of the Roman Empire*, vol. IV, New York: J&J Harper, 1826, p. 329; Roger Crowley, *1453: The Holy War for Constantinople and the Clash of Islam and the West*, p. 233; Bernard Lewis, *Istanbul and the civilization of the Ottoman Empire*, University of Oklahoma Press, 1972, p. 8; 爱德华·吉本，《罗马帝国衰亡史·第六卷》，席代岳译，吉林出版集团，2011年，374页；富勒，《西洋世界军事史·卷一》，456—457页。

大多数贵妇，赠予她们中的许多人金钱，使其能够赎回家人；但对于其中美貌的少男少女，他则纳入了自己的后宫。很多其他的年轻人也被释放，还被允许加入土耳其军队担任一定职务，条件是他们要放弃自己的宗教。一些人放弃了基督教，但大多数人宁可受罚，还是坚持信仰。在希腊人俘虏中穆罕默德还发现了位高权重的大公诺塔拉斯及其他9位皇帝的大臣。他亲自为他们支付了赎金，并慷慨地接待了他们，甚至释放了诺塔拉斯及另外两三位大臣。但还有很多拜占庭官员，包括皇帝的秘书弗兰泽斯，其身份未得到认定，一直被囚禁着。

他对意大利的俘虏却没有这样的怜悯。威尼斯大使米诺托及其子被处死，一同受难的还有他的另外7名身份显赫的同胞。其中包括卡塔里诺·孔塔里尼（Catarino Contarini），他已经从扎加诺斯帕夏的军队中被赎回，但又一次被捕，并被索要另一笔7000金币的赎金，他的朋友没有人能付得起这笔钱。加泰罗尼亚领事佩雷·胡利亚也和他的五六名加泰罗尼亚同胞一起被处决。莱昂纳德大主教也被俘虏了，但没有人认出他来，不久就被赶赴土耳其营地营救同胞的佩拉区热那亚商人赎走。枢机主教伊西多尔甚至更为幸运。他将自己的主教长袍与一名乞丐的破烂衣衫交换，乔装打扮之后，他可怜的替身被抓获并处死，头颅被当作枢机主教的头展示，而他自己则几乎是被白白送给了一位认出他的热那亚商人。土耳其王子奥尔汗也试图化装逃生，在换上借来的一套希腊修士服后，希望靠他精熟的希腊语蒙混过关，不料却遭到一名被俘同伴的揭发，当场就被斩首了。

负伤的朱斯提尼亚尼所乘的那艘热那亚加莱桨帆船是成功逃离金角湾的船只之一。他于希俄斯岛上岸，一两天后就死了。对他的部下而言，朱斯提尼亚尼仍不失为一名英雄，但希腊人和威尼斯人虽然敬重他在围城期间展现出来的干劲、英勇和领导能力，却认为他最终证明了自己是一个逃兵。他本应鼓起勇气面对伤痛与死亡，而不是冒着整个防御体系崩溃的风险逃跑。很多热那亚人甚至为他感到羞耻。莱昂纳德大主教严厉地指责他不该如此恐慌。

　　希腊俘虏们的命运则各不相同。在官方允许的为期三天的劫掠时间过去后，苏丹发布了一份公告，告诉那些逃过劫掠或被赎回的希腊人回到他们的家中，他们的生命和财产现在将不会受到打扰。但这样的希腊人并不多，许多他们的房子也不能住人了。据说，苏丹本人将 400 名希腊儿童作为礼物，送给当时三位重要的伊斯兰统治者——埃及苏丹、突尼斯国王及格拉纳达国王。[11] 许多希腊家庭再也未能团聚。在一首关于君士坦丁堡的挽歌中，诗人马修·卡马里欧特斯（Matthew Camariotes）讲述了他与朋友们绝望地寻找亲人的过程。他本人失去了儿子与兄弟，稍后他得知，其中几个被杀，而另外几个则失踪了，并且他耻辱地发现，他的侄子为了活命，居然放弃了自己的信仰。[12]

　　穆罕默德对还在世的拜占庭大臣展现的仁慈是短暂的。他曾说过要任命卢卡斯·诺塔拉斯担任这座被征服的城市的市长。即使他曾经真是这么想的，他也很快就改变了主意。苏丹的宽宏总是被怀疑削弱，而且他的顾问们警告他不要相信这位拜占庭大公。于是苏丹对诺塔拉斯的忠诚进行了一番测试。城破五日后，穆罕默德举行了一场宴会。酒酣之际，有人悄悄对他说，诺塔拉斯 14 岁的儿子长得特别漂亮。于是苏丹当即派遣一名宦官前往诺塔拉斯的宅第，要求后者将儿子送到宫中供苏丹享乐。

诺塔拉斯两个较长的儿子都在战斗中牺牲了，他拒绝让这个男孩遭此厄运。随后他与儿子、年轻的女婿（为拜占庭陆军司令安德罗尼库斯·坎塔库泽努斯之子）被逮捕并送到苏丹面前。当诺塔拉斯再次拒绝苏丹后，苏丹下令将大公与两个男孩当场斩首。诺塔拉斯最后的要求仅仅是先杀死两个年轻人，以免他们目睹自己被处死而发生动摇。等他们被处死后，大公也引颈就戮。第二天，其余 9 位大臣也被逮捕，并送上了断头台。据说事后苏丹也心生悔意，并惩罚了激起他疑心的顾问。但有可能这只不过是故作姿态而已，苏丹早就暗下决心，要铲除残留的拜占庭重要世俗官员。[13]

他们的女眷也再次沦为囚徒，并同其他俘虏一道，随苏丹的宫廷返回了阿德里安堡。诺塔拉斯的遗孀途中于麦西尼（Messene）附近的一个村庄病逝。她拥有皇室血统，在皇帝君士坦丁的母后逝世后，她事实上成为拜占庭最重要的女士，其仁慈与高贵甚至深得丈夫的政敌的敬重。[14] 她的一个女儿安娜已经带着家里的一些财宝逃到了意大利。[15]

弗兰泽斯对诺塔拉斯的敌意，即使在他们共同遭受这样的痛苦后也未能缓和，他对大公之死给出了极其无情和不真实的描述，然而类似的悲剧也在他身上发生了。他在苏丹的马夫家里做了 18 个月的奴隶，才得以赎回自己和妻子的自由。他的两个孩子（皇帝君士坦丁是他们的教父）被送入了苏丹后宫。年幼的女儿塔玛很快死去，儿子则因拒绝满足苏丹的欲望而被杀死。[16]

6 月 21 日，苏丹和他的宫廷离开新征服的城市，返回阿德里安堡。身后的君士坦丁堡已有一半变成了废墟，空荡荡的，渺无人烟，像被用火烧过一样发黑，而且寂静得出奇。凡士兵所到之处，留下的只是一片荒芜。教堂遭到劫掠和亵渎，民宅也不再适合居住，店铺毁坏严重，货仓空空如也。苏丹策马穿过大街小巷，目睹此情此景，也不禁潸然泪下。"我们竟然任由这座城市遭受洗劫和破坏！"他喃喃地说。

不过苏丹目光所至也并没有完全沦为废墟。中央高地一带的居民区、金角湾东半部的商业区、布雷契耐皇宫及周边贵族宅邸，还有卫城区及大竞技场附近的旧皇宫与教堂，都受到了不同程度的破坏。然而，尽管同时代悲恸的基督教作家们对洗劫的恐怖大书特书，我们依然奇怪而惊讶地发现，某些城区的教堂显然没有被破坏过。基督徒继续使用它们，没有中断。按照惯例，一座被武力攻取的城市是无权保留其圣所的。但如果我们看看君士坦丁堡当时的自然面貌，这个谜团也就可以得到解释了：在拜占庭的首都内，各城区与村庄之间隔着大片的空地，当人们得知土耳其人已经攻破城墙的消息后，某些城区的长官立刻精明地开门投降了。他们似乎带着城区城门的钥匙被护送至苏丹的营帐，苏丹接受了他们的投降，并派出可靠的宪兵保护归顺者的教堂，或许还有他们的住宅免遭洗劫。因此，佩崔恩一带的教堂由于该地的渔民自发打开了城门，连同毗邻的帕那（Phanar）区逃过一劫。靠近马尔马拉海的萨马提亚与斯塔迪昂，因其守军迅速向哈姆扎贝伊的舰队水兵投降，教堂同样得以幸免。毫无疑问，也是这些城区的居民能够筹集到资金，将许多其他不那么幸运的城区的同胞赎回来。如果不是因为免遭洗劫的缘故，他们是不可能为这些俘虏筹集到赎金的。[17]

更值得注意的是，城中第二大教堂，受尊敬程度仅次于圣索菲亚大教堂的圣使徒教堂在劫难中幸存了下来，其金库完好无损。

该教堂坐落于从查瑞休斯门出来的主干道旁，肯定有无数的土耳其士兵曾经从它前面路过。苏丹大概早已决定，既然他已经夺走了圣索菲亚大教堂，那就把圣使徒教堂留给基督徒，因此立即派卫兵来保护它。[18]

后来的苏丹们对基督徒就不那么宽容了，他们的教堂一个接一个地被夺走。但"征服者"穆罕默德在征服君士坦丁堡后，希望表明他将希腊人与土耳其人都视为他的忠实臣民。这个基督教帝国已经灭亡了，但他认为自己是其皇帝的继承人，因此，他铭记着自己的职责。[19]

在这些职责中，排在首位的是如何保障东正教会福祉的问题。穆罕默德很清楚东正教会数年来面临的困境，他现在可以充分了解其细节。他了解到，统一派牧首格里高利·玛玛斯于1451 年已经逃离拜占庭首都，在希腊人的普遍看法中，他因此已经丧失了他的职位。所以，必须选出一个新牧首。很明显，有一个人适合这个职位，那就是反对统一的受人尊敬的领袖，学者乔治·斯科拉里乌斯·金纳迪乌斯。

当城市沦陷时，乔治正在全能者基督修道院自己的房间内。修道院巨大的由三部分组成的教堂一下子就吸引了入侵者的注意，他们中的一些人洗劫了财物，另一些则围捕了修士们，并把后者卖为奴隶。当苏丹派人去召见乔治时，却找不到他。后来才知道，他被阿德里安堡的一个土耳其富人买走了。这个土耳其人对他买到这样一位可敬而博学的奴隶感到很惊讶，甚至有些尴尬，他对后者非常客气。苏丹得知他的去向后，几天后便派出特使将他接回了君士坦丁堡。

对于如何管理希腊臣民，苏丹已经确定了基本方针。他们将组成一个米勒特（milet）[①]，即一个由君士坦丁堡牧首领导的东正教徒自治社会团体，而牧首向苏丹担保他们的良好行为。经过一番讨论，乔治被说服接受了牧首的职位。随后，苏丹尽可能召集了附近的主教，组成了"圣会"（Holy Synod）[②]，后者在苏丹的要求下正式推举乔治以他的修道名字金纳迪乌斯为牧首。这可能是在苏丹于6月底离开君士坦丁堡之前完成的，但是时间有点儿不确定。似乎在几个月之后，大概于1454年1月6日金纳迪乌斯的就任仪式方才举行。程序依然遵循拜占庭的传统。苏丹以皇帝的身份接见了觐见的新牧首，并亲自为他授徽、穿上法袍、转交法杖，并在胸前佩戴十字架。古老的牧首十字架已经不见了——或许遗失于劫掠中，或许被前任牧首玛玛斯带去了罗马，因此苏丹亲自为他准备了一个新的、华丽的十字架。作为传统惯例的一部分，苏丹还对新牧首说道："成为牧首，好运将伴随着你，你将赢得我们的友谊，并尽享之前历任牧首的特权。"随后，新任牧首骑上苏丹赠送的骏马，前往圣使徒教堂，既然圣索菲亚大教堂已变成一座清真寺，那么它将成为牧首座堂。在那里，按照古老的习

---

① 米勒特（原书拼写作 milet，但 millet 的拼写形式更为常见）是奥斯曼帝国根据臣民宗教信仰，将其划分为不同社会团体，并实行自治的制度。帝国内部每一个人、每一个团体均属于某个米勒特，由此获得相应社会地位与身份，并通过自己所属米勒特首领与统治阶层打交道。早先阿拉伯帝国中已有米勒特雏形，奥斯曼土耳其将它进一步制度化、规范化。每一个米勒特都形成了自身独有机构，在诸如教育、宗教、审判、治安等多方面发挥作用。除了穆斯林米勒特，帝国内部主要还有三种获得官方认可的米勒特，分别是东正教米勒特、犹太米勒特与亚美尼亚米勒特。奥斯曼帝国内东正教米勒特的最高领袖即为君士坦丁堡牧首，他甚至被苏丹授予带有三根马尾的帕夏头衔，拥有对其信徒实施东正教法律的权力。参见：斯坦福·肖，《奥斯曼帝国》，195—199 页；Selcuk Aksin Somel, *Historical Dictionary of the Ottoman Empire*, The Scarecrow Press, 2003, pp. 189-190。
② 圣会是东正教传统中的最高宗教会议，可选举牧首。

俗，他由赫拉克利亚都主教（Metropolitan of Heraclea）正式宣布就职。接下来，新牧首绕着城市巡游了一番，回到了他在圣使徒教堂辖区的居所。

与此同时，苏丹和牧首一起制定了希腊人米勒特的新章程。根据弗兰泽斯的记载（他可能是在被囚禁期间获得的消息），苏丹给了金纳迪乌斯一份书面文件，承诺牧首人身不受侵犯，不可被罢免，享有免税特权及完全的行动自由，并有权将这些特权永远传递给他的继任者；同时，高级都主教及"圣会"成员也享受类似特权。这份记载无疑是可信的，虽然牧首不被罢免的特权实际上并不能取消"圣会"通过宣布牧首选举不符合教规而剥夺其头衔（这在拜占庭历史中经常发生）的权利。下个世纪的牧首的编年史家声称，苏丹在另一份书面文件中向金纳迪乌斯承诺，教会有关婚姻和葬礼的习俗应得到法律的认可、东正教徒保有庆祝复活节的权利，并允许在三天的节日期间自由活动，而且不会有更多的教堂被改建为清真寺。从后来土耳其当局为确认主教的选举结果并阐明其职责而颁布的训令来看，教会管理基督徒社区已被视为理所当然。教会法院有权审理东正教徒之间具有宗教意义的所有案件，涉及结婚和离婚、遗嘱及未成年人监护等。而由牧首设立的世俗法庭则处理东正教徒诉讼当事人之间的所有其他民事案件。只有刑事案件和涉及穆斯林的案件才交由土耳其法院审理。教会本身并不负责替政府从希腊人社区收税，这是当地头人的职责。但教会有时被要求以绝罚（逐出教会）或其他宗教上的惩罚来威胁那些逃税或不服从政府命令的基督徒。神职人员没有纳税的义务，尽管他们可以在名义上"自愿"地捐款。在基督徒中，只有他们被允许蓄须。每个基督徒都必须身着特定服饰，并严格禁止携带武器。征召基督教男童参加新军的传统则继续保留下来。[20]

　　一般来说，这些都是基督教社区传统上能从穆斯林统治者那里争取到的条件。不过君士坦丁堡的希腊人得到了一项特别优待。在苏丹等待进入被征服的城市时，那些可怜的小使团带着它们城区的钥匙匆匆赶到苏丹面前，此举获得了回报。在官方上，苏丹似乎只要求将圣索菲亚大教堂改为清真寺。不过实际上，除了在受保护的佩崔恩、帕那、萨马提亚、斯塔迪昂等城区，各处基督徒几乎都失去了自己的教堂。这些教堂都遭到了洗劫和亵渎，所在城区也被摧毁了，即使苏丹允许，重建和重新圣化它们也是毫无意义的。不过，基督徒保留的教堂数，已经超出了人们最乐观的预期。后来，土耳其的法学家们对此感到困惑不已，他们不明白为什么在一座被攻陷的城市里，被征服者还保留着他们的圣所。

　　这样的安排符合苏丹的心意，因为他决定让上述城区作为他在君士坦丁堡的希腊臣民的居住区，那么他们就必须要有继续做礼拜的场所。然而随着时间的推移，苏丹的安排被遗忘了。古老的基督教教堂被一个接一个改为清真寺，至 18 世纪，全城仅有三座拜占庭教堂仍在基督徒手中。它们分别是蒙古圣玛利亚教堂［由于苏丹特别喜爱其建筑师希腊人克里斯托杜勒斯（Christodulus）而保存了下来］以及两座小得让人看不见的附属教堂——圣德米特里教堂与圣乔治教堂①。在其他地方，基督徒转入新建的不引人注目的建筑中做礼拜，以免冒犯洋洋自得的穆斯林。[21]

---

① 　圣乔治教堂是今天伊斯坦布尔的牧首驻地。

牧首金纳迪乌斯本人已经开始了这项进程。苏丹钦点的圣使徒教堂作为牧首驻地已经年久失修；而且，如果当局真的允许基督徒重新装饰如此宏伟的建筑的话，要把它整顿好也是要花很多钱的。而教堂所在地已成为土耳其人聚居区，当地居民对它的存在感到不满。后来大约在 1454 年夏的一天，　具土耳其人的尸体在教堂庭院中被发现，这无疑属于陷害栽赃，但此事为土耳其人举行敌对的示威活动提供了理由。于是牧首明智地提出要迁移驻地。在收集了所有保存在教堂里的珍宝及圣髑后，牧首启程前往帕那区的万福（Pammacaristos）圣玛利亚教堂。它本为一座女修道院，此时修女们迁往了附近的圣约翰教堂的附属建筑，让牧首及其随员得以迁入。此后一个多世纪，万福圣玛利亚教堂一直是牧首座堂。苏丹"征服者"常常来这里拜访他极为敬重的朋友金纳迪乌斯，不过由于担心后者狂热的信徒以此为借口接管教堂，苏丹不愿步入教堂正殿，而是与金纳迪乌斯在附属小堂会晤——今天，那里精美的马赛克镶嵌画再度向世人开放。① 他们在一起探讨政治与宗教，在苏丹要求下，金纳迪乌斯为他写了一部促进和平的简短论著，解释和说明了基督教教义与伊斯兰教教义之间的不同点。② 苏丹这种得体的做法白费了。1586 年，他的继任者穆拉德三世便收回了教堂并把它改为清真寺。22

与此同时，苏丹穆罕默德已经着手重建君士坦丁堡。最初，

---

① 万福圣玛利亚教堂被改建为清真寺后，土耳其人按惯例用涂料掩盖了教堂的基督教壁画、马赛克画。凯末尔革命后，土耳其政府推行国家世俗化进程，很多古老清真寺被又一次改为博物馆，政府去除了部分遮蔽的涂料，使原本的基督教绘画得以重见天日。如今，著名的圣索菲亚大教堂的情况也与之类似。

② 犹太教、基督教、伊斯兰教同为亚伯拉罕宗教，彼此有一定亲缘关系。

城市的凋敝景象令他深感震惊。他的建筑师们还继续在位于阿德里安堡附近马里查河上的一座小岛兴建规划中的宏伟宫殿，仿佛他打算把那里作为他的主要行宫。但很快他就改变了主意。既然此刻穆罕默德已成为罗马皇帝的继承人，那么理应居住在这座帝王之都里。他在城市中央高地上修建了一座小型宫殿（位于今天的大学城附近），并开始规划在古代卫城的原址上修建一座更大的宫殿。他鼓励他的所有领土上的土耳其人都前来这座城市定居，政府将为移民们修建住房或商铺提供不少便利。留在那里的希腊人和被他们赎回的俘虏都得到了安全的保证，而且似乎也得到了政府的援助。一些近年来逃离首都的拜占庭贵族家庭也被劝说返回故土，土耳其人甚至暗示可根据他们地位的高低给予相应特权，尽管他们中的许多人的地位给他们带来的唯一特权是牢狱之灾甚至死刑，以免这些贵族的显赫声望使他们成为叛乱的领导人。当最后零星的希腊自由土地被征服后，大多数居民被强制迁往君士坦丁堡。多达 5000 个家庭被从特拉布宗及其邻近城市带到这里。这些人不仅包括贵族名流，还包括店主和工匠，尤其是能帮忙建造新房屋、新集市、新宫殿和新防御工事的泥瓦匠。然后，随着君士坦丁堡回归平静并走向繁荣，越来越多的希腊人作为商人或工匠自愿地来到这座复兴的城市。在苏丹的特别鼓励下，亚美尼亚人紧随希腊人而来，他们与希腊人竞争，渴望主宰这座城市的商业和金融，大批犹太人也抱着同样的期望与他们一起到来。土耳其人也不断涌入，享受他们所征服的首都的便利措施。[23] 早在 1481 年穆罕默德二世去世之前，苏丹就可以满怀骄傲地审视这样一座新生的君士坦丁堡：每天都有新的建筑拔地而起，作坊与集市熙熙攘攘。自被征服以来，它的人口增加了 4 倍，在不到一个世纪的时间里，这个数字就超过了 50 万。[24] 苏丹摧毁了拜占庭皇帝那座破败的首都，代之以一座崭新、辉煌的帝都，他希望各种信仰、各民族的臣民们共居一城，并得以共享秩序、和平与繁荣。

第十二章

欧洲与"征服者"

1453 年 6 月 9 日，星期六，克里特岛首府干地亚（Candia）①港口迎来了 3 艘船。其中两艘载着在君士坦丁堡奋战至最后时刻才放弃的克里特水手。他们带来了拜占庭首都已于 11 天前陷落的消息。全岛上下一片恐慌。"从未有过，也将不会再有比这更可怕的事情发生了。"阿加拉索斯（Agarathos）修道院的一位抄写员如是写道。[1]

其余的逃亡者则去了威尼斯殖民地哈尔基斯（Chalcis）与莫顿，当地总督急忙将沦陷的消息发往威尼斯。信使们于 6 月 29 日抵达，威尼斯元老院立即召开紧急会议。议长向惊恐万分的元老们宣读了总督的信。第二天早上，一位信使被派往罗马，7 月 4 日他在博洛尼亚停留，把这个消息告诉了驻在该地的枢机主教贝萨里翁。4 天后，教宗尼古拉斯五世也接见了他。另一位信使则被派往那不勒斯去警告阿拉贡国王阿方索。[2]

不久之后，整个西方基督教世界都获悉伟大的君士坦丁堡已

---

① 干地亚为克里特岛最大城市伊拉克利翁的威尼斯名，当时克里特岛由威尼斯共和国统治。

落入异教徒之手。这无异于晴天霹雳，因为此事完全出乎西方国家的预料。人们知晓该城处于危险之中，但因本国事务缠身，自顾不暇，从未真正认识到危险有多么严重。他们素闻君士坦丁堡有巨大的城墙，也听说过为拯救它而出发的英勇队伍，以及从威尼斯向东航行的舰队，却忽视了它的守军与异教徒的大军相比是多么少得可怜，也忽视了苏丹所拥有的火炮是任何古老的城墙都无法抵挡的。即使是消息灵通、经验丰富的威尼斯人，也像教宗一样相信，君士坦丁堡足以固守待援。[3]

事实上，教宗协助装备的威尼斯加莱桨帆船直到遭遇从佩拉逃出来的热那亚船只前，还在希俄斯岛海岸下锚等待顺风，后者告诉他们，一切都太迟了。威尼斯舰队司令洛莱丹迅速下令穿过爱琴海，撤回哈尔基斯，直至收到威尼斯方面的新命令。[4]

7月中旬，他接到了命令。7月4日，威尼斯执政官①召开了一次特别的内部枢密会议。君士坦丁堡的加莱桨帆船的司令洛多

---

① Doge of Venice，也译作威尼斯总督，从 8 世纪至 18 世纪末为威尼斯最高领导人。Doge 一词来源于拉丁语 dux，原意是"军事领袖"。Doge 这一头衔不能简单等同于"公爵"（意大利语称 Duca），它通常经过选举产生，虽任职终生，但不能世袭，也不是贵族称号。史上第一位获得威尼斯执政官称号的人士为阿纳费斯托（Paolo Lucio Anafesto，在位时间 697—717年），而末代执政官为卢多维科（Ludovico Manin，在位时间 1789—1797年，后被拿破仑一世勒令退位，共和国覆亡），前后历经 120 任。威尼斯在其历史早期隶属于拜占庭帝国，故最初的 Doge 通常由君士坦丁堡的拜占庭皇帝任命，权力颇大，类似于"总督"。随着威尼斯势力的增强，它渐渐摆脱了拜占庭的控制，成为一个独立国家，Doge 开始由本地人选举产生。12 世纪以后，威尼斯的共和制度愈发成熟，执政官的权力受到一定约束，最终，形成了执政官与威尼斯大议会、威尼斯元老院三足鼎立的联合政府机构。1453 年，时任威尼斯执政官的弗朗切斯科·福斯卡里（Francesco Foscari）已经八十高龄，4 年后在"十人议会"（Council of Ten）强迫下辞职，并于一周后去世。关于威尼斯共和国的历史，参见：Horatio Forbes Brown, *Venice: An Historical Sketch of the Republic*, General Books（接上页）

维科·迪耶多作为战役亲历者（他于 7 月 3 日回到威尼斯），在会上对这场灾难做了一场报告。威尼斯方面决定采取一种审慎的政策：一方面，向克里特、哈尔基斯、内格罗蓬特的总督发出命令，告诉他们要紧急检查他们的防御措施，并为抵御土耳其可能的进犯而储备物资；另一方面，于 7 月 5 日向洛莱丹发出了一封信，让他准备一艘船，把仍在他身边的大使巴尔托洛梅奥·马尔切洛送往苏丹的宫廷。一周后，元老院投票决定为马尔切洛拨付一笔高达 1200 达卡特的款项，作为送给苏丹及其廷臣的礼物。7 月 17 日，马尔切洛接到了完整的指示——他被要求向苏丹阐明，威尼斯无意取消共和国与穆拉德二世签订的条约。他将要求苏丹释放在金角湾俘获的威尼斯加莱桨帆船，并强调其中没有一艘是战船。如若苏丹拒绝按旧条款续约，他要立即回报；但如果穆罕默德同意接受，他必须向苏丹提出威尼斯商人以他们在拜占庭统治时期享有的特权返回君士坦丁堡的要求，他还必须确保土耳其人释放所有被关押的威尼斯囚犯。

数日后，元老院批准威尼斯驻拜占庭大使米诺托之子前往君士坦丁堡，为大使及其妻儿安排赎金，然而米诺托之子仅能赎回母亲，父兄皆已被处死了。大约同时，威尼斯发布法令规定，希腊人寄存在威尼斯船只上的钱和财产如果在灾难中幸存了下来，将被没收，用来偿还希腊人仍欠威尼斯的债务。威尼斯此时需要一切她可能获得的补偿，因为她在君士坦丁堡损失了大约 20 万达卡特，她的克里特臣民又损失了 10 万达卡特。[5]

在热那亚，恐慌甚至更严重。热那亚人在与阿拉贡的阿方索、法国人、米兰人（它们均欲将热那亚变为附庸国）的长期战争中疲惫不堪，因此无力派出军队去解救他们在黎凡特聚居的同胞。当他们在 6 月 17 日收到来自佩拉市政官安杰洛·洛梅利诺（Angelo Lomellino）写的报告时，他们更加痛苦了。在这份报告中，他详述了该殖民地城镇的命运。君士坦丁堡城破之时，洛梅利诺向扎加诺斯帕夏打开了城门，为了取悦苏丹，他更极力劝说市民们不要乘船逃离。稍后他火速派出两名特使卢恰诺·斯皮诺拉（Luciano Spinola）与巴尔达萨雷·马鲁弗（Baldassare Maruffo）面见苏丹，对征服者的胜利表示衷心的祝贺，并请求保留当初拜占庭赋予佩拉的特权。但穆罕默德在特使面前却难掩怒火。他对那么多的船只从佩拉逃离感到恼火，并且对热那亚人的模棱两可大加奚落。一两天后，热那亚派出的由巴比拉诺·帕拉维奇尼（Babilano Pallavicini）和马可·德·弗兰基（Marco de' Franchi）率领的第二批使团倒是取得了一些进展。在穆罕默德示意下，扎加诺斯帕夏交给他们一份敕令，它保证佩拉不会被摧毁，居民们可以保留其房子和商店、葡萄树和磨坊、仓库和船只，其妻儿的安全也会得到保障，并且许诺不会抓佩拉的子弟补充新军。他们的教堂可以继续使用，但禁止鸣钟，也不能建造新的教堂。除了苏丹的官员，土耳其人不得到佩拉定居。热那亚人可在苏丹的领土、海域上任意贸易，自由出入佩拉。他们被免除了特别税和关税，但男性市民需缴纳人头税。他们可保留自己的商业习俗，但在其他方面必须遵守苏丹的法律。他们要选出自己的头人或长老来监督他们的贸易并与土耳其当局打交道。

如此一来，佩拉与那些主动向穆斯林投降的基督教城镇也就没什么两样了。条件本来可能还会更糟。无论如何，佩拉的市政官不得不接受它们。6 月 3 日，苏丹亲自到访。他命令所有市民交出武器，并坚持要把陆墙拆除，包括城堡圣十字塔。一名土耳其总督被任命管制佩拉。洛梅利诺辞去了市政官的职务，但在同胞的请求下，他作为他们的长老留了下来，直到 9 月返回热那亚。[6]

佩拉的失去以及土耳其人对博斯普鲁斯海峡的控制，已经危及热那亚在黑海北岸的殖民地的生存，尤其是克里米亚半岛的卡法（Caffa）。该城历来是鞑靼及中亚地区的港口，一旦热那亚共和国放弃它，许多在那里投资了财富的热那亚公民将起诉要求赔偿，而国库无力支付。对热那亚政府来说幸运的是，实力雄厚的圣乔治银行理事会的金融机构同意接手这些殖民地的管理。理事会的理事们认为他们仍然可以从中获利。但事实上，愿意航海通过博斯普鲁斯海峡的海员越来越少，准备支付苏丹的官员索取的过路费的商人也越来越少。无论如何，给予这些殖民地足够的军事支持已经不可能了。半个世纪内，热那亚在黑海的势力便全部消散，其殖民地相继被土耳其人及其鞑靼盟友所征服。[7]

热那亚在黎凡特的另一个重要殖民地是希俄斯岛。多年以来，该地一直由马赫那管理，这是一个由岛上主要的热那亚商人和土地所有者成立的特许公司。在失去佩拉之后，随着黑海周围的殖民地一个接一个即将失去，希俄斯岛成了热那亚的主要前哨，但它的战略价值正在随着远东贸易的衰落而下降。对热那亚政府而言，它不啻一块鸡肋。于是岛上的马赫那受命与苏丹签署了协议。[8]

那些与君士坦丁堡素有来往的更小的西欧商业城市，能更灵活地调整政策。与威尼斯、热那亚不同，它们更关注本地贸易而非远东贸易。城破之时，安科纳人在君士坦丁堡的侨区估计损失超过 2 万达卡特，不过其人身安全却得到了保证，显然是由于苏丹与安科纳人的领袖安杰洛·博尔多尼（Angelo Boldoni）私交甚笃的缘故。尽管遭到了其宗主教宗的反对，他们依然与土耳其人保持着贸易往来。[9]佛罗伦萨人的损失估计与安科纳人相仿，他们很快也与苏丹建立了良好关系。在所有意大利人中，佛罗伦萨人最受苏丹青睐，他尤其欣赏美第奇（Medici）家族。[10]加泰罗尼亚人在战役中表现英勇，损失惨重，也很快便重回君士坦丁堡，但他们的领事馆似乎被撤销了。[11]拉古萨人战前刚与皇帝君士坦丁谈妥了优厚条件，准备在拜占庭首都开设领馆，对他们而言幸运的是，以上筹划在行政上出现了延误，因此拉古萨人没有被卷入围城战之中。但他们不得不等了五年才与苏丹敲定了通商协议。此后，他们在黎凡特贸易中扮演了重要角色。[12]

对很多虔诚的基督徒而言，这些商业城市纷纷准备与异教徒通商，似乎有背叛信仰的嫌疑。威尼斯尤其善于操弄两面手法，既致力于组织十字军讨伐土耳其人，又派遣使节向苏丹释放善意，以保障其贸易顺畅。特使马尔切洛经过一年的谈判，成功地达成停战协议，使得剩余的威尼斯俘虏与船只被赎回。他在君士坦丁堡又停留了两年，徒劳地试图为他的同胞恢复商业特权。1456年，他被召回，并被关进监狱一年，借口是他同意释放关押在哈尔基斯的几个土耳其囚犯。威尼斯此举意在向基督教世界表明共和国确实是异教徒的敌人，马尔切洛沦为了这种笨拙的尝试的牺牲品。[13]

在罗马看来，君士坦丁堡陷落的后果却是明了的。当务之急是联合所有西方势力，组建一支强大、真诚的十字军。教宗尼古拉斯虽然心力交瘁、幻想破灭，但还是振作起来，带头行动。自从听闻君士坦丁堡传来的噩耗之后，他就一直写信恳请采取行动。1453 年 9 月 30 日，他向西方诸王颁布诏令，号召发起圣战。教宗要求各国国君及臣民为此抛头颅洒热血，并奉献岁入的十分之一作为经费。[14] 两位希腊枢机主教伊西多尔和贝萨里翁极力支持他。贝萨里翁亲自给威尼斯人写信，半是指责半是恳求，希望后者停止在意大利的征战，集中力量对抗"敌基督"。[15] 身在德意志的教宗特使，锡耶纳人文主义者艾伊尼阿斯·西尔维乌·皮科洛米尼表现得更为活跃，整个 1454 年，他参加了无数的会议，在会上他雄辩地呼吁需要发起十字军东征。在他的坚持下，许多有建设性的决议都获得了通过，可惜最终无一付诸实施。[16] 神圣罗马帝国皇帝腓特烈三世对土耳其的威胁有着清醒的认识，并且意识到后者是匈牙利的心腹之患（此时，匈牙利国王为腓特烈的堂弟拉迪斯拉斯五世）。一旦匈牙利倾覆，整个西方基督教世界将处于危险之中。腓特烈要求特使皮科洛米尼代他起草了一封致教宗的信件，信中表达了他对君士坦丁堡陷落的震惊，皮科洛米尼在信中还私自添加了一句哀叹："这是荷马与柏拉图的第二次死亡。"[17]

　　然而，并没有新的十字军运动发起。虽然欧洲各君主匆忙收集君士坦丁堡陷落的情报，震惊的文人纷纷写下了哀歌，尽管法国作曲家纪尧姆·迪费（Guillaume Dufay）[①] 为其中一首挽歌谱曲，使其在国内广为传唱，但还是没有人准备采取行动。腓特烈三世缺乏财力和军力，对德意志诸侯也缺乏实际的权威。对于发动十字军运动，他既无力提供政策上的支持，也无法从资金上加

---

① 　纪尧姆·迪费（1397—1474 年）出生于布鲁塞尔，为法国-弗莱芒文艺复兴早期作曲家，勃艮第流派代表人物，在 15 世纪中叶享有盛誉。他既擅长创作弥撒曲、圣歌等宗教歌曲，也擅长世俗歌谣，其作品在当时可谓脍炙人口、雅俗共赏，对后世的作曲家亦影响颇大。

以援助。法王查理七世忙于重建因英法百年战争饱受蹂躏的国家，也无暇他顾。在英格兰，百年战争对它的破坏甚至更加严重，[①] 而土耳其人看上去仍然还十分遥远。英王亨利六世无能为力，他此刻正受精神病的困扰，并且整个王国都陷入了玫瑰战争 [②] 引起的内乱。只要土耳其人向西进军，阿拉贡国王阿方索的意大利领土无疑就会受到威胁，但他只采取了一些无关痛痒的防御措施，就感到心满意足了。阿方索此时已垂垂老矣，一心只想保住在意大利的霸权。至此，除了匈牙利国王拉迪斯拉斯，再无其他君主表现出干预的兴趣。匈牙利国王有充分的理由感到惊慌，但他与其伟大将领，摄政王匈雅提关系紧张。如果缺少匈雅提与其他盟友的支持，拉迪斯拉斯也不敢贸然采取行动。[18]

　　教宗将希望寄托在欧洲最富有的君主——勃艮第公爵"好人"菲利普身上，因为后者常说希望发动一次十字军东征。1454年2月，菲利普在列日（Liège）举办了一场宴会。席间，一只饰有宝石的活雉鸡被端上了餐桌，与此同时，一位巨人打扮成萨拉森人的模样，携带一头玩具大象恐吓宾客，而年轻的奥利弗·德拉马尔什（Oliver de la Marche）则乔装为一位少女在旁边演绎着"教会女士"的哀恸。目睹此情此景，与会者均立下参与圣战的神圣誓言。然而，这一惟妙惟肖的哑剧毫无意义，所谓的"野鸡誓

---

① 法王查理七世在圣女贞德的支持下，扭转了战争劣势，逐步收复失地，至 1453 年，基本结束了百年战争，收复了加来以外的英国在法国本土全部领地，由此得名"胜利者"（法语：le Victorieux）查理。故原文称英格兰在 1453 年情况更不容乐观。

② 玫瑰战争是兰开斯特家族和约克家族为了英格兰王位而发生断续的内战。两大家族都是金雀花王朝王室的分支，为英王爱德华三世的后裔。此名称源于两个家族所选的家徽，兰开斯特的红玫瑰和约克的白玫瑰。最终亨利六世战败，丢掉了王位。

言"从未实现。[19]

因此，尽管西欧人虔诚地哀悼，但教宗的诏令无法唤起他们的行动。1455年初，教宗尼古拉斯五世去世，由于血统，其继任者加泰罗尼亚人加里斯都三世（Callixtus Ⅲ /Calixtus Ⅲ）在意大利不受欢迎，而他也是个垂死的人。他勇气可嘉，武装了一支舰队派往爱琴海，并夺取了纳克索斯（Naxos）岛、利姆诺斯岛与萨莫色雷斯（Samothrace）岛，然而没有一个基督教国家愿意接收这几份礼物，于是它们很快又被土耳其人夺回。[20]前教宗特使皮科洛米尼在1458年接任教宗职位，世称庇护二世（Pius Ⅱ），他在圣战一事上更加积极主动。根据他所得到的承诺，他希望一支强大的基督教远征军真的会启程前往东方。1464年，庇护二世在前往安科纳为一场从未集结的十字军远征祈福的途中去世。[21]

在实际行动方面，西方仍然无动于衷。艾伊尼阿斯·西尔维乌可能会发自肺腑地感到悲伤，而对于一些如奥利弗·德拉马尔什等具有历史意识的浪漫主义者，在君士坦丁堡倒下的皇帝才是真正的皇帝、奥古斯都和君士坦丁真正的继承人，而不是在德意志的"神圣罗马皇帝"这样的新贵。[22]但他们又能有何作为呢？教廷本身在很大程度上就要为这种冷漠负责。两个多世纪以来，教宗一再谴责希腊人故意分裂教会，直到最近，他们还在大声抱怨拜占庭对教会统一缺乏诚意。对西欧人来说，土耳其人是一个非常遥远的威胁，他们不禁会问，为什么要他们付出金钱和生命去拯救那些桀骜不驯的人呢？维吉尔在西方被视为名誉上的基督徒和救世主的先知，其愤怒的幽灵也影响了他们。他曾讲述过希腊人洗劫特洛伊的恐怖经历，因此，人们便把君士坦丁堡的陷落视为特洛伊战争的报应。一些熟悉古典文学措辞的有文学修养的作家（包括枢机主教伊西多尔本人），易于将土耳其人称作"Teucri"（特洛伊人）。因此，如果说土耳其人不是真正的特洛伊人，他们不就是特洛伊人的后裔吗？[23] 几十年后，一封据说是穆罕默德二世写给教宗尼古拉斯的信在法国流传开来，苏丹在信中表示他十分吃惊，因为意大利人对他抱有敌意，在他看来，土耳其人与意大利人同宗同源，均为特洛伊人的后代①。[24] 拉奥尼库斯·卡尔科康第拉斯痛苦地抱怨说，在罗马，人们普遍认为，希腊人正在为他们在特洛伊的暴行而受到惩罚；教宗庇护二世的拉丁名埃涅阿斯（Aeneas）本应赋予他特殊的权力，他煞费苦心地指出，特洛伊人和土耳其人并不完全相同。认为二者相同的传言的确妨害了他组建十字军的努力。[25]

　　东方的基督教国家就不能对土耳其人这么冷漠了。1453 年夏末，苏丹位于阿德里安堡的宫廷挤满了来自邻近基督教国家的使节。8 月初，塞尔维亚专制君主乔治·布兰科维奇派遣使节进贡了大量金钱，一部分作为给苏丹及其大臣的礼物，一部分更仁慈地用于赎回囚犯。很快，更多的使节到来了，他们分别代表已故皇帝的弟弟摩里亚专治君主德米特里与托马斯、特拉布宗皇帝约翰·科穆宁、明戈瑞利亚（Mingrelia 或 Samegrelo）②国王伊马雷特·达迪安（Imaret Dadian）、莱斯博斯岛与萨索斯岛领主多里诺·加提卢西、加提卢西的兄弟埃诺斯领主帕拉梅德（Palamede）、希俄斯岛马赫那及圣约翰骑士团大团长。他们发现苏丹心情甚佳，待人友善。穆罕默德仅仅要求各君主和贵族承认其宗主权并增加贡金。塞尔维亚专制君主被要求每年缴纳 1.2 万

----

① 罗马人当年自称特洛伊英雄埃涅阿斯的后裔。
② 今为格鲁吉亚西部一个州。

达卡特，摩里亚的年贡为 1 万达卡特，希俄斯岛是 6000 达卡特，莱斯博斯岛是 3000 达卡特。特拉布宗皇帝被宽大处理，仅要求年贡 2000 达卡特。大使们将每年献上这些钱，只有圣约翰骑士团的使者拒绝称臣纳贡，他们解释说，没有骑士团的宗主教宗的许可，他们不能这样做。穆罕默德自忖此时无法将自己的意愿强加给骑士团，于是让使节平安地返回了罗得岛。[26]

加提卢西兄弟特别幸运。君士坦丁堡陷落后不久，苏丹便派遣军队进攻帕拉梅德位于色雷斯本土的城市埃诺斯，后者迅速宣布归顺。大约在同一时期，土耳其舰队攻占了拜占庭岛屿伊姆布罗斯（Imbros）与利姆诺斯。拜占庭官员纷纷望风而逃，唯一例外的是伊姆布罗斯的一位法官、历史学家克里托布鲁斯。他与"征服者"的舰队司令哈姆扎贝伊建立了友谊，在他巧妙的外交手腕下，莱斯博斯岛主被苏丹赐予了利姆诺斯，代价是一笔 2325 达卡特的年金，埃诺斯领主则得到了伊姆布罗斯，代价是 1200 达卡特的年金。[27]

东方的基督徒总算长吁一了口气。虽然君士坦丁堡被攻占，但苏丹看上去似乎愿意与各小国和平共处。不过他们必须为他们的豁免权付出沉重的代价，而钱是不容易搞到的。此外，从苏丹的宫廷又传来了不祥的消息。

1453 年 8 月，大维齐哈利勒突然被捕并被剥夺了职务，几天后便被处死。穆罕默德从未原谅哈利勒在 1446 年扮演的角色。作为前苏丹穆拉德的挚友及重要的政界元老，迄今为止哈利勒享有崇高声望并大权在握。在成功夺取君士坦丁堡之前，苏丹无法将首相解职，以免疏远那些奉哈利勒为领袖的土耳其古老家族。但事实证明，哈利勒的建议是错误的。他起初极力阻止围攻君士坦丁堡，随后又不得不参与其中。至于他是因为担心军事冒险会遭到失败，或引发西方列强干涉从而使土耳其人陷入苦战，还是如其政敌所言，乃是因为他被希腊人以重金贿赂（众所周知，哈利勒素来对希腊人态度亲善），今天我们已经无从判断。作为垮台的理由，人们控告他犯下了通敌叛国之罪。在那个时代，即使是最受尊敬的东方政治家，也喜欢接受礼物。很可能，哈利勒既发自肺腑地认为自己的所作所为都是为了同胞的福祉，同时也的确接受了希腊人的贿赂。但他最终错估了形势，并因此受到了惩罚。除了伊萨克帕夏，穆拉德二世留下的其他老臣也都随着哈利勒倒下了，而伊萨克本人则被贬谪至安纳托利亚。扎加诺斯帕夏现在成了新一任大维齐，他的朋友也一并进入政府。他们大多为富有进取精神的伊斯兰改宗者，自身没有既得利益，完全仰仗苏丹的青睐，并且一旦时机成熟便极力敦促主公发起新一轮的征服。[28]

当那个时机到来时，基督教君主们自己要负很大的责任。塞尔维亚人首先遭难。1454 年，在土耳其的武力威胁下，乔治·布兰科维奇不得不将他的部分领土让与苏丹。他当时的处境十分微妙。边境以北的匈牙利人与土耳其人一样对塞尔维亚虎视眈眈。塞尔维亚成了两国征战的舞台。1456 年 6 月，苏丹进攻匈牙利摄政匈雅提防守的贝尔格莱德失利，令他颜面尽失。[①] 然而，匈雅

---

① 该战役史称"贝尔格莱德之围"（Siege of Belgrade）。君士坦丁堡沦陷后，匈雅提就开始准备抵御土耳其的下一步进犯，他一面安排长子匈雅提·拉斯洛（Laszlo Hunyadi）率领一支数千人的武装驻守贝尔格莱德城堡，一面四处招兵买马，最终募集到了 2 万至 3 万人的军队。不过，在他得以集结所有兵力之前，1456 年 6 月 29 日，苏丹穆罕默德二世已经率大军重重包围了贝尔格莱德。守军苦苦支撑之际，一位宣扬圣战的方济各会意大利修士乔瓦尼·达·卡皮斯特拉诺（Giovanni da Capistrano，当时已 70 高龄，死后被封为圣徒）却成功鼓动了数万名装备简陋却士（接下页）

提于获胜次日去世；[①] 几周后，乔治在匈牙利军营中的一场骚乱中受了重伤，挣扎数月后，于圣诞节前夕辞世，享年90岁。他长期的外交经验及女儿玛拉（苏丹穆罕默德二世受人尊敬的继母）的影响力使他得以自保。但他的继承人缺乏这份明智。乔治将专制君主的头衔传给了自己的遗孀及幼子拉扎尔（Lazar）。然而拉

（接上页）气高昂的农民参战，是他与匈雅提共同增援贝尔格莱德。1456年7月14日，匈雅提带领他的舰队自多瑙河上抵达被重重包围的城堡。当天他冲破了土耳其水军的阻拦，击沉了3艘大型土耳其战船，俘获4艘大型战船和20艘小型战船。随着苏丹水师的失利，守军得以通过水路运输援军以及粮食补给。城堡的防线因而得到增强。不过，穆罕默德二世并不想在长时间炮火攻击后草草结束这场围攻，因为好几处城墙已经开始严重损坏。7月21日，与1453年的君士坦丁堡战役类似，穆罕默德二世于日落时发动了一场持续整夜的总攻。土耳其部队冲破了第一层防线，并发动了对主城的攻击。关键的时刻，匈雅提命令士兵投下涂了焦油的木头，以及其他燃烧物，然后再点火进攻。一层火墙马上把已经冲进内城的土耳其士兵和尝试进入上层堡垒的士兵拦腰截断。被火墙围住的土耳其士兵与匈牙利人展开激战，并渐渐落于下风。与此同时，匈牙利人对那些想要冲向内城的部队发起突击。在内城作战的土耳其士兵因此全军覆没，而城外进攻的奥斯曼部队也受到重创。当一个土耳其士兵想要把苏丹的王旗插在碉堡上的时候，一位叫杜戈维奇·提图斯（匈牙利语为Dugovics Titusz）的士兵拉住他并一起跳下了城墙，从而避免了当年君士坦丁堡科克波塔门的悲剧。第二天黎明之后，卡皮斯特拉诺的农民十字军进入战场，他们虽然欠缺经验，却不乏勇气，居然跨过萨瓦河，主动发起了对土耳其后方阵地的进攻。城内匈雅提见状也果断出击。里应外合之下，土耳其军猝不及防，被敌军突入营寨。甚至苏丹本人也不得不亲自上阵，杀死了一名骑士，但大腿中箭并失去了知觉。于是土耳其军队不得不迅速撤离，并丢弃了几乎全部辎重和火炮。落败的穆罕默德苏醒后，连夜带着剩余的军队撤退到君士坦丁堡。这场战役保证了中欧免于土耳其进犯几乎七十年，直到1526年土耳其苏莱曼大帝在第一次摩哈赤战役中决定性地击败了匈牙利人。而为了纪念这次胜利，教宗加里斯都三世下令教堂在中午鸣钟，这个习惯在基督教世界一直持续到今天。参见：Kenneth M. Setton, *The Papacy and the Levant*（Vol.2），Amer Philosophical Society, 1976, pp.161-195。

① 匈雅提后来感染鼠疫病逝，但去世时间并非战役结束后第二日，而是在当年的8月11日。参见：Bryan Cartledge, *Will to Survive: A History of Hungary*, Oxford University Press, 2011, p60。

扎尔不满足于和母亲共治，数月后，其母可疑地暴毙，这迫使玛拉与两位兄长仓促出逃（玛拉的两位哥哥早年被穆拉德二世下令刺瞎了双眼），其中一人随她前往君士坦丁堡苏丹宫廷，另一位则避祸于罗马。穆罕默德此时正心有旁骛，无暇干预。拉扎尔则于1458年1月去世，留下了一份纷争不断的遗产。但当土耳其军队于1459年进入塞尔维亚时，却受到了许多渴望稳定的民众的欢迎。几周之内，除了匈牙利掌控的贝尔格莱德（匈牙利占据此城直至1521年），整个塞尔维亚都落入土耳其人之手。邻近的波斯尼亚王国（拉扎尔之女玛利亚此时为该国王后）4年后也被征服。国王斯蒂芬·托马舍维奇被处死，而玛利亚则进入土耳其后宫。[29]

与此同时，希腊人残存的最后一些自治领地也被吞并了。首先是半希腊化的加提卢西君主们的领地。多里诺与帕拉梅德在1455年双双去世。前者的继承人体弱多病，而后者的品行恶劣，于是苏丹得到了绝好的借口去吞并他们的土地。至1459年，伊姆布罗斯岛、忒涅多斯岛、利姆诺斯岛和埃诺斯城已落入土耳其人手中，不过伊姆布罗斯岛被交给一位基督徒克里托布鲁斯管理。莱斯博斯岛一直岌岌可危，直到1462年，多里诺之子尼科洛·加提卢西（Niccolo Gattilusi）绞死了自己的兄长后，被迫交出了土地，他自己也被绞死了。[30]

雅典公国在1456年也遭到倾覆。其佛罗伦萨裔公爵弗朗科（Franco）由于年轻貌美而受到苏丹青睐，被允许前往底比斯继续自己的统治。四年后他也被处死，其领土被吞并，他的儿子们则被投入了新军。[31]

在摩里亚，专制君主德米特里与托马斯两兄弟直到大敌当前方才中止内斗，随着君士坦丁堡陷落的消息而至的是伯罗奔尼撒半岛的阿尔巴尼亚人叛乱。许多希腊人也加入其中，他们还得到了威尼斯的暗中相助。绝望中，两兄弟只好向苏丹祈求援助。老帅图拉罕贝伊领军穿过科林斯地峡，平定了叛乱。他在撤军前告诫两人要和平共处。然而很快，德米特里与托马斯及其各自的藩属又发生了争吵，并忘记了向苏丹缴纳属于后者的贡金。1458 年春，苏丹亲自率领一支军队穿过地峡。尽管科林斯坚守到了 8 月，一些其他的堡垒也英勇抵抗，但一切都是徒劳。当科林斯最终陷落后，整个伯罗奔尼撒半岛都遭到了破坏蹂躏。摩里亚不得不向苏丹乞和。作为惩罚条件，摩里亚丧失了半数国土，包括科林斯、帕特雷、阿尔戈利德（Argolid）以及托马斯的首都卡里泰纳（Karytena），而且还要缴纳巨额赔款。在班师北上途中，苏丹特意前往雅典参观，他对该城伟大的历史非常熟悉，他希望向雅典表示敬意。

穆罕默德刚走，摩里亚的两兄弟就又吵起来了。德米特里认为唯一能拯救国家及其本人的方法就是臣服于土耳其人，而托马斯则将希望寄托在新任教宗庇护二世身上。后者承诺会在 1458 年秋的曼托瓦会议上给出援助方案。第二年夏天，教宗许诺的援助果然到来了：一共 300 名佣兵，200 名由教宗本人支付薪酬，100 名由米兰女公爵比安卡·玛利亚（Bianca Maria）资助。但他们很快就与托马斯争吵起来，并且内部不和，于是又启程返回了意大利。与此同时，德米特里则召来了土耳其人，但他又忘了应付给苏丹的贡金。穆罕默德对摩里亚君主国的乱象大感震惊，而教宗的干预也令他不安，于是他下决心征服此地。

1460 年 5 月初，穆罕默德率领一支大军出现在科林斯。稍作迟疑后，德米特里便向苏丹投降了，交出了自己的首都米斯特拉斯。而托马斯退守麦西尼亚并坚持了一段时间，随后从海路逃往科孚岛。既然被统治者抛弃，伯罗奔尼撒的居民便屈服了，尽管少数要塞或是因为自尊，或是出于某种无望的英雄主义又抵抗了一段时间，但还是逐一被攻陷了。不论是被武力攻占，还是主动投降，这些城镇的居民都遭到了屠杀。到了这年秋天，几乎整个伯罗奔尼撒都落入了土耳其人手中，仅有的几个例外是：萨尔梅尼康（Salmenikon）城堡，它在格莱特扎斯·帕列奥列格指挥下一直坚守到次年夏天；威尼斯港口莫顿与克罗顿则因向苏丹主动示好并赠送厚礼，而得以幸免；四面环海的莫奈姆瓦夏（Monemvasia）①被其领主托马斯在逃亡途中让与一名加泰罗尼亚海盗，旋即又送给教宗，教宗最后在 1464 年将该地交给了威尼斯。[32]

接下来轮到了特拉布宗帝国。皇帝约翰四世曾经因为穆拉德二世之死而感到欣喜，遭到了弗兰泽斯的责备，也曾经在 1453 年通过向穆罕默德二世许诺丰厚的贡品而获得豁免权，他于 1458 年走完了人生历程，留下了两个已婚的女儿及一个年仅 4 岁的儿子阿莱克修斯。考虑到如果让幼子即位，漫长的摄政期实为王国的灾难，特拉布宗人便推举约翰四世之弟大卫登基。大卫估计苏丹此刻正忙于欧洲事务，无暇侵扰位于安纳托利亚东部的特拉布宗。他一面与威尼斯、热那亚及教廷保持接触（它们都答应向他提供援助），一面与当地最杰出的土库曼酋长，白羊王朝统治者乌宗·哈桑（Uzun Hasan）建立了深厚友谊。哈桑是一位令人敬

---

① 希腊语为 Μονεμβασία，位于伯罗奔尼撒东南端，沿海修建，与大陆通过一段约 200 米长的短堤相连，地势险要，有"东方直布罗陀"之称。

畏的君主，在与奥斯曼人的对抗中成了安纳托利亚东部的领袖。锡诺普与卡拉曼的埃米尔、格鲁吉亚国王（大卫的女婿）、明戈瑞利亚与阿布哈兹国王（格鲁吉亚血统）均为哈桑的盟友。哈桑本人的直系亲属里有基督徒，他的祖母是一位特拉布宗公主，而他的母亲是一位来自叙利亚北部的基督徒女士，他自己也娶了一位特拉布宗公主——皇帝约翰的女儿狄奥多拉。当时的一个威尼斯旅行者记载："众所周知，当世没有比她更美的女人了。"有乌宗·哈桑这个朋友，特拉布宗皇帝相信自己是安全的。

　　苏丹不可能忽视这样一个联盟，但大卫主动挑起了战事。他要求穆罕默德免除他哥哥的贡金，并通过乌赞·哈桑的使节提出了这一要求，而这些在君士坦丁堡的使节代表他们的主人提出了更加傲慢的要求。1461年夏，穆罕默德准备了水陆大军去惩罚这些无礼之徒。当海军将领卡西姆（Kasim）帕夏率领的舰队沿着安纳托利亚的黑海海岸驶出时，苏丹在布鲁萨加入了陆军。目睹敌军的骇人声势，哈桑的联盟开始土崩瓦解。6月，当陆军向锡诺普进发时，海军舰队停顿下来，占领了热那亚港口城市阿玛斯特里斯（Amastris）。大约在月末，海陆两军在锡诺普城前会师。锡诺普埃米尔伊斯梅尔为穆拉德二世的女婿，他派出自己的儿子（也是现任苏丹外甥，名叫哈桑）前去斡旋，徒劳地想要扭转危局。穆罕默德坚持让锡诺普投降，作为回报，伊斯梅尔可获得菲利普波利斯（Philippopolis）① 及其周边乡村作为采邑。伊斯梅尔不情愿地接受了条件。于是苏丹的军队进入了锡诺普，没有遇到抵抗，继续向乌宗·哈桑的领土推进，并开始围攻其边境要塞克

① 　即今天所称的舍赫巴（Shahba），位于叙利亚大马士革以南87公里处。

尤鲁堡（Koylu Hisar），而卡拉曼人没有采取任何行动援助他们的盟友。乌宗·哈桑向东撤退，同时派他的母亲萨拉可敦（Sara Khatun）携带重礼前往苏丹的营帐。穆罕默德彬彬有礼地接待了她，苏丹此时并不想与白羊王朝全面对抗，于是他同意和解，条件是他可以继续据有克尤鲁堡。然而萨拉试图拯救儿媳祖国的努力失败了。她劝说苏丹道："何必为自己徒增烦恼，我的孩子，难道没有比特拉布宗更好的目标了吗？"苏丹则回答：我手持伊斯兰之剑，为信仰而战是我的使命。

7 月初，土耳其舰队抵达了特拉布宗，水兵们登陆后蹂躏了城郊。但他们面对牢固的城墙无计可施。8 月初，陆军的前锋来到了城下，领军的是大维齐马哈茂德。同许多苏丹的新晋大臣一样，他也是一名改宗者，其父为一位塞尔维亚王子，而母亲是一位特拉布宗贵妇。他有一位表兄住在城里，就是学者乔治·阿米罗特斯。阿米罗特斯在昔日的佛罗伦萨大公会议上是统一派的一员，深受大卫的器重——不仅因其学识渊博，而且因为他与罗马的关系有利于帝国与西方的外交谈判。马哈茂德派遣他的希腊裔秘书托马斯·卡塔波莱努（Thomas Katabolenou）出使特拉布宗，表面上是为了劝降皇帝大卫，暗地里是为了和阿米罗特斯接触。大卫起初态度强硬。来自拜占庭名门坎塔库泽努斯家族的皇后海伦娜此刻正在格鲁吉亚乞求其女婿（即格鲁吉亚国王）的援助。然而阿米罗特斯已被马哈茂德用重金收买，告诉皇帝乌宗·哈桑已经与土耳其单方面停战，且这一消息已被萨拉可敦的信件所证实，而当阿米罗特斯进一步向皇帝报告说，马哈茂德向他保证，如果投降，苏丹会在别处为皇帝补偿地产时，后者动摇了。大卫遣使向正带着主力部队赶来的苏丹提出，他愿意投降，前提是苏丹在帝国境内任选面积与价值和特拉布宗相当的土地作为补偿，并且与他的次女安娜联姻。可苏丹正为特拉布宗皇后的外交努力震怒不已，表示只能接受无条件投降。在阿米罗特斯屡次谏言表示抵抗绝无出路，并且萨拉可敦写信私下保证皇室会得到礼遇之后，大卫让步了。这很难怪他。乌宗·哈桑及其突厥盟友让他失望了，也没有任何西方国家能够向他提供援助，而格鲁吉亚势单力薄，并不愿独自干涉。特拉布宗凭借坚固城防或许能坚持数周，但没有人会来救他。[33]

1461 年 8 月 15 日，最后一座希腊人的首都被土耳其苏丹占领了。此时距米哈伊尔·帕列奥列格①从拉丁人手中收复君士坦丁堡并为希腊世界带来一缕中兴曙光已有 200 年。萨拉可敦的承诺得到了兑现。皇帝及其子女，包括年轻的侄子阿莱克修斯受到苏丹的盛情接待，后者派专船将帝国官员及其全部财产转移至君士坦丁堡，不过有部分珠宝被赠予萨拉可敦以感谢她居间调停。但并非所有皇室成员都获得了自由。大卫的嫂子玛利亚·加提卢西大约二十年前嫁给了他流亡君士坦丁堡的兄长亚历山大，②丈夫过世后便携幼子居住在特拉布宗，此时被召入了苏丹的后宫。她

---

① 即拜占庭帕列奥列格王朝皇帝米哈伊尔八世，1261 年 8 月 15 日在君士坦丁堡举行入城式，宣告帝国首都光复。

② 特拉布宗皇帝阿莱克修斯四世共有三子，按长幼顺序分别为约翰、亚历山大、大卫。约翰原为太子，1426 年他谋杀了据称与母后有染的廷臣，并掀起了叛乱。叛乱被镇压后，他被迫流亡格鲁吉亚，其间迎娶了格鲁吉亚公主巴格拉提奥尼（Bagrationi）。而阿莱克修斯四世则立第二子亚历山大为皇储，并为他迎娶了莱斯博斯岛与萨索斯岛领主多里诺·加提卢西之女玛利亚·加提卢西。1427 年约翰来到热那亚位于克里米亚的殖民地卡法，组织了一支庞大舰队重返特拉布宗，再次掀起叛乱。父王阿莱克修斯亲自出征讨逆，但在 1429 年 10 月某日夜被约翰收买的贵族刺杀。约翰最终获得内战胜利，加冕登基，而亚历山大不得不携妻子流亡君士坦丁堡。

仍然美丽动人，穆罕默德似乎越来越喜欢她，而她的儿子作为他最喜欢的侍从之一也变得非常有名。[34]

剩余的特拉布宗人受到了严厉的对待。贵族家庭被剥夺了财产，并被集体送往君士坦丁堡，苏丹在那里为他们提供了新的住宅和足够的钱，使他们可以开始新的生活。剩下的全部男性市民与许多妇女儿童沦为了奴隶并被苏丹及其大臣们瓜分。余下的妇女被用船运往君士坦丁堡，另有 800 个男童被选入土耳其新军。[35]

帝国的偏远地区也很快陷落了。克拉松特城（Kerasount）坚持了一段时间，并以体面的条件投降，使城中的希腊居民的安全得以保全。一些山村进行了抵抗。科尔杜莱（Kordyle）城堡在一个农村女孩的领导下据守了很久，后者在古老的本都（Pontus/Pontic）民谣中被长期传颂。但在强大的土耳其军队面前，没有哪个要塞能坚持很久。到了 10 月，穆罕默德返回了君士坦丁堡，昔日"大科穆宁"的领土已完全归他所有。[36]

这意味着自由希腊世界的终结。"罗马世界已成往事，罗马土地被征服了。"当时的吟游诗人如此悲叹道。[37] 的确，还有一部分希腊人生活在基督徒的统治下，如塞浦路斯岛、爱琴海与爱奥尼亚海的某些岛屿以及希腊本土上仍被威尼斯人占据的一些海港，但他们均处于异族的统治下，而后者的基督教派在希腊人看来也属于"异端"。① 只有伯罗奔尼撒半岛东南的一些偏僻乡村似乎还保持着独立，因为土耳其人不敢深入那里崎岖不平的山区。

很快，整个巴尔干的东正教地区都落入了土耳其人手中。只

---

① 威尼斯人信奉天主教，与希腊东正教存在差异。

要斯坎德培还活着，阿尔巴尼亚人尚能维持脆弱的独立，但随着他于 1468 年 1 月死去，他的国家也迅速被土耳其人征服。威尼斯人在此之前很久便已经丢掉了阿尔巴尼亚沿海的港口。再往北，在被称作泽塔（Zeta）^①的地区，一些山民坚持了下来，形成了日后被称作黑山的公国，虽然他们有时承认土耳其有时承认威尼斯的宗主权，却从未丧失自治权。塞尔维亚人与波斯尼亚人也都被奴役了。多瑙河对岸的瓦拉几亚君主们早在 1391 年便承认了土耳其的宗主权，不过每当匈牙利大军压境时便予以否认。1456 年至1462 年，因惩罚敌人的严酷手段而得名"穿刺者"（Impaler）的大公弗拉德^②公然违抗苏丹的权威，甚至将苏丹的使节活活钉死，不过随着他的垮台，土耳其也旋即恢复了对瓦拉几亚的宗主权。摩尔达维亚大公彼得三世于 1456 年沦为了土耳其封臣，然而他的儿子斯蒂芬四世拒绝承认土耳其的宗主权，并在他漫长的统治期

---

① 巴尔干古国名，领土大致涵盖今天的黑山及阿尔巴尼亚西北部，因当地的泽塔河而得名。

② 弗拉德三世（Vlad Ⅲ, Prince of Wallachia）亦以其父名德拉库拉（Dracula）著称，瓦拉几亚传奇历史人物。他幼年时一度沦为土耳其人质，后回国接任大公职位，并在 1459 年扫除境内割据贵族势力，开始拒绝承认土耳其宗主权。穆罕默德二世派出使臣催问其应上缴的年贡，弗拉德却下令将使者处以穿刺刑，其"穿刺者"的绰号由此得来。此后弗拉德与土耳其正式开战，并多次击败对手。1462 年，穆罕默德二世扶持弗拉德之弟拉杜及国内不满的贵族发动政变，推翻了弗拉德的统治，后者不得不长期流亡国外。1475 年拉杜去世，一年后弗拉德回国恢复统治，但仅仅两个月后便遇刺身亡（一说阵亡），其头颅被作为战利品带回君士坦丁堡。弗拉德虽然作战勇猛，在战场上令土耳其人望而生畏，但生性残暴嗜血，不仅对土耳其战俘，甚至对本国贵族百姓，也常常施加穿刺之刑，并以此为乐。因其残暴恐怖，当年便有他喝人血的传言。死后数百年，弗拉德更逐渐成为诸多文学影视作品中"吸血鬼"的原型，最知名的为英国小说家布拉姆·斯托克的小说《吸血鬼德拉库拉》。

间（1457—1504 年）使土耳其人无法迫近。^①但在他去世九年后，其子波格丹（Bogdan）便向苏丹塞利姆一世投降了。³⁸

然而，有一个东正教国家，苏丹的军队从来未曾踏上其土地。当拜占庭帝国在土耳其人的打击下日渐衰落时，罗斯人却成功驱逐了他们的鞑靼统治者，重获独立。罗斯的改宗也是拜占庭教会的荣耀。但如今，罗斯比拜占庭更加强大，而罗斯人也完全意识到了这一点。大约在 1390 年，君士坦丁堡牧首安东尼已经不得不写信提醒罗斯人的最高统治者莫斯科大公瓦西里一世（Basil Ⅰ），无论如何，君士坦丁堡的皇帝仍然是唯一的皇帝，是上帝在人间真正的代理人。不过现今君士坦丁堡已然陷落，皇帝殉国，东正教的领袖不复存在了。此外，罗斯人认为君士坦丁堡之所以陷落是因为拜占庭人同意与西方教会统一，犯下了叛教之罪的缘故。罗斯人愤怒地拒绝了佛罗伦萨大公会议的统一决定，并驱逐了希腊人强加给他们的统一派大主教伊西多尔。现在，由于他们此时不仅在宗教上毫无污点，还拥有东正教世界唯一保持独立的当权者，而且其实力还在稳步增长。莫斯科大公难道不是继承了东正教帝国吗？"征服者"苏丹穆罕默德二世或许在君士坦丁堡建立了统治，并自称继承了拜占庭皇帝的特权。然而，真正的基督教帝国已转移到莫斯科了。"君士坦丁堡已经陷落，"莫

---

① 原书作斯蒂芬四世，经译者查证，此时在位者应为斯蒂芬三世（也译作斯特凡三世），他是摩尔达维亚历史上有名的君主，多次率军以弱胜强，击败匈牙利、土耳其、波兰军队，被罗马尼亚人视作民族英雄。而之前的统治者彼得三世并非斯蒂芬之父，而是他叔父，1457 年被后者推翻（彼得三世靠暗杀博格丹二世继位，而博格丹二世是斯蒂芬三世之父）。朗西曼误将三世作为四世，译者分析有可能是因为该历史时期摩尔达维亚内乱不断，皇位更迭频繁，之前的斯蒂芬二世曾先后两度在位，故作者或许将他算作了两任君主。

斯科都主教于 1458 年写道，"这是因为它背弃了真正的东正教信仰。但在这里，信仰依旧存在，君士坦丁堡将七次普世大公会议①的信仰授予了伟大的弗拉基米尔（Vladimir）②。如今世间仅存一个真正的教会，那就是俄罗斯教会。"现在俄罗斯的使命是保护基督教。1512 年，非洛修斯修士在一封致他的主人大公或沙皇瓦西里三世的信中说道："各基督教帝国已经灭亡了，取代它们的是我们的统治者的帝国……西罗马帝国与东罗马帝国均已灰飞烟灭，但第三罗马还在，第四个不会出现……您是世界上唯一的基督徒君主，所有虔诚信徒的主人。"由于与帕列奥列格皇室的联姻，瓦西里三世之父的主张有一定的合法性。但对于第三罗马的神秘主义信徒来说，这样的联姻是无关紧要的。如果一定要从王朝血统上寻求合法性，他们宁愿回溯到五个世纪前弗拉基米尔一世（第一位改宗基督教的基辅罗斯大公）与拜占庭公主安娜的那次婚姻（这段婚姻实际无子）。不过在他们看来，莫斯科的继承权与世俗的外交毫无关系，这显然是上帝的旨意。

　　因此，在东正教世界中，只有罗斯人从君士坦丁堡的陷落中获得了一些好处。对传统拜占庭境内在异族的奴役下呻吟的东正教徒来说，知道在遥远的地方仍有一个伟大的东正教统治者，给他们带来了慰藉和希望：他将为他们提供保护，也许有一天，他会来拯救他们，恢复他们的自由。"征服者"穆罕默德几乎没有注意到罗斯人的存在。但在未来的几个世纪中，他的继任者们不能

---

①　东正教会只承认自第一次尼西亚公会议（325 年）至第二次尼西亚公会议（787 年）间的前七次普世大公会议，如果按罗马天主教会的标准，则截至第二次梵蒂冈大公会议（1962—1965 年），共有 21 次。

②　弗拉基米尔被称作 "Vladimir the Great"，基辅大公，率先受洗，带领国民皈依了东正教，在位期间基辅罗斯国力强盛，去世后被东正教会追认为圣徒。

再像他一样轻视了。[39]

罗斯人确实距离遥远。穆罕默德有更急迫的任务需要关注。征服君士坦丁堡的战功已经确保奥斯曼帝国成为欧洲的强国之一，他在欧洲的强权政治中也有一席之地。他深知所有基督徒都是他的敌人，所以需要确保他们不会联合起来对抗他。

这并不是什么困难的任务。基督教强权援救君士坦丁堡的失败，昭示了它们是多么不愿意为自己的信仰而战，除非涉及了他们的切身利益。唯有教廷和散布在西方的一些学者与浪漫文人在想到这座承载了悠长历史的基督教城市落入异教徒之手时，才真正感到震惊。那些参与君士坦丁堡保卫战的意大利人，如朱斯提尼亚尼及博基阿尔多兄弟，可能是被基督教的情感所感动，但他们的政府却是精打细算的。坐视君士坦丁堡沦陷从商业上来说固然是一场灾难，但冒犯土耳其人也同样是灾难性的，因为它们已经与土耳其人展开贸易且有利可图。西方的君主们对此不感兴趣。即使是阿拉贡国王这样的人物（长期以来，他梦想着在黎凡特建立一个庞大的帝国），也没有做好将梦想转化为行动的准备。土耳其政府很快就洞察了这一切。他们从不缺乏优秀的外交官。苏丹或许不得不与威尼斯、匈牙利，或许还有教廷能召集的少数盟友作战；但他会一个一个地与它们交战。在致命的摩哈赤战场上，没有人前来援助匈牙利；[①] 罗得岛被围攻期间，亦无人向岛上的圣约翰骑士团派遣援军；[②] 更没有人关心威尼斯人丧失塞浦路斯的领

---

① 指 1526 年 8 月 29 日，苏丹苏莱曼大败匈牙利的战役。

② 1480 年，穆罕默德二世曾对罗得岛的医院骑士团发动围攻，但铩羽而归；1522 年，苏莱曼一世再度进攻罗得岛，经过苦战，终于在 1523 年逼迫骑士团有条件投降。关于罗得岛战役详情，可参阅本人拙著：马千，《医院骑士团全史》，台海出版社，2016 年。

地。威尼斯与哈布斯堡王朝的确携手在勒班陀海战中获胜，[①]但收效甚微。甚至哈布斯堡的君主们被迫独自面对维也纳遭到的威胁。[②]在德意志与意大利，人们数十年来为土耳其这个邻居感到惴惴不安，可这并不能使他们平息内争，一致对外。当多任最信奉基督教的法国国王摒弃了他的国家在十字军东征的伟大岁月中所扮演的角色，选择与异教徒苏丹结盟对抗神圣罗马帝国皇帝时，人们清楚地意识到，十字军精神已经一去不复返了。

---

① 勒班陀战役（Battle of Lepanto，1571 年 10 月 7 日）是欧洲基督教国家联合海军与奥斯曼帝国海军在希腊勒班陀（Ναύπακτος）近海展开的一场海战。由西班牙王国、威尼斯共和国、教宗国、萨伏依公国、热那亚共和国及马耳他骑士团组成的神圣同盟（Holy League）舰队在整天的战斗中击溃了奥斯曼海军，令奥斯曼帝国从此失去在地中海的海上霸权，一定程度上遏制了土耳其的向西扩张。这场战役也是历史上最后一场以帆桨战船为主的大型海战。西班牙文豪塞万提斯也参加了此次海战，并英勇负伤，失去左臂。参见：富勒，《西洋世界军事史·卷一》，487—501 页；R. C. Anderson, *Naval Wars in the Levant, 1559-1853*, Martino Pub, 2006; Roger Crowley, *Empires of the Sea: The Siege of Malta, the Battle of Lepanto, and the Contest for the Center of the World*, Random House Trade Paperbacks, 2009; Niccolo Capponi, *Victory of the West: The Great Christian-Muslim Clash at the Battle of Lepanto*, Da Capo Press, 2008; Angus Konstam, *Lepanto 1571: The Greatest Naval Battle Of The Renaissance*, Osprey Publishing, 2003。

② 土耳其人曾几度发起对维也纳的大围攻。

第十三章

幸存者

　　西欧的良心虽然受到了触动但仍未被唤醒。希腊裔枢机主教伊西多尔与贝萨里翁或许在四处奔走，大声疾呼；教宗庇护二世出于对希腊文化的仰慕，也竭力整合各种资源以图援救东方。但他们所能做的，仅仅是给那些逃离土耳其人兵锋的难民带来些许慰藉。

　　这样的难民并不很多。穷苦人家只能留在东方，听天由命。在这出戏中起过作用的大人物中，有一些自发地归顺了苏丹，更多的人被关押或处决。其余的人则流亡意大利避难。

　　两大古老王朝的后裔很快就几乎消亡了。皇帝君士坦丁幸存的兄弟之一德米特里最初受到了苏丹的优待。他得到了原本属于加提卢西家族的封地，包括埃诺斯城、利姆诺斯岛、伊姆布罗斯岛以及萨索斯与萨莫色雷斯的一部分。以上领地为他带来了一笔高达 60 万银币的年金（一半来自各岛屿，一半来自伊姆布罗斯）。此外，苏丹的铸币厂每年还向他提供 10 万银币。德米特里携妻子佐伊及其兄弟马修·阿森（Matthew Asen，昔日为科林斯总督，现为德米特里封地的盐业专卖官）在埃诺斯平静地渡过了 7 年的时光。他终日以狩猎、宴饮打发时间，并把他的大部分财富捐赠给了教会。1467 年，他的封地突然被褫夺了。根据弗兰泽斯相信的说法，这是因为马修的下属擅自扣留了本应上缴苏丹的盐业税，而马修与德米特里不得不为此担负责任。马修此后的命运没有记录。德米特里则被取消了全部岁入，贫困潦倒地居住在季季莫蒂霍。一日途经此地的苏丹遇见了德米特里，很同情他，于是下令用帝国谷物专卖的收入支付他每年 5 万银币的津贴。没过多久，德米特里与妻子双双遁入修道院隐居。1470 年他于一座阿德里安堡附近的修道院内逝世，几个月后，妻子也随他而去。他们唯一的孩子海伦娜被正式纳入了苏丹的后宫，但她似乎保住了贞洁，独居在位于阿德里安堡的住所内。她早于父母数年去世，并将所余珠宝服饰赠给了君士坦丁堡牧首区。[1]

专制君主托马斯则与家人逃往科孚岛，随身携带着圣髑——原本珍藏于帕特雷的使徒圣安德鲁（Saint Andrew）①的头骨。1460 年末，他带着圣髑来到意大利，1461 年 3 月 7 日，举行进城仪式进入罗马。一周以后，为了对托马斯进献圣髑表示嘉许，教宗授予他金玫瑰勋章②。此后他一直寓居意大利，期待有朝一日能

---

① 耶稣的第一位门徒，也是十二使徒之一，相传在希腊传教时被钉 X 形十字架而殉道，至今为俄罗斯、罗马尼亚、苏格兰主保圣人。

② "金玫瑰"是一种传统上每年由教宗祝圣并进献的黄金饰物，偶尔也用于赠送、嘉奖某些杰出人物或教堂。金玫瑰原则上在每年四旬期（Lent，或称大斋期，从大斋首日至复活节，共 40 日）第四个周日（亦称作"玫瑰周日"）祝圣。最初是代表宗教寓意：金玫瑰花枝象征基督的神圣性，而其香味代表基督的气息，玫瑰倒刺与红色则象征基督遭受的苦难。早年教宗既将它颁发给男性也授予女性，但 19 世纪后逐步成为一项女性荣誉。著名的金玫瑰获得者除本书提到的拜占庭皇子托马斯，还包括法国国王路易七世（1148 年）、匈牙利国王拉约什一世（1348 年）、神圣罗马帝国皇帝腓特烈三世（1452 年）、卡斯蒂利亚女王伊莎贝拉一世（1493 年）、法国国王亨利四世（1592 年）、奥匈帝国皇后伊丽莎白（即茜茜公主，1868 年）、卢森堡女大公夏洛特（1956 年）等。

重返摩里亚。教宗个人每月赠予他300达卡特的津贴，枢机主教们又从他们的收入中额外为他提供500达卡特。直至晚年，他依然仪表堂堂，举止高贵，深受意大利人敬仰；为了取悦意大利人，他公开接受了天主教的信仰。他的妻子凯瑟琳·扎卡里亚被留在科孚岛，于1462年8月去世。1465年，托马斯将子女们也召至罗马，数日后，5月12日，他与世长辞，享年56岁。[2]

托马斯膝下共有四个子女。长女海伦娜孩提时代便嫁给了拉扎尔三世·布兰科维奇，共育有三女。1459年，在丈夫去世后不久，她将自己的长女玛利亚嫁给了波斯尼亚国王斯蒂芬。当土耳其攻占波斯尼亚时，年轻的王后被送进了某奥斯曼将领的后宫，海伦娜与另两个女儿不得不逃往莱夫卡斯（Leucas）。其中一个女儿米利扎（Militza）嫁给了凯法利尼亚岛（Cephalonia）与莱夫卡斯岛领主莱昂纳多三世·托科，但几个月后便死去了，没有留下孩子。另一个女儿伊雷妮（Irene）嫁给了斯坎德培之子约翰·卡斯特里奥特，在斯坎德培死后与丈夫搬到了意大利。海伦娜本人留在女婿位于莱夫卡斯岛的领地，成了一名修女，并于1474年逝世。[3]

海伦娜的弟弟妹妹们要年幼许多。安德鲁生于1453年，曼努埃尔生于1455年，而佐伊大约生于1456年。这些孤儿后来被教廷收养。1466年6月，佐伊嫁给了卡拉乔洛（Caracciolo）家族的某位罗马贵族，但很快就成了年幼的寡妇。1472年，教宗西克斯图斯四世（Sixtus Ⅳ）为她安排了与莫斯科大公伊凡三世的联姻，在他看来，这是一次外交上的胜利。婚礼在梵蒂冈举行，但大公仅仅派代表列席。教宗亲自送给新娘一笔6000金达卡特的嫁妆，然而，当佐伊（此时已改名索菲亚）抵达俄国后，很快便放弃了天主教信仰，全身心投入到东正教会的政治活动中。她的女儿海伦娜在嫁给波兰国王亚历山大·雅盖隆（Alexander Jagellon）后重返天主教，但她的儿子瓦西里三世（Basil Ⅲ）及其继任者却依然拥护东正教派。①波兰王后海伦娜膝下无子。一个世纪后，瓦西里三世的世系随着其曾孙女阿纳斯塔西娅·费奥多罗芙娜（Anastasia Feodorovna）及其孙皇太子德米特里（Dmitri）的去世，也宣告终结。

托马斯的儿子们的事迹就显得有些乏善可陈了。曼努埃尔在意大利度过了他的青年时期，教宗每月给他 50 达卡特的津贴。大约在 1477 年，他突然前往君士坦丁堡，自愿投靠苏丹。穆罕默德亲切地接待了他，赠予他一处地产和一笔津贴。他于该地成婚，然而新娘姓名与他的逝世日期均已无从考证。他的长子约翰早夭，次子安德鲁后来改信伊斯兰教，以穆罕默德帕夏为名作为一名土耳其宫廷官员结束了一生。他似乎没有留下后代。托马斯的长子安德鲁留在了意大利，靠每月 50 达卡特的微薄津贴生活。他被视作拜占庭皇位继承人并自称"蒙上帝恩典虔诚的君士坦丁堡皇帝"（Deo gratia fidelis Imperator Constantinopolitanus）。然而，他的行为却毫无帝王风采可言。1480 年，他与一名来自罗马的风尘女子卡特琳娜结婚，并因此负债累累。他鼓动教宗西克斯图斯四世为他提供 200 万金达卡特，以便他组建一支远征军光复摩里亚和用于其他的目的。但这与他准备向外国野心家出售其头衔和特权的努力一样，无法挽救财政破产的窘状。1490 年，安德鲁前往妹妹所在的俄国宫廷，但事与愿违，他并不能因此获得金钱上的

---

① 教宗本想通过联姻诱使俄国改信天主教，但这一政策显然失败了。

帮助。很快，安德鲁被视作不受欢迎之人，被迫离去。终于，在 1491 年，他从法国找到了"知己"——法王查理八世①，后者甚至为安德鲁偿还了部分债务。他为查理八世 1493 年对意大利的入侵击掌叫好，并亲自北上加入了国王的远征军。② 1494 年 9 月 16 日，他与法王签署了一项协议，慷慨地将他对君士坦丁堡、特拉布宗、塞尔维亚等地的御座继承权让与查理，自己仅仅保留了摩里亚君主国。第二年 5 月，当查理攻下那不勒斯后，许诺为安德鲁提供一笔 1200 金达卡特的年金。但在查理离开意大利后（1495 年底），该年金是否曾如约给付是值得怀疑的，而当查理于 1498 年驾崩后，这项资助自然也就到头了。安德鲁很快又背上了债务。1502 年，他再度签署契约，将全部权利转让给西班牙统治者斐迪南（Ferdinand）与伊莎贝拉（Isabella），但他没有从他们那里拿到钱。当他于是年 6 月去世时，其遗孀甚至不得不祈求教宗资助 104 达卡特以便使她能够埋葬亡夫。他留下一个儿子，名叫君士坦丁。这位继承人虽相貌俊美，但人品卑劣，曾经担任教宗卫队

---

① 查理八世（Charles Ⅷ l'Affable，1470—1498 年）是法国瓦卢瓦王朝嫡系的最后一位国王（1483—1498 年间在位）。在位期间，查理八世表现出空前的野心。他企图控制意大利，结果使法国卷入了长达半个世纪的意大利战争（又称哈布斯堡-瓦卢瓦战争）。但他的军事冒险在取得初期胜利后就失败了。1494 年，查理八世以王位继承人资格进入意大利，1495 年即攻占那不勒斯并加冕为那不勒斯国王。但他的行动遭到教宗亚历山大六世、威尼斯、米兰及神圣罗马帝国皇帝马克西米连一世和阿拉贡的斐迪南的联合反对。在福尔诺沃战役中，法军战败，查理八世被迫于 1495 年底退出意大利。他后来又制订了征服意大利的计划，但因英年早逝未能成行（死因是查理在前去观看网球比赛途中头部意外撞在了门梁上，几个小时后便不治身亡）。因为其入侵意大利的作为，他在该地的评价颇为负面，如马基雅维利在他的《君主论》及《佛罗伦萨史》中，便把查理八世视为给意大利带来一系列烽火的灾星。

② 由于安德鲁自幼在意大利长大，父母去世后更经教宗抚养，故此举有忘恩负义之嫌。

长，其卒年已不可考。[4]

在托马斯的两个孙子之后（君士坦丁堡的穆罕默德帕夏与罗马人品卑劣的君士坦丁），帕列奥列格皇室血脉至此断绝。[5]一支源自安德罗尼库斯二世的皇室支系从 14 世纪早期开始统治蒙费拉（Montferrat）①，不过在1536年绝嗣，其家族领地财产通过女性继承人传给了曼托瓦侯爵。专制君主塞奥多利（君士坦丁十一世之兄）的后裔，塞浦路斯王后海伦娜死于1458年，她唯一的孩子夏洛特（Charlotte）女王于1487年被放逐罗马并没有留下子嗣。[6]皇帝曼努埃尔·帕列奥列格唯一流传至今的后代现定居于南意大利，为斯坎德培之子约翰·卡斯特里奥特的后裔。[7]

特拉布宗皇室家族的命运则更加悲惨。皇帝大卫投降后享受了两年衣食无忧的生活，但在 1463 年，被他不忠的朋友乔治·阿米罗特斯出卖，后者向土耳其当局告密——前皇帝收到了一份来自他侄女（乌宗·哈桑之妻）的信件，信中她请求让自己的兄弟阿莱克修斯或任意一位皇子来拜访她。苏丹将此视作背叛。1463年 3 月 26 日，大卫被关进阿德里安堡的监狱，11 月 1 日，他与 7 个儿子中的 6 个及侄子阿莱克修斯一并于君士坦丁堡被斩首。他们的尸体被禁止下葬。当皇后海伦娜违抗禁令，亲自用双手挖掘坟墓埋葬亲人后，她被课以 1.5 万达卡特的罚金，并限期于三日内交付，否则她也会被处死。皇后的挚友与随从为她筹集了这笔款项，但她自此穿着麻布在一个草棚里度过了短暂的余生。她最小的儿子乔治只有 3 岁，被当作穆斯林抚养长大。后来苏丹允许他拜访哈桑的宫廷，于是他趁机投奔了自己在格鲁吉亚的姐姐。乔治改信

---

①　位于今日意大利西北皮埃蒙特区境内，是意大利重要葡萄酒产区之一。

了基督教并娶了一位格鲁吉亚公主，两人似乎育有后代，但这个家庭进一步的详细情况无人知晓。他的另一个姐姐安娜起初被送进了苏丹后宫，后来被短暂地赠予马其顿总督扎加诺斯帕夏。她也被强制要求改信伊斯兰教，但在晚年，她设法重返故国，定居在特拉布宗附近的乡间。在那里，她建立了一座以自己的名字命名的村庄 Kyranna，并捐资修建了一座教堂。孀居的玛利亚·加提卢西在苏丹后宫平稳地度过了余生，她的儿子，另一位阿莱克修斯继续受到苏丹的恩宠，其最终结局无人知晓。根据传说，他获得了佩拉城墙外的封地，并被当地人称作"贝伊之子"。今天伊斯坦布尔的贝伊奥卢（Beyoğlu/Beyoglu）区即因他而得名。[8]

人们对于皇帝君士坦丁十一世那些幸存下来的大臣及其家庭的命运所知不多。如果他们重获自由，他们多选择隐居生活。秩序一恢复，苏丹就准备允许人们赎回俘虏。在收到学者菲莱尔福的一封谄媚过头的信后，他释放了菲莱尔福的岳母曼弗雷迪娜·多里亚（Manfredina Doria，约翰·克里索洛拉斯的遗孀），并将她送到意大利与女婿团聚，据说她过去曾与女婿关系暧昧。[9]君士坦丁忠实的挚友与秘书弗兰泽斯在几年后设法赎回了自己和妻子，随后二人退隐至科孚岛。不过他依然保持着对同胞的关注以及对主人一家的感情。在托马斯之女，前塞尔维亚太后的邀请下，他曾前往莱夫卡斯拜访她的女婿莱昂纳多，后者的姐姐是皇帝君士坦丁的首任妻子；1466 年，他还来到罗马，参加了佐伊公主的婚礼。不久之后，他与妻子进入了修道院隐居。在修道院里，他写完了自己的回忆录。在书的结尾，他加入了一段关于信仰的言论。他在其中表明，尽管他与东正教会的统一派保持着友谊，但他还是不能接受所谓的"和子说"。他的历史记载截止于 1477

年，他本人大约在一年后逝世。[10]

一些流亡者来到威尼斯，投奔弗兰泽斯昔日的死敌（即卢卡斯·诺塔拉斯）之女。安娜·诺塔拉斯在威尼斯定居多年，一直倾其所有救济她不幸的同胞们。[11]

两位希腊枢机主教也定居于意大利。1459 年，格里高利·玛玛斯去世后，教宗将伊西多尔提拔为君士坦丁堡牧首，此举完全破坏了拜占庭教会的所有传统。[①] 1463 年伊西多尔去世，贝萨里翁继承了他的空头衔。此后贝萨里翁致力于兴建一座一流的希腊语图书馆（遗赠给了威尼斯市），并尽力帮助希腊难民，直到他在 1472 年去世。莱昂纳德大主教回到了他在莱斯博斯岛的教区，直至该岛于 1462 年被土耳其人征服。随后他得以重返君士坦丁堡，但这次是作为囚犯。他很快就被赎回并前往意大利，于 1482 年在那里去世。[12]

在君士坦丁堡陷落后不久，乔治·阿米罗特斯曾写信给贝萨里翁，恳请后者提供资金营救他的次子巴西尔，而他曾经通过在特拉布宗施展计谋赢得土耳其人的青睐。他的表弟马哈茂德帕夏仍然将其视作坚定盟友并向苏丹举荐他。而在乔治的长子亚历山大改信伊斯兰教后，他的地位得到了提高。穆罕默德对他的博学印象深刻，委托他为托勒密（Ptolemy）[②] 的《地理学》制作最新版

----

① 牧首应该由拜占庭皇帝（而非教宗）任命。

② 托勒密（约 90—168 年），相传生于埃及的一个希腊化城市赫勒热斯蒂克。古希腊天文学家、地理学家和光学家。托勒密生前著述颇丰，其中的三部对伊斯兰世界和欧洲的科学发展有很大的影响。第一部是《天文学大成》，也是传统地心说的核心著作。第二部《地理学》，乃是一部全面探讨希腊罗马地区地理知识的典籍。第三部是有关占星学的《四书》，书中尝试改进占星术中绘制星图的方法，以便融入当时亚里士多德的自然哲学。虽然托勒密的诸多学说已被现代科学证明存在谬误，但历史上他对西方天文地理学影响极大。其《地理学》一书，英文版可参见：Ptolemy, *Ptolemy's Geography*, trans. J. Lennart Berggren, Alexander Jones, Princeton University Press, 2000。

本，他的儿子亚历山大此时作为一名优秀的阿拉伯语学者，为这本书提供了阿拉伯语名字，然后将全文翻译成阿拉伯文。后来，1463 年，虽然此时乔治的发妻依然在世，他爱上了末代雅典公爵的遗孀（她在君士坦丁堡靠一份津贴生活）并向她求婚。君士坦丁堡牧首丢尼修（Dionysius I）因其有重婚嫌疑拒绝批准。于是乔治便开始密谋罢黜牧首，而且自己改信了伊斯兰教。几周后，他在与人玩骰子时突然去世。这是对他的神判。[13]

作为照亮自由的拜占庭帝国最后岁月的学者中的一员，人们希望格弥斯托士·卜列东能够在乱世中带头重整秩序，团结他的人民的教会，并为他们提供一个在黑暗中仍然可以上演帝国礼仪的旧剧的场所，等待黎明的到来，拜占庭届时将像凤凰一样重生。[14]

这个黎明一直没有到来。属于普世基督教会的古老的拜占庭帝国一去不复返了。

我们很容易认为，在历史的长河中，1453 年的意义不大。拜占庭已经注定会毁灭。随着帝国领土萎缩、人口锐减、财政枯竭，无论土耳其人选择什么时候发起致命一击，它都必然会灭亡。认为君士坦丁堡的陷落促使希腊学者涌向意大利的观点是站不住脚的。在这之前超过一代人的时间里，大批希腊学者便已经前往意大利定居。1453 年，两位希腊世界的伟大学者，一个是贝萨里翁，早已移居意大利，另一位金纳迪乌斯仍然留在了君士坦丁堡。如果说意大利的海上贸易出现了某种衰退，更多的是因为新航路的发现，[①] 而不能归咎于土耳其人控制了海峡。诚然，热那亚在1453 年之后迅速衰落，但这主要源于它在意大利本土地位不稳，

---

① 指 15 世纪开始的"地理大发现"。

而威尼斯则在未来的许多年里一直保持着活跃的黎凡特贸易。如果说俄国人现在作为东正教的拥护者站了出来，并将莫斯科提升为"第三罗马"，也并不是一个颠覆性的想法。多年以来，随着俄国军队将异教徒鞑靼人赶回了草原，随着君士坦丁堡陷入衰颓并与西方做了不正当的交易，俄国人心中便已开始酝酿这样的想法。种子早已播下，君士坦丁堡的陷落不过令它瓜熟蒂落罢了。如果苏丹穆罕默德没有那么坚决而哈利勒帕夏更有说服力，或者威尼斯的增援舰队提前两星期起航，或者在最后的危急关头朱斯提尼亚尼没有在城墙上负伤，科克波塔门被关上了，从长远来看，局势也不会有太大的改变。拜占庭也许可以再坚持十年，土耳其对欧洲的入侵也许将被推迟，但西方国家并不会充分利用这样的喘息时间。相反，君士坦丁堡的存续将被视为危险毕竟不是那么迫近的标志。西方就会如释重负，转而处理自己的事务，而土耳其人在几年后就会卷土重来了。

　　然而，1453 年 5 月 29 日是历史上的一个转折点。它标志着古老的拜占庭文明的终结。在长达 11 个世纪的岁月里，屹立在博斯普鲁斯海峡旁的这座城市中，知识精英受到推崇，古典时期的学问和文章被保存下来，得到了钻研。没有拜占庭评注者和抄写员的努力，我们今天对古希腊的文学就会几乎一无所知。君士坦丁堡同样是一座艺术之都，几个世纪以来，在历任统治者的支持和鼓励下，形成了一个在人类历史上独一无二的艺术流派。这种艺术产生于一种不断变化的融合，其中既有冷静理智的希腊人对事物秩序的认识，也有从艺术作品中看到神的化身和物质的神圣化的深刻宗教意识。它也是一座伟大的世界性城市，在这里，人们不仅可以自由地交换商品，还可以自由地交流思想，其市民不把自己视为一个单一的种族，而是认为自己是希腊和罗马的继承人，并由于信仰基督教而变得神圣。这一切现在都结束了。新的主宰民族并不鼓励他的基督教臣民钻研学术。没有了政府的赞助，拜占庭艺术开始衰落。新的君士坦丁堡依然是一座辉煌的世界大都市，经济繁荣、人口稠密，密布着华美的建筑。但它的美丽是为了表现苏丹的世俗权威，而非基督教上帝在地上的王国的权威，它的居民在信仰上也是分裂的。君士坦丁堡的确获得了重生，几个世纪以来一直是游客们的圣地，但它已经是"伊斯坦布尔"了，不再属于拜占庭了。

拜占庭在最后的日子里的英勇抵抗没有取得任何成果吗？它无疑给苏丹留下了深刻的印象，正如他在攻占城市后的残暴行为所表明的。他不愿过于触犯希腊人。他素来仰慕希腊人的学识，此刻他发现古希腊的英雄主义也并未完全消泯。当秩序恢复后，或许正是这份钦佩促使他更公平地对待其希腊臣民。牧首金纳迪乌斯从苏丹那里争取到的条件使希腊教会及大多数希腊人民重新团结在一个自治政府下。对希腊人而言，未来必将充满艰辛。尽管他们被许诺可享有和平、公正与致富的机会，但他们毕竟沦为了二等公民。奴役不可避免地会带来道德败坏，希腊人也无法摆脱这样的结果。此外，他们的境遇完全依赖宗主的善意。当"征服者"穆罕默德健在时，他们的待遇还算不错；然而在他去世后，其继任者往往不了解拜占庭文明，而且以作为伊斯兰世界的皇帝、哈里发和圣战斗士为荣。很快，奥斯曼帝国伟大的行政机构开始走向衰落。希腊人不得不以欺骗应对腐败，以不忠应对不公，以阴谋反对阴谋。土耳其统治下的希腊历史令人扼腕，且颇不光彩。但是，尽管有种种错误与缺陷，教会还是幸存下来了，而只要教会继续存在，希腊精神就不会真正消亡。

　　怀着长期形成的对拜占庭文明的羡慕与嫉妒，西欧世界深信教宗对东正教分裂基督教这一滔天大罪的指责，同时也对君士坦丁堡最终的沦陷抱有一丝难以挥去的愧疚，于是选择将拜占庭从记忆中抹去。它无法否认自己从希腊人那里获益良多，但认为只是古典时期的希腊人。参加希腊独立战争（1821—1829 年）的西方希腊同情者们谈论着塞米斯托克利斯（Themistocles）与伯里克利（Pericles）①，却无人提起君士坦丁。很多希腊知识分子深受伏尔泰与吉本的学生，鬼才科莱斯（Korais）②的误导，在后者看来，拜占庭仅仅是一段充斥着迷信的丑陋的历史插曲，最好将它遗忘。因此，希腊独立战争从未真正解放希腊人民，而只是建立了一个小小的希腊王国。在农村里还保留着更多的记忆。在那里，

---

①　塞米斯托克利斯（希腊文：Θεμιστοκλης，约公元前 524—前 459 年）是古希腊杰出的政治家、军事家。雅典人。在他极力主张下，雅典建立了一支强大海军。随后在公元前 480 年的萨拉米斯海战中，塞米斯托克利斯指挥希腊海军将大约 600 艘波斯战船诱入雅典外的萨拉米斯湾，然后予以一举歼灭，赢得了自马拉松战役以来，雅典对波斯的又一次辉煌胜利，树立了以后一个世纪的雅典海上霸权。但因雅典人担心他声望过高，影响民主，将他放逐，最后客死波斯。伯里克利（希腊文：Περικλῆς，约公元前 495—前 429 年）是雅典黄金时期（希波战争至伯罗奔尼撒战争）的重要领导人。他在希波战争后的废墟中重建雅典，扶植文化艺术，现存的很多古希腊建筑都是在他的时代所建。他还帮助雅典在伯罗奔尼撒战争第一阶段击败了斯巴达人。他积极培育民主力量，确保了雅典的平民政权。其时代也被称为伯里克利时代，是雅典最辉煌的时代，产生了苏格拉底、柏拉图等一批知名思想家。
②　科莱斯（希腊文：Αδαμάντιος Κοράης，1748—1833 年）是一名人文主义学者及希腊现代文学奠基人，同时也是希腊现代启蒙运动的代表人物。他对希腊独立战争及现代希腊语言的形成均有重要影响。《大英百科全书》中称他对希腊人而言，有如但丁之于意大利人、马丁·路德之于德意志人。虽然他承认东正教对保持希腊人民族认同的作用，但对拜占庭帝国及 1453 年后教会的表现持尖锐批评的态度。

人们还记得当君士坦丁堡沦陷的消息传来时谱写的悲歌——城中的人因其骄奢自满与叛教行为而遭到上帝的惩罚，但英勇地战斗到了最后。他们还记得那个可怕的星期二（君士坦丁堡陷落那一天是星期二），迄今所有真正的希腊人还认为这一天是个不祥的日子；但每当提及君士坦丁生命的最后时刻，他们依然不免心潮起伏，豪情顿生：虽然被西方盟友们背弃，可他屹立在城墙缺口，决不后退一步，直至被异教徒的大军吞没，基督教最后一位皇帝就这样以帝国为裹尸布，离我们远去了。

附录一

关于君士坦丁堡陷落的主要参考资料

对历史学家而言，非常幸运的是，关于君士坦丁堡陷落的历史，今天留下了大量同时代专业历史著述、亲历者的日记和快报。值得注意的是，在考虑了作者的民族、宗教信仰后，他们之间的说法是一致的。我在这里简要介绍一下其中比较重要的报告。

1. 希腊方面：围攻期间，同时代希腊历史学者中仅有一人在场，那就是乔治·弗兰泽斯（虽然其家族最初可能被称作Phrantzes，他几乎可以肯定是自称Sphrantzes，后来又恢复了George Phrantzes这个形式）。他祖籍伯罗奔尼撒，在1400年后不久出生。还在非常年轻的时候，弗兰泽斯加入了皇帝曼努埃尔的秘书处，并在他驾崩后继续为继任者君士坦丁服务，直至后者去世。他与一名皇室远亲结婚，并成了君士坦丁的挚友与顾问。他本人并不赞成教会统一，但他准备忠诚地支持主人的政策。他也有自己的偏见——不喜欢皇帝的两位兄弟塞奥多利与德米特里，尤其嫉妒大公卢卡斯·诺塔拉斯，认为后者是他在宫廷里的竞争对手，一直无法以公平之心对待。作为一名宫廷官员他显得有些自负，不过他的确在朝廷中扮演了重要角色。我们很容易就能看出他讨厌谁，除了这个方面，他的记载总体还是真实可靠的，令人信服。其作品存世的共有两部，一部是涉及 1413 年至 1477 年期间，也就是他本人的生活所涵盖的时期的《小编年史》（*Chronicum Minus*）；另一部是《大编年史》（*Chronicum Majus*），介绍了整个帕列奥列格王朝的历史，并为《小编年史》补充材料。现代研究表明，几乎可以肯定的是，《大编年史》是在一个世纪后由某位名叫马卡里奥斯·梅利塞诺斯（Macarius Melissenus）的人编纂的。然而，关于围攻的记载包含在原始版本中。弗兰泽斯可能在被土耳其人俘虏时弄丢了他的原始笔记，但他在记忆犹新时重写了它们。他对具体日期的记录有些模糊，尽管他非常重视时间顺序的准确性，而且他从未放弃过自己的偏见。在所有其他方面，他的叙述是翔实、生动和令人信服的。他的希腊文写得很好，风格轻松朴实。[1]

　　杜卡斯（全名可能为 Michael Ducas）是一个比较不起眼的人物，我们对其生平知之甚少。显然，他大部分时间都在为热那亚人效力，君士坦丁堡被围困时可能就住在希俄斯岛。杜卡斯是教会统一的热心拥护者，并且倾向于通过他的拉丁人朋友的眼睛来看待一切。他的著作首先对 1341 年之前的世界历史做了简要的概述，然后给出了更多的细节，在 1389 年后给出了更全面的细节，直至 1462 年结束。所有这些都是以生动的新闻式俗语写成的。现代历史学家对他的作品的可靠性的评价很高，但我认为过誉了。对于穆罕默德二世宫廷方面的事件，他的描述非常宝贵；很可能是住在那里的热那亚密探和商人给他提供的信息。但是，毕竟他并非战役亲历者，许多对那里的记载并不准确，而且他对所有拒统派希腊人都是非常不公平的。[2]

雅典学者拉奥尼科斯·卡尔科康第拉斯（Laonicus Chalco-condylas）于 1480 年后完成了自己的历史著作，当时他已经很老了。他一生中的大部分时间在伯罗奔尼撒度过，还曾师从米斯特拉斯的学者卜列东。他的作品和杜卡斯的一样，以简短的世界历史叙述开始，但其主要内容是奥斯曼帝国的崛起，拜占庭并非其重点。他对希罗多德、修昔底德颇有研究，并刻意采用了古典时期的风格来写作。他的年表有时有点儿混乱，而且他没有提供很多关于实际围攻君士坦丁堡的细节，但他作为历史学家对事件的总体情况有所把握。他的书有优点也有缺点，他有意识地把它当作艺术作品来创作。[3]

第四位同时期希腊历史学家是克里托布鲁斯，围攻发生时他是一名伊姆布罗斯岛的官员。他属于希腊人中将苏丹的征服视作必然（尽管令人心痛）的一派，并且希望能促使同胞们顺应时势。他的著作时间跨度为 1451—1467 年，书中的主人公是苏丹穆罕默德。希腊人的英勇抵抗也令克里托布鲁斯深受感动，他并不否认城陷后人们遭受的痛苦，尽管他倾向于虚伪地忽视或原谅穆罕默德本人的野蛮行径。由于他的写作素材同时来自交战的希腊、土耳其双方，因此他对围城的叙述具有极其重要的意义。除了粉饰苏丹的声誉的部分，整部著作还是可靠、公正、令人信服的。[4]

莫奈姆瓦夏的多洛休斯（Dorotheus of Monemvasia）、曼努埃尔·马拉克奥斯（Manuel Malaxos）所著的"对观"编年史与《艾克瑟希斯编年史》（*Ecthesis Chronicon*）虽然对我们了解围攻本身并无益处，但提供了关于土耳其征服之后立即发生的事件的有用信息。为了方便起见，我参考了《艾克瑟希斯编年史》

以及两本收录于《波恩文集》（Bonn Corpus）① 的编年史 *Historia Politica* 与 *Historia Patriarchica*。[5] 而 *Χρονικὸν περὶ τῶν Τούρκων Σουλτάνων*（Barberini Codex Graecus Ⅲ）中的更全面的描述非常引人注目，关于围攻，它几乎逐字逐句抄录了希俄斯的莱昂纳德大主教极为反希腊的报告。[6]

关于君士坦丁堡沦陷的各种哀歌，它们作为民谣的艺术价值远大于历史价值，除非它们说明了当时流行的传说观点。[7]

在流传至今的希腊书信中，最重要的是金纳迪乌斯（君士坦丁堡沦陷后的第一任牧首）的书信，因为它们为我们揭示了 1453 年之前的历史事件与人物的情况。特别是它们使我们能够理解卢卡斯·诺塔拉斯的政策，弗兰泽斯、杜卡斯及拉丁文资料对他的评价始终是不公平的。[8]

2. 斯拉夫方面：关于这场围攻，有两份重要的斯拉夫语资料。其中之一通常（但不够贴切地）被称作《波兰新军日记》（Diary of the Polish Janissary）。作者是一位被称作奥斯特罗维察的米哈伊尔·康斯坦丁诺维奇（Michael Constantinovic of Ostrovica）的塞尔维亚人，他曾是塞尔维亚专制君主派往土耳其为苏丹作战的部队的一员，后退隐波兰。然而他从未加入新军。米哈伊尔的著作用一种奇怪的波兰语和塞尔维亚语的混合语言写成，它没有提供什么细节，但由于提供了苏丹麾下不那么情愿的基督教盟军的观点，所以很有意义。

第二部作品以各种形式出现，如原以巴尔干一带（而非俄罗

---

① 全名为 *1828-1897: Corpus Scriptorum Historiae Byzantinae*，是在德国波恩出版的关于拜占庭历史材料的一部汇编合集。

斯）古斯拉夫方言写成的《斯拉夫编年史》（*Slavic Chronicle*），它版本众多，存世的包括俄语、罗马尼亚语及保加利亚语版本。[9] 它显然基于某些君士坦丁堡战役亲历者的报告写成，并保留了一些当事人的日记，但被大大地修改了。它记载的日期不尽准确，并添加了一位虚构的牧首及皇后。但部分细节的描述栩栩如生，颇具参考价值。俄语版署名内斯特-伊斯康德（Nestor-Iskander），或许这就是原作者的真名。

3.西欧方面：到目前为止，最有价值的西方史料非尼科洛·巴尔巴罗所写的围城日记莫属。他出身威尼斯名门，是一位随军医生，与威尼斯舰队一道，在围攻前夕抵达君士坦丁堡。他与威尼斯指挥官们过从甚密，且颇具智慧与观察力。他每天坚持写日记，在某些日子也会检查文本并添加一两处交叉引用，而他显然改动了月食的日期（相差两天）。作为一名标准的威尼斯人，他憎恶热那亚人，并乐于记录任何有损后者声誉的事情，但与大多数西方人相比，他对希腊人的敌意要小。得益于他的日记，我们才知道事件的时间顺序。[10]

其次重要的文献来自希俄斯岛的莱昂纳德（莱斯博斯岛大主教），他于君士坦丁堡沦陷约6周后在希俄斯完成了他的著作。作为当事人之一，他对整个事件尚记忆犹新，故其记载语言生动、很有说服力，只要我们记得他恨所有的希腊人。他甚至认为皇帝过于随和，并暗示他的上司枢机主教伊西多尔有点儿太软弱。与此同时，他也不是不批评自己的热那亚同胞，倾向于指责朱斯提尼亚尼擅离职守。他是个严格、自以为是的人，但是个优秀的报道者。[11]

枢机主教伊西多尔写给教宗及全体基督徒的信很简短，告诉我们的信息不多，不过能够代表某种"官方立场"。[12]

佩拉市政官安杰洛·乔瓦尼·洛梅利诺在君士坦丁堡陷落几日后写了一份报告，寄给热那亚政府，其价值不仅仅在于他对自己城市的遭遇的描述，还在于他对这种遭遇的看法。他声称有相当一部分佩拉的热那亚居民自发为君士坦丁堡守卫城墙，因为他们深谙唇亡齿寒的道理。[13]

在君士坦丁堡圣方济各会会长的一份简短报告中，除了关于劫掠的内容，几乎没有其他内容。

其他亲历围城并留下记录的西欧人还有佛罗伦萨人泰塔尔迪、热那亚人蒙塔尔多（Montaldo）、克里斯托弗·里切利奥（Cristoforo Riccherio）及布雷西亚学者乌贝蒂诺·普斯库鲁斯（Ubertino Pusculus）。其中泰塔尔迪写给阿维尼翁枢机主教阿兰·德·奎蒂维（Alain de Coëtivy）的最有价值，它提供了一些独家的细节。他能公正地评价威尼斯人与热那亚人的表现，并承认希腊人打得不错。蒙塔尔多也提供了一些额外的细节，里切利奥在他生动的叙述中也是如此。乌贝蒂诺在多年后用深奥的诗句写下了他的故事，实际战斗的细节有些不准确，他也许没有亲自参战，并且他对围攻开始之前的事件更感兴趣。乌贝蒂诺非常厌恶希腊人。

我们从佛罗伦萨人安德烈亚·坎比尼（Andrea Cambini）的著作里也可以获得有用的信息。他在 15 世纪末写作关于奥斯曼帝国历史的著作时，似乎拜访了围攻中的幸存者。佐尔佐·多尔芬（Zorzo Dolfin）根据莱昂纳德大主教的记载写成了自己的短篇作品，但补充了由战役幸存者提供的额外信息。希腊流亡者坎塔库济诺·斯潘达基诺（Cantacuzino Spandugino）撰写的土耳其史则提供了目击者对城市浩劫的描述。[14]

　　4. 土耳其方面：关于君士坦丁堡的围攻及陷落，土耳其语的史料特别令人失望。人们本以为奥斯曼帝国最伟人的苏丹这一卓越成就必将被土耳其历史学家和编年史家全面记录下来。但实际上，他们对于鲁梅里堡的建造反而倾注了更多笔墨，而对围城本身则只提及了通过陆路运输舰队和最后的总攻。另一方面，土耳其历史学家对苏丹宫廷的阴谋和政治更感兴趣。穆罕默德之后，阿什克帕萨扎德（Ashikpashazade）、图桑贝伊、内什里（Neshri）等生活于巴耶济德二世时代的史家对哈利勒帕夏充满敌意，他们在歌颂在位的苏丹巴耶济德二世的同时，往往略倾向于通过拔高穆罕默德二世的部下（如马哈茂德）的作用来贬低他。尽管如此，他们的记载对于了解土耳其人的政治气候还是很有价值的。第一位给人留下对完整记载君士坦丁堡战役产生兴趣的印象的土耳其历史学家为萨阿德丁（Sa'ad ed-Din），其相关著作完成于 16 世纪末。然而，与很多穆斯林史家一样，他习惯于借鉴，甚至抄袭前人的作品。他对围攻的描述与希腊历史学家的描述大同小异。[15]

　　到了 17 世纪初，这段历史中已经开始添加了几分幻想色彩。埃夫利亚·切列比（Evliya Chelebi）详细地记下了据称是来自其曾祖父的故事，其中包含颇多虚构成分，例如他讲了一个很长的传奇故事：一位法国公主原本是皇帝的新娘，却被苏丹俘虏。他很可能是从希腊人那里听说了这个事件，不过它发生于 1204 年十字军攻陷君士坦丁堡时期，这位公主是阿格尼丝（Agnes）皇后，她是法王路易七世之女，拜占庭皇帝阿莱克修斯二世与安德罗尼库斯一世的未亡人。无论如何，他的著作似乎都是依靠道听途说，而非有较早的书面资料。[16]

这以后的土耳其语相关著作通常只是重复前人的著作内容。

附录二

征服之后的君士坦丁堡教堂

　　根据伊斯兰教传统，一座基督教城市如果拒绝投降而被攻占，居民将丧失人身自由与宗教场所，并且征服者有权肆意劫掠三日。记载君士坦丁堡沦陷的所有历史学家均提到了对城市中教堂的洗劫。无疑，许多教堂与修道院都未能幸免。然而，根据同时代的资料，我们只能确定4座被洗劫的教堂的名字，分别是：圣索菲亚大教堂、佩特拉的圣约翰教堂、靠近陆墙缺口的科拉教堂，以及金角湾一带的狄奥多西亚教堂。[1] 考古学证据显示，由三个部分组成的全能者基督教堂也遭到了洗劫；修士金纳迪乌斯在附属于该教堂的修道院中被俘一事也证明了这一点。圣索菲亚大教堂很快被改为了清真寺，其余几座教堂废弃了一段时间，后来也被改为清真寺。此外还有一些在城市沦陷前的几年里还在使用的教堂，城破后的命运未见诸史册。我们可以推断它们也遭到了破坏掠夺并被废弃。其中包括旧皇宫区和城堡周围的若干教堂，如瓦西里一世"新大殿"及曼加纳区圣乔治教堂。[2] 不过，依然有相当一部分教堂毫发无损并继续由基督徒掌控。在大小和声誉上仅次于圣索菲亚大教堂的圣使徒教堂被苏丹移交给牧首金纳迪乌斯使用，其中的圣髑均完好无损，因为数月后牧首自愿放弃该教堂时，他把它们全带走了。牧首转移至万福圣玛利亚教堂，它本为一座女修道院，城陷后没有受到干扰，此时修女们带着圣髑迁往了附近的圣约翰教堂（位于特鲁洛区）。[3] 不远处，布雷契耐区边缘的圣德米特里教堂也安然无恙。在城市另一个地方，萨马提亚的声誉卓著的（Peribleptos）圣玛利亚教堂直至16世纪中叶还掌握在希腊人手中，随后被苏丹易卜拉欣为了取悦其肥胖的亚美尼亚情人塞克帕雷（Şekerparçe，"糖块"）而赠予了亚美尼亚人。附近的赛普瑞斯区的圣乔治教堂也得到了保全。里普斯（Lips）教堂、圣约翰教堂、圣安德鲁教堂都继续被基督徒保留直至多年后方被改建为清真寺。米利莱昂（Myrelaeon）女修道院直到15世纪末依然存在。[4] 大约与此同时，一座献给圣约翰（传福音者）的教堂因为与一座新建清真寺过于接近而引发了民众的不满。[5]

　　君士坦丁堡的教堂是如何得以保留下去的呢？这个问题很快就把土耳其人弄糊涂了。1490年，苏丹巴耶济德二世一度勒令牧首交出自己的教堂（万福圣玛利亚教堂）。时任牧首的丢尼修一世能够证明穆罕默德二世确实将该教堂授予了牧首。苏丹最终让步，但他要求基督徒摘除教堂穹顶的十字架，并拒绝制止其官员侵占其他教堂的行为。[6]

　　大约三十年后，不喜欢基督教的塞利姆一世要求大维齐让帝国全体基督徒强制改信伊斯兰教，这位大维奇吓坏了。当苏丹被告知这一计划难以实施后，他便退而求其次，下令至少将全部教堂查抄充公。大维齐警告了牧首狄奥莱普特斯一世（Theoleptus Ⅰ），后者在一位机敏的法学家克塞纳基斯（Xenakis）的帮助下，偕同三位年近百岁的新军老兵觐见苏丹。狄奥莱普特斯承认，他手上的可保护教堂的苏丹敕令已经在牧首区发生的一场大火中烧毁了。但步履蹒跚的新军老兵们却对着《古兰经》发誓，作为"征服者"穆罕默德的护卫，他们曾看到苏丹在等待入城时，城内各处的一些知名人士拿着他们城区的钥匙交给苏丹，表示投降。于是，穆罕默德允许他们保留自己的教堂。苏丹塞利姆接受了这份人证，甚至允许基督徒重新开放两三座被他的官员关闭的教堂（其名字已不可考）。[7]

1537 年，在"华贵者"苏莱曼统治时期，这个问题又出现了。于是牧首耶利米一世（Jeremias Ⅰ）向苏丹提到了塞利姆的决定。苏丹征询了穆斯林中的最高法律权威伊斯兰谢赫（Sheikh ul-Islam）① 的意见，后者宣称："就目前所知，这座城市是被武力攻占的。但基督徒和他们的教堂被保留下来的事实证明，君士坦丁堡是有条件地投降的。"苏莱曼本人也是优秀的法学家，他认可了这一裁决，教堂又一次恢复了安宁。[8]

后来的苏丹就不这么宽容了。1586 年，穆拉德三世强占了牧首宫；至 18 世纪，全城仅有三座 1453 年前便已存在的教堂仍掌握在基督徒手中，它们是赛普瑞斯区的圣乔治教堂、圣德米特里教堂（前一座很快毁于地震，后一座很快被火烧掉了）、[9]蒙古圣玛利亚教堂——它一度被穆罕默德二世没收，但旋即被赠予了苏丹喜爱的希腊建筑师克里斯托杜勒斯，后者将它交给了教会当局。到了艾哈迈德三世时代，土耳其人试图夺取蒙古圣玛利亚教堂，而牧首的法学家德米特里·坎泰米尔（Demetrius Cantemir）向大维齐阿里·科普鲁律（Ali Koprülü）出示了苏丹将它转交于希腊

---

① 又译为筛海，源于阿拉伯语，本意为"老者""长老"。伊斯兰谢赫乃是对有名望的穆斯林宗教学者的尊称，他们有权对伊斯兰律法方面的问题做出裁决或澄清。

人的敕令。[10]于是它作为教堂沿用至今，虽然在 1955 年的反希腊暴乱①中遭到了破坏。

　　在塞利姆统治时期，牧首依靠年迈的新军士兵作为人证一事究竟有多可信呢？德米特里·坎泰米尔（一位学识渊博、具有部分鞑靼血统的希腊人）在 17 世纪末撰写了一本《奥斯曼帝国史》，因其大量引用土耳其语史料而具有重要意义，尽管他经常不注明出处。他在书中提出了一个理论，君士坦丁堡确实是有条件投降了，然而当皇帝的使节们陪同苏丹使团入城时，却遭到了不明就里的守军的射击；愤怒的土耳其人于是对城墙发动了总攻。根据这个原因，苏丹裁定，由于该城中止了投降，基督徒得以保留大约一半教堂（从公牛广场至城墙一带）。但这段记载显然是虚构的。坎泰米尔声称上述说法来源于土耳其历史学家阿里的记载；但实际上早在一个世纪前，《牧首史》（*Historia Patriarchica*）中便已有类似的记述，但作者似乎对其真实性感到怀疑。这个故事版本大概体现了某个土耳其人试图解释为何基督徒能保留一些教

---

① 1955 年 9 月 6 日至 7 日，因有人谣传土耳其驻希腊塞萨洛尼基领事馆遭到炸弹袭击，而激发了伊斯坦布尔民众的反希腊暴乱。土耳其官方一般用中性的"九月事件"形容，西方（尤其希腊）则喜欢用伊斯坦布尔暴乱甚至"屠杀"这样的称谓。暴乱主要针对希腊人聚居区的住宅、商店、教堂进行了大规模洗劫。人员伤亡并不算多。官方统计共有 13 人被害，其中 12 名为希腊人，1 名为亚美尼亚人。但很多古老的希腊教堂及历史名胜遭到了彻底摧毁。物质损失方面，计有 4214 座住宅、1004 家商店、73 座教堂、1 座修道院、1 座犹太会堂及 26 所学校遭到毁坏，大部分为希腊人所有，其次为亚美尼亚人与犹太人。按照土耳其官方的数据，物质损失约 2500 万美元。英国驻伊斯坦布尔外交官报告的数字为 1 亿美元。世界基督教会联合会评估损失为 1.5 亿美元，希腊政府的估计则高达 5 亿美元。一般认为该事件与当时塞浦路斯酝酿脱离英国统治与希腊合并的背景有关（塞浦路斯一度也是奥斯曼土耳其的领土），并得到了某种官方默许。此事激化了希土矛盾，也加深了两国民众感情上的裂痕。

堂的尝试。在略早于德米特里·坎泰米尔的时代，这段故事在某个名叫侯赛因·赫扎芬的历史学家的著作中就出现了，但此事究竟是他虚构的还是来自某则他们二人都知道的史料，已不得而知。[11]

虽然这段故事可能是荒谬的，但并不能因此让明年迈新军士兵们的传说同样经不起推敲。我们有必要了解那个年代君士坦丁堡的特殊状况，与现代建筑密布的城市不同，即使在拜占庭时期它最繁荣的日子里，各个城区之间也间隔着果园或花园。到了1453 年，由于该城人口还不到 12 世纪时的十分之一，这座城市实际上沦为了若干"村落"的集合，村落彼此间肯定隔着一定的距离，且每个村落可能还有单独的栅栏。如佩崔恩区便拥有自己独立的城墙。极有可能，某些居民区的领袖听闻城墙失守后，便立即向邻近的土耳其部队投诚了。一旦全城沦陷，抵抗停止，土耳其指挥官便派人把头人们安全地送到在城墙下等待的苏丹那里，让他们向苏丹宣布投降。穆罕默德留下了一些值得信赖的部队充当宪兵，无疑也派遣了一些人去保护投诚的村庄免遭掠夺。新军士兵们后来的证词应当是可信的。

还有其他证据支撑这一点。17 世纪初，埃夫利亚·切列比指出，曾有一些佩崔恩区的渔夫为苏丹打开了城门，他们是希腊人的后裔，"直到现在还被免除缴纳任何类型的税，也不向渔业监察官缴纳什一税"。[12] 在 18 世纪，英国旅行家詹姆斯·达拉维（James Dallaway）提到了一个传说："当英勇的君士坦丁在圣罗曼努斯门殊死抵抗之时，其他被围困的人，无论是出于怯懦还是绝望，都与苏丹达成了协议，并为后者打开了帕那区的城门。据此，他们从苏丹手中得到了整个邻近城区，并获得了某些豁免权。[13]

如果我们标记出君士坦丁堡陷落时所有幸存教堂，就会发现它们几乎全部（仅一处例外）位于佩崔恩区、帕那区，或在城市西南的山坡上的萨马提亚区。因此，我们可以假设，这些城区实际上是及时投降了，所以它们的礼拜场所被保留了下来。居民们是否一并保住了自己的住宅与人身自由就不那么确定了。克里托布鲁斯对被洗劫后的城市的描述表明，它们全部被毁了，所有幸存人口都沦为奴隶。但君士坦丁堡市区面积广阔，部分偏僻城区有可能被敌军忽略而得以豁免。当然，城里似乎还有一些公民尚有能力赎回部分沦为俘虏的同胞。

苏丹并不想继承一座沦为废墟的城市，同时他也表现出对希腊人与土耳其人一视同仁的愿望。对穆罕默德而言，为他日后的希腊臣民保留部分城区及教堂是合他心意的。城中部分地区的主动归顺正合时宜。这或许能解释圣使徒教堂的命运。这座伟岸的建筑矗立在从土耳其人第一次进城的那段城墙到圣索菲亚大教堂、大竞技场和旧皇宫区的主要街道旁。得胜入城的大量士兵肯定从它前面经过，而它免遭破坏必然是受到人为保护的缘故——穆罕默德一定专门派了一支部队去守卫它。我们只能假设，苏丹已经决定当拜占庭帝国的官方大教堂圣索菲亚大教堂被改为清真寺时（此举以显示土耳其人才是帝国真正主宰），希腊人作为他的帝国的"二等公民"，有权保留第二大教堂（即圣使徒教堂）。他显然是毫不犹豫地于城破数天后便将圣使徒教堂转交给了新任牧首。牧首后来自愿放弃它一事是无关紧要的。[14]

因此，虽然坎泰米尔记载的关于君士坦丁堡主动投降的故事纯属虚构，但苏丹苏莱曼的法学家们关于该城既是被武力攻占，又是有条件投降的裁决，并不荒谬。

史蒂文·朗西曼爵士：通往东方的桥梁

詹姆士·科克伦·史蒂文森·朗西曼爵士（Sir James Cochran Stevenson Runciman，通常称史蒂文·朗西曼）1903 年 7 月 7 日出生于苏格兰诺森伯兰郡的一个贵族家庭。他是第一代多克斯福德子爵沃尔特·朗西曼（Walter Runciman, 1st Viscount Runciman of Doxford，1870—1949 年）的次子，祖父为英国船运巨头第一代朗西曼男爵沃尔特·朗西曼（Walter Runciman, 1st Baron Runciman，1849—1937 年），其家族祖先可上溯至 18 世纪中期的苏格兰画家亚历山大·朗西曼（Alexander Runciman）。朗西曼之父作为英国自由党政治家、议员，一度进入首相阿斯奎斯内阁，担任商务大臣一职，母亲希尔达·朗西曼（Hilda Runciman, 1869—1956 年）也曾为国会议员，外祖父詹姆士·科克伦·史蒂文森（James Cochran Stevenson）则是化工巨头并当选下院议员长达 27 年之久。对朗西曼而言，幸运的不仅是家境优渥——作为次子，虽然无法继承父亲的爵位，但也因此不必被迫从政或继承家族的船运衣钵（爵位和企业由兄长沃尔特·莱斯利·朗西曼继承）。在相对宽容的环境下成长的史蒂文·朗西曼早早地便显露出惊人的语言天赋，三岁便能掌握法语，六岁拉丁语，七岁希腊语，十一岁俄语……他一生精通的语言超过 10 种，甚至包括一些冷僻的古语。

少年时代，朗西曼获得了伊顿公学奖学金，他在那里开始对拜占庭历史产生兴趣。他知名的同窗包括：西里尔·康诺利（Cyril Connolly，英国著名文艺批评家、作家，曾任文学评论杂志《地平线》主编）、乔治·奥威尔（George Orwell，名著《1984》《动物庄园》作者，真名 Eric Arthur Blair，奥威尔是其笔名，《奥威尔书信集》中还收录了 1920 年 8 月他写给朗西曼的信）以及首相阿斯奎斯之子，绰号"海鹦"的小阿斯奎斯（"Puffin" Asquith）。1921 年，他前往剑桥三一学院深造。朗西曼用绘有普绪喀与丘比特图画的法国壁纸装饰自己的宿舍，被他的舍友们认为带有一种唯美主义气质。通过乔治·赖兰兹（George Rylands，英国文学学者及戏剧导演，长期供职于剑桥国王学院，为世界顶级莎士比亚专家，与朗西曼是伊顿公学同窗）介绍，他得以与 J. M. 凯恩斯（John Maynard Keynes，英国著名经济学家，凯恩斯学派创始人）、伍尔夫夫妇［即伦纳德·伍尔夫（Leonard Woolf）与弗吉尼亚·伍尔夫（Virginia Woolf）。伦纳德是一位英国政治理论家和作家，他的妻子弗吉尼亚为世界文豪，意识流小说代表人物之一，女权主义者］等人相识，从而同布卢姆斯伯里团体（Bloomsbury group，是从 1904 年至第二次世界大战期间，以英国伦敦布卢姆斯伯里地区为活动中心的文人团体，成员多为剑桥大学毕业生）有所接触，这段经历也开阔了朗西曼的视野。

剑桥求学期间，朗西曼师从素以脾气怪异著称的不列颠首位拜占庭学大师 J. B. 伯里，并通过了后者近乎苛刻的测试（参见译序），朗西曼发现老师有午后散步的习惯，便常以此为契机向伯里讨教，获益良多，也成为伯里的得意门生。

在一次身患胸膜炎后，医生建议朗西曼为恢复健康进行一次海上远行——朗西曼素来仰慕东方文化，于是他借机去了中国，虽然当时中国内战正酣，但这未能阻止他与末代皇帝溥仪建立友谊，他甚至与后者合作表演了钢琴二重奏，成为一段佳话（溥仪告诉朗西曼，之所以用"亨利"作为自己的英文名，是出于其对英国都铎王朝的仰慕，而他则给憎恶的嫔妃起名"血腥玛丽"）。1924 年，朗西曼首次来到希腊，在号称"东方直布罗陀"的希腊小镇莫奈姆瓦夏，他为希腊的迷人风光所陶醉，稍后亦前往了昔日的拜占庭首都、今日的伊斯坦布尔旧城观光。在那里一位吉卜赛占卜师告诉他，虽然一生中会经历几次大病，但他会以高龄善终（朗西曼一直对神秘主义深感兴趣，后来曾为埃及国王福亚德和英王乔治二世算命）。回到剑桥后，他集中精力撰写自己的论文，并引用了不少当时罕见的亚美尼亚、叙利亚史料，1929 年，其科研心血终于成书，即朗西曼的第一部专著《罗曼努斯·利卡潘努斯皇帝及其统治》（*The Emperor Romanus Lecapenus and His Reign*），稍后又出版了第二本著作《保加利亚第一帝国》（*The First Bulgarian Empire*）与《拜占庭文明》（*Byzantine Civilization*）。

朗西曼自 1927 年开始在三一学院从事教学及研究工作，直至 1938 年。他的第一位学生是盖伊·伯吉斯（Guy Burgess），他的关门弟子是唐纳德·妮科尔，妮科尔后来成为伦敦大学现代希腊语及拜占庭史教授，著述颇丰。在此期间，他还多次游历了耶路撒冷、泰国、希腊、土耳其等地。

　　朗西曼虽然长期在剑桥任教，但骨子里并非寻章摘句、困守书房的传统学者，而是具有一种英伦贵族式的浪漫气息。他在很多方面与 100 多年前的大诗人拜伦男爵有些神似（当然，与拜伦醉心于风花雪月不同，朗西曼少有绯闻传出，并终生未娶。虽然，他也曾提起渴望迎娶一位徐娘半老的西班牙女公爵，从而获得梦寐以求的公爵头衔，不过这更多的是一种朗西曼式幽默而已）。1938 年，朗西曼迎来了人生的一大转折，随着继承祖父沃尔特的大笔遗产，他在经济上终于无须再为五斗米而折腰。剑桥的同事、历史学家 G. M. 特里维廉（G. M. Trevelyan）建议他说：剑桥并非天高任鸟飞，何不游历四方，潜心学术，方才不受羁绊。于是朗西曼毅然辞去了剑桥大学舒适体面的工作，先后作为英国外交官去过索菲亚、开罗及耶路撒冷，最终来到伊斯坦布尔教授拜占庭艺术及历史达三年之久（虽然朗西曼极力否认，但一直有传言说他曾为英国政府从事情报工作，并的确在伊斯坦布尔躲过了一次德国人的炸弹刺杀）。伊斯坦布尔的时光给朗西曼留下了美好回忆，也就在这段时期，他开始准备自己日后的成名作《十字军史》（*A History of the Crusades*），他的教学与研究在东地中海世界也渐渐有了名气，以至于在访问叙利亚期间，他还被授予了伊斯兰教荣誉"苦修士"头衔。

　　二战结束后，目睹希腊先后遭到意大利与德国的入侵，朗西曼欣然接受了指导英国文化协会（the British Council）在希腊工作的任务，在大约两年的时间里，他与帕迪·利·弗莫尔（Paddy Leigh Fermor）、雷克斯·沃纳（Rex Warner）通力合作，建立了深厚情谊，并赢得了雅典人的爱戴。他还与希腊外交官乔治·塞菲里斯（George Seferis, 后来以诗人身份荣获诺贝尔文学奖）私交甚笃。闲暇时间，朗西曼则专注于收集各种圣像、雕塑及爱德华·李尔（Edward Lear）的画作。

1947 年，朗西曼出版了之前甚少有人涉猎的《中世纪的摩尼教》(The Medieval Manichee: A Study of the Christian Dualist Heresy)一书，随后回到不列颠开始中世纪史的写作，他深居简出，交替居住于伦敦家中与父亲 1926 年买下的小岛伊格（Eigg）。1951 年至 1967 年，作为拜占庭学专家，他一直担任盎格鲁-希腊联合会（Anglo-Hellenic League）主席职务。

1951 年至 1954 年陆续出版的三卷《十字军史》为他奠定了崇高学术声望。在朗西曼之前，西方历史学家多数倾向于将十字军定位为基督教世界试图击退穆斯林狂潮的理想主义传奇，而在朗西曼的著作中，他如此评价十字军："崇高的理想为贪婪、残暴所玷污，宽容和进取被盲目狭隘、自以为是所吞没。圣战不过是一场打着上帝旗号的偏执的战争，骨子里与基督教精神格格不入。"[①] 于是在他的笔下，十字军东征成为对伊斯兰世界及拜占庭帝国的一场"蛮族入侵"。评论家对他新颖的观点和高超的叙事手法赞叹不已，甚至把他与 19 世纪著名英国历史学家麦考利（Thomas Babington Macaulay，历史学家、散文家、辉格党政治家，其历史著作以文笔优美、引人入胜著称）相提并论。

此后，史蒂文·朗西曼陆续有重量级著作问世。《东方教会大分裂》(The Eastern Schism: A Study of the Papacy and the Eastern Churches during the XIth and XIIth Centuries) 出版于 1955 年，《西西里晚祷》(The Sicilian Vespers: A History of the Mediterranean

---

① 参见: Steven Runciman, *A History of the Crusades: The Kingdom of Acre and the Later Crusades*, Penguin 3rd Revised edition, 1990, p. 480。

World in the Later Thirteenth Century）出版于 1958 年。同年，朗西曼被授予骑士头衔，三年后他得到了希腊政府颁发的凤凰勋章（第二等级，大司令勋章，knight commander of the Greek Order of the Phoenix）。作为多年对拜占庭史关注的成果，他在 1965 年出版了广受好评的《1453：君士坦丁堡的陷落》（The Fall of Constantinople 1453），1968 年出版了《囹圄中的伟大教会》（The Great Church in Captivity），1970 年《最后的拜占庭文艺复兴》（The Last Byzantine Renaissance），1972 年《东正教会与世俗社会》（The Orthodox Churches and the Secular State），1975 年《拜占庭风格与文明》（Byzantine Style and Civilization），1977 年《拜占庭的神权政治》（The Byzantine Theocracy）……朗西曼绝大多数学术著作均与地中海、欧洲相关，唯一的一个重大例外是 1960 年的《白人拉惹》（The White Rajahs，拉惹是印度、东南亚等地对印度教王公的称呼，来源于梵文），该书讲述了砂拉越王国与它的创立者英国人詹姆士·布鲁克（James Brooke，19 世纪英国探险家，曾在马来亚砂拉越地区开展殖民活动，并成功使自己成为第一位白人拉惹，曾获得巴斯爵级司令勋章，其王国自 1841 年一直延续至 1946 年）的传奇历史，在他的作品里属于少见的亚洲题材。随着朗西曼声望日隆，在希腊米斯特拉斯，甚至有一条街道以朗西曼命名，他特意于 1980 年出版的关于米斯特拉斯的著作中对此表达了谢意（在保加利亚首都索非亚也有一条"史蒂文·朗西曼"街）。

1966 年伊格岛被出售后，他迁居至邓弗里斯郡（Dumfrieshire）附近的艾尔希希兹（Elshieshields）居住。在他漫长而逍遥的一生中，朗西曼始终坚信自己的根在苏格兰。这是他叶落归根之所，在故乡他高朋满座。朗西曼时常向友人们展示他的藏品：从 18、19 世纪的音乐盒、水烟袋到各式念珠，从亚历山大·朗西曼到爱德华·李尔，从打油诗到水彩画……在 80 岁时，他收到了一份殊荣——英国名誉勋位（Order of the Companions of Honour，简称 CH）。虽然他定居苏格兰，只是偶尔造访伦敦，史蒂文依然抽出时间赴国外演讲，同时他开始研究科普特教会。在美国讲学期间，他甚至远赴阿拉斯加探访了信仰东正教的因纽特人，并在拉斯维加斯的老虎机上两度赢得盘满钵满。朗西曼在学术界早已确立了大师地位，而在 1987 年，随着英国第四频道播出一期制作精良的关于他的访谈节目《史蒂文·朗西曼爵士：通往东方的桥梁》（Sir Steven Runciman: Bridge To The East），他在英国成了家喻户晓的名人。①

即使史蒂文已经 80 多岁高龄，他依然保持了惊人活力与智慧，并且令他各个年龄段的朋友着迷。1991 年，苏格兰国家画廊展出了史蒂文收藏的李尔水彩画，每幅作品均附有他的简介与评论，一同展出的还包括苏格兰画家斯蒂芬·康罗伊（Stephen Conroy）为他创作的肖像画。不久后，史蒂文出版了《旅行家字母表》（A Traveller's Alphabet: Partial Memoirs），书中用 26 个字母的形式回顾了他一生闪耀的旅行记忆，A 代表雅典，Z 代表锡安（Zion，一般用作耶路撒冷的别称）。

朗西曼不仅是一位历史学家，还是一位文学家，这也是他的历史著作文笔雍容流畅、雅俗共赏的原因之一。1992 年，人们偶然发现了他 1935 年创作的小说《复乐园》（与弥尔顿的长诗《复

① 关于这部专题片的资料，参见：http://www.imdb.com/title/tt1008041/。

乐园》同名）。小说讲述了一次前往伊拉克库尔德斯坦的探险，风格一如既往地体现出史蒂文式的睿智和幽默，并注明献给乔治·赖兰兹。但这部小说的印量很小，那年朗西曼用它来替代圣诞卡送给他的亲朋好友。

1993 年，为了庆祝朗西曼的 90 岁生日，伊顿公学的昔日同窗、英国拜占庭学同好及剑桥三一学院共同为他举办了生日宴会。剑桥大学出版社亦为他举办了招待会，而苏格兰国民信托（the National Trust for Scotland，致力于苏格兰自然及历史文化保护的组织）则赠给他一所位于艾尔郡的公寓的使用权。最终，他在家中举办的生日宴有多达 400 位宾客参加，而生日蛋糕的造型则为圣索菲亚大教堂。

虽然已年过耄耋，朗西曼依然坚持旅行。1994 年他远赴希腊利姆诺斯岛参加了"爱琴海宣言"的发布仪式（由联合国教科文组织与希腊文化部共同倡导的将希腊群岛打造为欧洲文化公园的项目）。1995 年 4 月，作为"阿索斯山之友"[①]的主席，他在《时代》杂志撰文哀叹曾经超越种族、延续千年的东正教传统信仰，如今已遭遇了危机（朗西曼本人并非东正教徒，但长期对拜占庭的研究使他在感情上偏向东正教）。

1997 年底，在定期造访巴林、希腊以外，94 岁高龄的朗西曼发表了一篇关于风华绝代的瓦拉几亚公主玛尔特·比贝斯科（Marthe Bibesco，1886—1973 年，罗马尼亚作家）的论文。同年，他在雅典从希腊总统康斯坦丁诺斯·斯特凡诺普洛斯（Kon-stantinos Stephanopoulos，1995—2005 年任希腊总统）手中接过

---

① 一个以研究、弘扬希腊阿索斯圣山修道会历史文化为宗旨的学术性社会组织，其官网为：http://www.athosfriends.org。

了国际文化奖金（由奥纳西斯基金会设立），而他将全部奖金（约合 12.5 万美元）捐给了阿索斯圣山修道院。在科索沃战争中，朗西曼对于这个具有特殊历史文化意义的地区遭受兵火感到尤为心痛，并在感情上同情和支持塞尔维亚人，体现了一位知识分子的良心。

在一次访问亲友时，朗西曼安详地去世于拉德韦村（Radway）亲人家中，享年 97 岁。

詹姆士·科克伦·史蒂文森·朗西曼爵士，不仅是一位学富五车的历史学家，也是一位见多识广的旅行家，还是一位品位高雅的唯美主义者，生于 1903 年 7 月 7 日，卒于 2000 年 11 月 1 日。[①]

马千

---

① 关于朗西曼生平，本文参考了英国《卫报》《每日电讯报》于 2000 年 11 月发表的两篇讣告。参见：http://www.theguardian.com/news/2000/nov/03/guardianobituaries.books, http://www.telegraph.co.uk/news/obituaries/1372747/Sir-Steven-Runciman.html。

注 释

缩写

B.Z.   Byzantinische Zeitschrift, Leipzig, 1892—(in progress).
C.S.H.B.   Corpus Scriptorum Historiae Byzantinae, Bonn, 1828-1897.
M.P.G.   Migne, Patrologia Gracco-L atina, Paris, 18s9-1866.
Muratori, *R.I.Ss.* Muratori, Rerum Italicarum Scriptores, Milan, 1723-I7SI.

第一章

1. Adam of Usk, *Chronicon* (ed. Thompson), p. 57; *Chronique du Réligieux de Saint-Denis* (ed. Bellaguet), p.756. 关于曼努埃尔此行的最佳记载见于：Vasiliev, 'The Journey of the Byzantine Emperor Manuel II Palaeologus in Western Europe' (in Russian), *Journal of the Ministry of Public Instruction*, N.S., xxxix, pp. 41-78, 260-304。亦可参见：Andreeva, 'Zur Reise Manuels II Palaiologos nach West-Europa', *B.Z.*, xxxiv, pp. 37-47。Halečki, 'Rome et Byzance en temps du grand Schisme d'Occident', *Collectio Theologica*, XVIII, pp. 514 ff., 此书提及曼努埃尔于 1402 年拜会了教宗卜尼法斯九世（Boniface IX），但支持此说的证据不足，不应采信，不过曼努埃尔确于 1404 年向教宗派出了使节。Adam of Usk, *op. cit.* pp. 96-7.

2. 地势较低的下城现在被称为"加拉塔"，山丘上的部分为"佩拉"，中世纪时还没有这种区别。当时两词可以替换使用，而"佩拉"往往被视为官方名称。

3. 读者欲了解当时的局势，可参见：Ostrogorsky, *History of the Byzantine State* (trans. Hussey), pp. 425 ff.。

4. Ostrogorsky, *op. cit.* pp. 476-84.

5. Nicephorus Gregoras, *Romaïke Historia*, *C.S.H.B.*, II, pp. 797-8; Johannes Cantacuzenus, *Historiae*, *C.S.H.B.*, III, pp. 49-53; Bartholomaeus della Pugliola, *Historia Miscella* (Muratori, *R.I.Ss.*, XVIII, p. 409), 该书声称君士坦丁堡损失了三分之二的人口；*Chronicon Estense* (Muratori, *R.I.Ss.*, xv) 一书则推断人口仅存九分之一。读者欲了解 15 世纪拜占庭的疆域情况，可参见：Bakalopulos, 'Les limites de l'Empire byzantin', *B.Z.*, LV, 2, pp. 56-65。

6. 关于帕列奥列格王朝的艺术，可参见：Beckwith, *The Art of Constantino-*

ple, pp. 134 ff。

7. Gregoras, *op. cit.* II, pp. 788-9.

8. 关于他和他时代的知识分子生活参见：Beck, *Theodoros Metochites, passim.*。

9. 参见：Meyendorff, *Introduction à l'étude de Grégoire Palamas*, also Beck, 'Humanismus und Palamismus', XIIe. Congrès International des Études Byzantines, *Rapports*, III。

10. Halečki, *Un Empereur de Byzance à Rome*, esp. p. 205; Charanis, 'The strife among the Palaeologi and the Ottoman Turks', *Byzantion*, XVI, I, pp. 287-293.

11. 关于东西方教会在神学上的分歧的简短总结，参见：Runciman, 'The Schism between the Eastern and Western Churches', *Anglican Theological Review*, XLIV, 4, pp. 337-50。

12. 关于基多尼斯及其影响参见：Beck, *Kirche und theologische Literatur im Byzantinischen Reich*, pp. 732-6。

13. Schneider, 'Die Bevölkerung Konstantinopels im XV Jahrhundert', *Nachrichten der Akademie der Wissenschaften in Göttingen*, Phil.-Hist. Klasse, 1949, pp. 233-44.

14. Ibn Battuta, *Voyages*, ed. Defremery & Sanguinetti, II, pp. 431-2; Gonzales de Clavijo, *Diary*, trans. Le Strange, pp. 88-90; Bertrandon de la Broquière, *Voyage d'Outremer*, ed. Schéfer, p. 153; Pero Tafur, *Travels*, trans. Letts, pp. 142-6. 金纳迪乌斯本人虽是君士坦丁堡市民，但也直言城市已经荒颓，多数地区不宜居住：*Oeuvres Complètes de Gennade Scholarios,* ed. Petit and others, I, p. 287, and IV, p. 405。

15. Tafrali, *Thessalonique au quatorzième Siècle*, pp. 273-88; Zakythinos, *Le Despotat Grec de Morée*, II, pp. 169-72.

16. 很难找到关于曼努埃尔二世生平的可靠著作，上一部还是：Berger de Xivrey, *Mémoire sur la vie et les ouvrages de l'Empereur Manuel Paléologue*, published in 1851。参见：Ostrogorsky, *op. cit.* pp. 482-98。关于布锡考特的远征，参见：Delaville Le Roulx, *La France en Orient au XIVe. siècle: Expéditions du Maréchal Boucicault*。

17. Heyd, *Histoire du Commerce du Levant* (1936 edition), II, pp. 266-8, 含参考文献，参见：本书第二章注释28。

18. Fuchs, *Die höheren Schulen von Konstantinopel im Mittelalter*, pp. 73-4; Beck, *op. cit.* pp.749-50; Pius II, *Opera Omnia*, p. 681.

19. 卜列东生平参见：Masai, *Plethon et le Platonisme de Mistra*.

20. Runciman, 'Byzantine and Hellene in the fourteenth Century', *Τόμος Κωνσταντίνου Ἀρμενοπούλου*, pp. 27-31.

21. Ostrogorsky, *op. cit.* pp. 497-8; Tafrali, *op. cit.* pp. 287-8.

22. 参见：Gill, *The Council of Florence*, 这部令人钦佩的著作非常公正，尽

管我认为它并不总是非常欣赏希腊人的观点。关于对牧首的语法知识的
奚落，参见：*Oeuvres Complètes de Gennade Scholarios*, ⅲ, p. 142。

23. Gill, *op. cit.* pp. 349 ff. 不过太后似乎后来更改了自己的反对意见。参见：
John Eugenicos, *letters*, in Lambros, *Παλαιολόγεια καὶ Πελοποννησιακά*, ⅰ,
pp. 59, 125.

24. 参见：本书第二章注释 36。

25. 参见：Diehl, 'De quelques croyances byzantines sur la fin de Constantino-
ple', *B.Z.*, xxx; Vasiliev, 'Medieval Ideas of the end of the World', *Byz-
antion*, xⅵ, 2, pp. 462-502。Gill, *op. cit.* p. 378, 吉尔在书中认为金纳迪
乌斯等人笃信世界末日将近，我认为他的论断过于咬文嚼字，实际上他
们的宿命论是相信敌基督的统治将要到来，而这里的敌基督指的是奥斯
曼苏丹。

26. 'Terre hodierne Graecorum et dominia secularia et spiritualia ipsorum', ed.
Lambros, *Neos Hellenomnemon*, ⅶ, pp. 360 ff.

27. Ducas, *Historia Turco-Byzantina*, ed. Grecu, xxxⅶ, p. 329; Zoras, *Περὶ τὴν
ἅλωσιν τῆς Κωνσταντινουπόλεως*, pp. 9-70。参见：本书第 88 页。

28. 约翰之死参见：本书第 64 页。城墙修复参见：本书英文版第 110—112 页
及 van Millingen, *Byzantine Constantinople: The Walls of the City.* (John is
called John Ⅶ by van Millingen.) 整修城墙的部分资金是由塞尔维亚专制
君主乔治·布兰科维奇提供的。

第二章

1. 关于边防军生活的简要描述，参见：Vasiliev, *History of the Byzantine Em-
pire*, pp. 369-71。

2. 参见：Laurent, *Byzance et les Turcs Seldjoucides*, pp. 27-44。

3. 参见：Houtsma, article 'Tughrilbeg', *Encyclopaedia of Islam*, ⅳ, pp. 828-9。

4. Laurent, *op. cit.* pp. 45-59; Cahen, 'La Campagne de Mantzikert d'après les
sources Mussulmanes', *Byzantion*, ⅸ, pp. 613-642.

5. Laurent, *op, cit.* pp. 61-101; Cahen, 'The Turkish Invasion: The Selchükids',
in *A History of the Crusades*, ed. Setton, ⅰ, pp. 135-76.

6. Wittek, *The Rise of the Ottoman Empire*, pp. 18-20; Köprülü, *Les Origines
de L'Empire Ottoman*, pp. 101-7; Cahen, *op. cit.* pp. 138-9.

7. Cahen, 'The Selchükid State of Rum', in *A History of the Crusades*, ed.
Setton, ⅱ, pp. 675-90.

8. Cahen, 'The Mongols and the Near East', *ibid.* ⅱ, pp. 690-2, 725-32.

9. Wittek, *op. cit.* pp. 25-32, and *Das Fürstentum Mentesche*, pp. 1-14.

10. Wittek, *op. cit.* pp. 34-7, and *Das Fürstentum Mentesche*, pp. 15-23; Lemer-
le, *L'Emirat d'Aydin, Byzance et l'Occdient*, pp. 1-39.

11. Wittek, *op. cit.* pp. 4-15; Köprülü, *op. cit.* pp. 82-8.

12. 奥斯曼王朝应该有这种科穆宁-塞尔柱的血统，并不像科普鲁律所说的那样是虚构的；但如果它是真实的，也可能是后来通过巴耶济德一世与一位格米延公主的婚姻才出现的。

13. Wittek, *op. cit.*, pp. 14-15.

14. Wittek, *op. cit.* pp. 37-43; Kramers, article 'Othman I', *Encyclopaedia of Islam*, ɪɪɪ, pp. 1005-7.

15. Babinger, article 'Orkhan', *Encyclopaedia of Islam*, ɪɪɪ, pp. 999-1001

16. 关于这场拜占庭内战的情况，参见：Ostrogorsky, *op. cit.* pp. 444-75。

17. Babinger, *loc. cit.*; Köprülü, *op. cit.* pp. 125-6. 奥尔汗的逝世日期今天尚未有定论。Uzunçarsîlî 认为是 1360 年（*Osmanlî Tarihi*, ɪ, p. 62），维特克认为是 1362 年（Wittek, *op. cit.* pp. 44, 54, 证据依托于：*Βραχέα Χρονικά*）。

18. Wittek, *op. cit.* pp. 42-3, 50.

19. Köprülü, *op. cit.* pp. 131-2; Pears, 'The Ottoman Turks to the Fall of Constantinople', *Cambridge Medieval History*, ɪᴠ, pp. 664-5.

20. Uzunçarsîlî, *op. cit.* ɪ, pp. 61 ff.; Wittek, *op. cit.* pp. 44-5; Ostrogorsky, *op. cit.* pp. 478-9.

21. Charanis, 'The strife among the Palaeologi and the Ottoman Turks', *Byzantion*, xᴠɪ, ɪ, pp. 288-300.

22. Köprülü, *op. cit.* pp. 129-130: Jireček, *Geschichte der Serben*, ɪɪ, pp. 87 ff.

23. Tafrali, *Thessalonique au quatorzieme Siècle*, pp. 283-5; Charanis, *op. cit.* p. 301; Jireček, *op. cit.* ɪɪ, pp. 99 ff.; Ostrogorsky, *op cit.* p. 485; Babinger, *Beiträge zur Frühgeschichte der Turkenherrschaft in Rumelien*, pp. 65 ff.

24. Babinger, *op cit.* pp. ɪ, 24; Jireček, *op. cit.* ɪɪ, pp. 119 ff. 科索沃战役的准确日期尚有争议，但 6 月 15 日的说法是比较可信的。参见：Atiya, *The Crusade of Nicopolis*, p. 5, and Ostrogorsky, *op. cit.* p. 486, n. 1, for references。

25. 关于尼科波利斯战役全程细节参见：Atiya, *op. cit.*。亦可参见：Inalcîk, article 'Bayazīd I', *Encyclopaedia of Islam*, new edition, ɪ, pp. 117-9。

26. 参见：本书第 15 页。

27. Ducas, *op. cit.* xᴠ, p. 89.

28. 关于帖木儿生平，可参见：Grousset, *L'Empire des Steppes*, pp. 486 ff.

29. Ducas, *op. cit.* xxɪɪɪ, pp. 177-9. 参见：本书第 16 页。

30. 有关这一时期最好的论述，参见：Jorga, *Geschichte des Osmanischen Reiches*, ɪ, pp. 325 ff。也可参见：Kramers, article 'Muhammad I', *Encyclopaedia of Islam*, ɪɪɪ, pp. 657-8.

31. Ducas, *op. cit.* xɪx-xxɪɪ, pp. 129-69.

32. Ducas, *op. cit.* xxxɪɪɪ, p. 285; Bertrandon de la Broquière, *Voyage d'Outremer*, pp. 181-2, "他们告诉我他厌恶战争，看上去这所言非虚"。Laonicus Chalcocondylas, *De Rebus Turcicis*, *C.S.H.B.*, pp. 351-2, 书中说穆拉德在

瓦尔纳战役的危机中起誓加入了这一教派，但缺乏其他证据支持；不过从穆拉德对新军士兵的处置上看，他的确对贝克塔什派（Bektashis）抱有同情。参见：本书第二章注释 39。

33. Ducas, *op. cit.* XXVIII, pp. 229-37; Chalcocondylas, pp. 231-5; George Phrantzes, *Chronicon*, *C.S.H.B.*, pp. 116-17; Jorga, *op. cit.* I., pp. 378 ff. A contemporary account of the siege, with miraculous details added, is given by John Cananus, published in the *C.H.S.B.* volume of Phrantzes, pp. 457-479.

34. Ducas, *op. cit.* XXIX-XXXI, pp. 245-270; Chalcocondylas, pp. 236-248; Jorga, *op. cit.* I, pp. 236 ff.; Jireček, *op. cit.* pp. 174 ff. A contemporary account of the capture of Thessalonica, followed by a Monodia, was written by John Anagnostes, published in the *C.H.S.B.* volume of Phrantzes, pp. 483-534.

35. 关于斯坎德培生平参见：Radonić, *Djuradj Kastriot Skenderbeg i Albanija u XV veku*, 以及 Gegaj, *L'Albanie et l'Invasion Turque au XVe Siècle*。

36. Babinger, *Mehmed der Eroberer und seine Zeit*, pp. 19-33. 美中不足的是这部重要史料的价值因其缺乏文献出处而大打折扣，关于瓦尔纳战役最全面的现代记述，参见：Halecki, *The Crusade of Varna*, 提出了一些非常有争议的陈述。参见：Pall, 'Autour de la Croisade de Varna', *Bulletin Historique de l'Academie Roumaine*, XXII, pp. 144 ff., and Babinger, 'Von Amurath zu Amurath. Vor- und Nachspiel der Schlacht bei Varna', *Oritens*, III, pp. 229 ff.

37. Babinger, *Mehmed der Eroberer*, pp. 51-5.

38. *Ibid*, pp. 42-3.

39. Mortmann, article 'Dewshirme', and Huart, article 'Janissaries' in *Encyclopaedia of Islam*, I, pp. 952-3, and II, pp. 572-4. 关于新军创立时与贝克塔什派的关联，参见：Birge, *The Bektashi Order of Dervishes*, pp. 45-8. Bartholomaeus de Jano, *Epistola de Crudelitate Turcarum*, *M.P.G.*, CLVIII, coll. 1065-6, 书中宣称穆拉德于 1438 年重组了新军。

40. Ducas, *op. cit.* XXXIII, p. 285; Chalcocondylas, *op. cit.* p. 375; Phrantzes, *op. cit.* pp. 92, 211.

第三章

1. Phrantzes, *op. cit.* pp. 121-2, 134.

2. Zakythinos, *Le Despotat Grec de Morée*, I, pp. 165-74.

3. Zakythinos, *op. cit.* I, pp. 165-225, 299-302, and II, pp. 322-34. 弗兰泽斯为我们提供了关于塞奥多利的大部分史料，然而他对后者抱有偏见，因为塞奥多利对他敬仰的君士坦丁怀有二心。

4. 关于海伦娜王后的生平，参见：Hill, *History of Cyprus*, III, pp. 527-544。

5. 关于德米特里在佛罗伦萨大公会议期间扮演的角色，参见：Gill, *op. cit.*

pp. 108-9, 252, 262 ff.。关于他的婚姻，参见：Phrantzes, pp. 193-4。这之前他还有过一段婚姻，前妻佐伊于他访问意大利时去世，参见：*Ibid.* pp. 161, 191-2。

6. 关于托马斯的早年经历，参见：Zakythinos, *op. cit.* I, esp. pp. 241. ff.

7. Zakythinos, *op. cit.* I, pp. 204-40.

8. Phrantzes, *op. cit.* p. 203 and pp. 324-5, 此处他认为君士坦丁向威尼斯执政官之女求婚失败损害了拜占庭与威尼斯关系，但此说缺乏任何威尼斯方面资料的佐证。另请参见：Lambros, '*Ὁ Κωνσταντῖνος Παλαιολόγος ὡς σύζυγος*', *Neos Hellenomnemon*, IV, pp. 433-6。

9. Phrantzes, *op. cit.* p. 202; Chalcocondylas, *op. cit.* p. 342; Krekic, *Dubrovnik (Raguse) et le Levant au Moyen Age, Regestes* no. 1110, p. 349.

10. Phrantzes, *op. cit.* pp. 204-6; Chalcocondylas, *op. cit.* pp. 373-4.

11. Ducas, *op. cit.* XXXIV, p. 293, 杜卡斯声称君士坦丁虽然顺利即位，但从未正式加冕。参见：Voyatzidis, '*Τὸ ζήτημα τῆς στέψεως Κωνσταντίνου τοῦ Παλαιολόγου*', *Λαογραφία*, VIII, pp. 449-56。

12. Phrantzes, *loc. cit.*; Chalcocondylas, *loc. cit.*

13. 所有同时代的文献（无论是拉丁语、希腊语还是斯拉夫语的）提及君士坦丁都充满敬意。不过没有那个时代关于他的可靠画像流传于世。参见：Lambros, '*Αἱ εἰκόνες Κωνσταντίνου τοῦ Παλαιολόγου*', *Neos Hellenomnemon*, III, pp. 229-42 and IV, pp. 238-40。

14. 关于君士坦丁大臣们的情况参见：Phrantzes, pp. 229 ff.。不过需要注意弗兰泽斯对卢卡斯·诺塔拉斯一直怀有成见。

15. Phrantzes, *op. cit.* p. 217. 参见：Gill, *op. cit.* p. 376, n. 3。

16. Phrantzes, *op. cit.* pp. 206 ff.

17. Phrantzes, *op. cit.* pp. 211-3.

18. Babinger, *Mehmed der Eroberer*, pp. 1-12, 22-3.

19. *Ibid.*, pp. 34-7.

20. *Ibid.* pp. 45-7.

21. 关于这位妃子的身份（她名叫 Hadije），参见：Alderson, *The Structure of the Ottoman Dynasty*, p. 94 and tables XXV, XXVI and LIV。Ducas, *op. cit.* XXXIII, p. 287 称她为锡诺普领主斯本地亚尔之女。

22. Babinger, *op, cit.* p. 53.

23. *Ibid.*, pp. 60 ff. 准确日期可参见：Inalcîk, 'Mehmed the Conqueror (1432- 1481) and his time', *Speculum* XXXV, p. 411。

24. Babinger, *op. cit.*, pp. 62-4.

25. Ducas, *op. cit.* XXXIII, pp. 281-3, 287-9 提供了一个生动而有说服力的记述。Ashikpashazade (Derwish Ahmed, genannt 'Aşik-Paşa-Sohn), *Denkwürdigkeiten und Zeitläufte des Hauses Osman*, ed. and trans. Kreutel, pp. 195-7.

26. 法国国家图书馆纪念币展柜中收藏的这枚纪念章刻画了青年时代的穆罕默德，它很可能是在稍晚于 1453 年后铸造的。大英博物馆中真蒂莱·贝利尼所作纪念币以及巴黎的科斯坦佐·德·费拉拉的作品完成于 1480 年和 1481 年，那时穆罕默德已垂垂老矣。

第四章

1. Ducas, *op. cit.* XXXIII, pp. 289-291; Chalcocondylas, *op. cit.* pp. 375-6; Thiriet, *Regestes des Déliberations du Sénat de Venise concernant la Romanie*, III, no. 2862, pp. 167-8; Babinger, *Mehmed der Eroberer*, pp. 69-70; Hasluck, *Athos and its Monasteries*, p. 50.

2. 参见：Inalcîk, *Fatih Devri üzerinde Tetikler ve Vesikalar*, pp. 110-11。

3. 关于当时国际形势的概况，参见：Gill, *op. cit.* pp. 382-3。

4. 菲莱尔福的信函收录于：Jorga, *Notes et Extraits pour servir à l'Histoire des Croisades*, IV。

5. Gill, *op. cit.* p. 187.

6. Gill, *op. cit.* pp. 377-380, with references.

7. 关于普拉特里斯此行任务详尽可靠的记录参见：Paulová, 'L'Empire byzantin et les Tcheques avant la chute de Constantinople', *Byzantinoslavica*, XIV, pp. 158-225, esp. 203-224。记录这一插曲的同时代西方作家是普斯库鲁斯，他当时正居住在君士坦丁堡：Pusculus, *Constantinopoleos*, in Ellissen, *Analekten der mittel- und neugriechischen Literatur*, pp. 36-7。

8. Ducas, *op. cit.* XXXIV, pp. 291-3; Chalcocondylas, *op. cit.* pp. 376-9.

9. Ducas, *op. cit.* XXXIV, pp. 293-5.

10. Ducas, *op. cit.* XXXIV, pp. 295-7; Chalcocondylas, *op. cit.* pp. 380-1; Critobulus (Kritovoulos), *History of Mehmed the Conqueror*, trans. Briggs, pp. 15-20.

11. Ducas, *op. cit.* XXXIV, pp. 301-3; Chalcocondylas, *op. cit.* pp. 380-1; Critobulus, *op. cit.* pp. 20-2; Phrantzes, *op. cit.* pp. 233-4. 参见：Inalcîk, *op. cit.* pp. 121-2。

12. Ducas, *op. cit.* XXXV, p. 309; Nicolo Barbaro, *Giornale dell' Assedio di Constantinopoli*, ed. Cornet, pp. 1-5.

13. Thiriet, *Regestes*, III, nos. 2881, 2896, 2897, pp. 173, 177-8; Heyd, *Histoire du Commerce du Levant*, II, pp. 302-5; Thiriet, *La Romanie Vénitienne au Moyen Age*, pp. 380-1.

14. Jorga, *Notes et Extraits*, II, pp. 271-3; Heyd, *op. cit.* II, pp. 285-6; Argenti, *Occupation of Chios by the Genoese*, I, pp. 201-2.

15. Krekić, *Dubrovnik (Raguse) et le Levant*, pp. 59-62.

16. Gill, *op. cit.* pp. 378-9; Marinescu, 'Le Pape Nicolas V et son attitude envers l'Empire Byzantin', *Bulletin de l'Institut Archéoligique Bulgare*, X, pp. 333-4, and 'Notes sur quelques ambassadeurs byzantins en Occident à la veille de la chute de Constantinople', *Annuaire de l'Institut de Philologie*

et d'Histoire Orientales et Slaves, x, pp. 419-428. Guilland, 'Les appels de Constantin XI Paléologue à Rome et à Venise pour sauver Constantinople', *Byzantinoslavica*, xiv, pp. 226-244.

17. Gill, *op. cit.* pp. 382-7. 带有完整参考文献。但亦可参见：Paulová, *op. cit.* pp. 192-203, 书中对金纳迪乌斯的心态有更深刻的剖析。在我看来，吉尔认为君士坦丁堡民众皆深信唯有与西方教会统一才能获得援助的观点有些失之武断。民众对西方援兵感到欢欣鼓舞令金纳迪乌斯心生警惕，他的应对便是大力宣扬西援背后蕴含的教会统一目的，而这仅靠善意或经济因素是无法实现的（虽然诺塔拉斯似乎对此深信不疑）。吉尔恰当地指出了诺塔拉斯稳健的影响力——后者在杜卡斯（其资料主要源于热那亚，参见：本书第 230 页）和西方作家（尤其是希俄斯的莱昂纳德与普斯库鲁斯）那里受到了不公正对待。普斯库鲁斯甚至称他为焚琴煮鹤之人、鱼贩之孙，并古怪地指责他作为一个简朴的人却拥有声名狼藉的奢华宫殿。关于这次谈判的主要原始材料为：*Oeuvres Complètes de Gennade Scholarios*, III, pp. 165-93; Ducas, xxxvi, pp. 315-9; Phrantzes, p.325; Leonard of Chios, *Historia Constantinopolitanae Urbis Captae*, M.P.G., CLIX, coll. 929-930; Isidore of Russia, letter to the Pope, Jorga, *Notes et Extraits*, II, pp. 522-4; Pusculus, *op. cit.* pp. 21, 23。

第五章

1. 参见：本书第 72 页注释 25。

2. Ducas, *op. cit.* xxxv, pp. 311-13.

3. Critobulus, *op. cit.* pp. 23-33, 他长篇记载了苏丹的这次演讲，稍简短的版本参见：Taci Bey zade Cafer Celebi, *Mahrusa-i Istanbul Fetihnamesi*, ed. 1331 A.H., pp. 6-8。参见：Inalcîk, *op. cit.* pp. 125-6.

4. Ducas, *op. cit.* xxxvii, p. 321. Pusculus, *op. cit.* p. 49. 该书错误地声称梅塞姆布里亚也是对苏丹奋力抵抗的城池之一。

5. Phrantzes, *op. cit.* pp. 234-6; Chalcocondylas, *op. cit.* pp. 381-2.

6. 关于这个时代战船的情况，参见：Yule, *Travel of Marco Polo*, ed. Cordier, I, pp. 31-41; Pears, *The Destruction of the Greek Empire*, pp. 232-5; Sottas, *Les Messageries Maritimes de Venise*, pp. 52-102。

7. Barbaro, *op. cit.* pp. 21-2, 此书给出的土耳其舰队数据为 12 艘加莱桨帆船、70~80 艘长船；Jacobo Tetaldi, *Informations*, Martene and Durand, *Thesaurus Novus Anecdotorum*, I, coll. 1820-1, 给出的数据为 16~18 艘加莱桨帆船、60~80 艘长船；Leonard of Chios, col. 930, 给出的数据为三列桨帆船 6 艘，双列桨帆船 10 艘，总计战船 250 艘；Phrantzes, *op. cit.* p. 237, 30 艘大船，330 艘小船（但他在 239 至 240 页又声称土耳其舰队共有 480 艘船）；Ducas, *op. cit.* xxxviii, p. 333, 总计约 300 艘；Chalcocondylas, *op. cit.* p. 384, 30 艘三列桨帆船及 200 艘较小的船；Critobulus, *op. cit.* pp.

37-8，声称土耳其舰队除了运输船共 350 艘，并且强调了苏丹对海军的浓厚兴趣。

8. Critobulus, *op. cit.* p.38.

9. 关于土耳其军制，参见：Pears, *op. cit.* pp. 222-231; Babinger, *Mehmed der Eroberer*, pp. 91-2. 关于君士坦丁堡战役中土耳其军队规模，不同西方文献给出了不同版本：Ducas, *op. cit.* xxxviii, p. 333, 记载土耳其军队总人数超过 40 万；Chalcocondylas, *op. cit.* p. 383，40 万人；Critobulus, *op. cit.* p. 38, 不包括随军非战斗人员为 30 万人；Phrantzes, *op. cit.* p. 240, 26.2 万人；Leonard of Chios, col. 927, 30 万人（其中新军 1.5 万人）；Tetaldi, col. 1820, 20 万人（包括 6 万随军非战斗人员）；Barbaro, *op. cit.* p. 18, 16 万人。土耳其方面的文献多认为参战军队规模在 8 万人左右，参见：Khairullah Effendi, *Tarikh*, pp. 61-3. Mordtmann, *Belagerung und Eroberung Konstantinopels*, p. 39。巴宾格尔在其著作中尤其指出，当时条件下土耳其无法一次将超过 8 万人的军队投入战场。

10. Oman, *History of the Art of War in the Middle Ages*, ii, pp. 205. ff.

11. Babinger, *op. cit.* p. 88.

12. Ducas, *op. cit.* xxxv, pp. 305-7; Phrantzes, *op. cit.* pp. 236-8; Chalcocondylas, *op. cit.* p. 385; Critobulus, *op. cit.* pp. 43-6; Barbaro, *op. cit.* p. 21; Leonard of Chios, col. 927. Babinger, *op. cit.* pp. 86, 88.

13. Mordtmann, article 'Constantinople', *Encyclopaedia of Islam*, i, p. 867; Hammer, *Geschichte des Osmanischen Reiches*, i, pp. 397-8.

14. Ducas, *op. cit.* xxxvii, p. 327; Barbaro, *op. cit.* p. 18; Zorzo Dolfin, *Assedio i Presa de Constantinopoli*, ed. Thomas, pp. 12-13; Phrantzes, *op. cit.* p. 237, 他给出土耳其全军抵达的时期为 4 月 2 日；Leonard of Chios, col. 927, 给出的日期为 4 月 9 日。

15. Critobulus, *op. cit.* p. 35.

16. Critobulus, *op. cit.* pp. 34-5; Leonard of Chios, col. 934. 莱昂纳德指责希腊人危急关头试图转移财产，不过这一指控并无确凿证据。

17. Marinescu, 'Notes sur quelques ambassades', pp. 426-7.

18. Thiriet, *Regestes*, iii, no. 2905, p. 130.

19. Marinescu, *op. cit.* pp. 424-5, and 'Le Pope Nicolas V', pp. 336-7.

20. Thiriet, *Regestes*, nos. 2909-2912, 2917, 2919, pp. 182-4.

21. 参见：本书第 121 页。

22. Csuday, *Die Geschichten der Ungarn*, i, pp. 422-6. Phrantzes, *op. cit.* pp. 323-8. 书中声称匈牙利人向苏丹派出了大使，指出对君士坦丁堡的攻击将损害两国友好，不过匈雅提向皇帝要求塞吕姆布里亚或梅塞姆布里亚作为援助谢礼，与之类似的是阿拉贡的阿方索，他心仪的是利姆诺斯岛。

23. Ostrogorsky, *op. cit.* p. 492.

24. Jorga, *Histoire des Roumains*, iv, pp. 124 ff.

25. Phrantzes, *op. cit.* pp. 325-6. "波兰新军"描述了塞尔维亚军队在听说要

加入土耳其军队时的愤慨之情。*Pamietniki Janczara Polaka Napisane,* ed. Galezowski, *Zbior Pisarzow Polskich,* v, pp. 123 ff.

26. Miller, *The Latins in the Levant,* pp. 407 ff.

27. Barbaro, *op. cit.* pp. 14-18.

28. Phrantzes, *op. cit.* p. 241; Ducas, *op. cit.* xxxviii, p. 331; Critobulus, *op. cit.* pp. 39-40; Barbaro, *op. cit.* pp. 13-15; Leonard of Chios, col. 928; Dolfin, *op. cit.* p. 14; Tetaldi, col. 1821; Montaldo, *Constantinopolitanum Exoidi um; Slavic Chronicle of the Siege of Constantinople,* ed. Desimoni, *Atti della Società Ligure di Storia,* x, p. 334, ed. Jorga, 'Une source negligée de la prise de Constantinople,' *Bulletin Historique de I'Académie Roumaine,* xii, pp. 91-2 (Russian version), and p. 78 (Roumanian version); *Historia Politica Constantinopoleos, C.S.H.B.,* pp. 18-19, 提供了朱斯提尼亚尼为这种情形做一场出色演说的情况，参见本书第 234 页：从佩拉来的志愿守城者。

29. Phrantzes, *op. cit.* pp. 252-3.

30. Phrantzes, *op. cit.* p. 256. 弗朗西斯科自称为阿莱克修斯一世后裔，但我无法查证此说。

31. Phrantzes, *op. cit.* p. 244, 弗兰泽斯给出这个德意志人的名字为 Johannes; Leonard of Chios, col.928, 给出他的姓氏为 Grande; Dolfin, p. 14, 将他的姓氏拼写为 Grando。

32. Barbaro, *op. cit.* p. 19.

33. Barbaro, *op. cit.* pp. 13-14; Phrantzes, *op. cit.* p. 241, 弗兰泽斯声称早先已有部分希腊家庭为躲避战火逃离了君士坦丁堡。

34. Barbaro, *op. cit.* p. 20; Phrantzes, *op. cit.* p. 238; Dolfin, p. 20. 他们的数据或多或少都是吻合的，巴尔巴罗给出了大部分细节。

35. Phrantzes, *op. cit.* p. 241. Tetaldi, col. 1820, 根据一份手稿，给出的数字为"不多于"6000~7000 人。Leonard of Chios, col. 933（与 Dolfin, p. 22 如出一辙）的数字是希腊人 6000，意大利人 3000（可能包含了佩拉后来动员的战斗人员）。Tetaldi 指出全城共有 3 万人口（不清楚这个数字是否包括妇女）。按照正常比例，能够动员 5000 精壮男丁通常说明全城约有 4 万~5 万人口；尽管一些修士后来被算上了，他们可能并不包含在弗兰泽斯的名单里。Critobulus, *op. cit.* p. 76, 他声称城陷时共有 4000 居民遇难，5 万居民被俘，不过他的数字一向有夸张之嫌。

第六章

1. Critobulus, *op. cit.* p. 40. 一些护城河似乎已经被灌满了水。Callistus, *Monodia, M.P.G.,* clxi, col. 1124.

2. Barbaro, *op. cit.* pp. 15-16; Leonard of Chios, col. 930; Phrantzes, *op. cit.* p. 238; Ducas, xxxviii, p. 333.

3. Barbaro, *op. cit.* pp. 18-20.

4. 迄今关于君士坦丁堡城墙最完整最权威的著作，参见：Alexander van Millingen, *Byzantine Constantinople: The Walls of the City and Adjoining Historical Sites*. 不过我完全认同皮尔斯的观点，即围攻资料中提及的圣罗曼努斯之门应该就是第五军用大门。正如他指出的那样，其古名 Pempton 自 7 世纪后便不再出现，围攻资料也不使用其后来的另一名字圣基里亚科。它是莱卡斯河谷附近的唯一城门，而最激烈的战斗正发生于此处。显然，当时人们采用军用罗曼努斯之门来称呼它，甚至同时期的作者笔下罗曼努斯之门默认便指此门而非位于南部小丘的民用罗曼努斯之门（今称托卡普门）。其次可参考：Pears, *Destruction of the Greek Empire*, pp. 429-435。

5. Leonard of Chios, col. 936; Chalcocondylas, *op. cit.* p. 384. 关于 1422 年以来君士坦丁堡城墙的历次维修，包括含有提到亚加鲁斯的铭文的墙段的维修，参见：Alexander van Millingen, *op. cit.* pp.104-8, 126; Phrantzes, *op. cit.* p. 225. 弗兰泽斯在书中对尼奥菲图斯的忠诚评价甚高，尽管他对任何被他怀疑不忠的人都持高度批评的态度。

6. Barbaro, *op. cit.* pp. 16-19; Leonard of Chios, col. 934-5; Phrantzes, *op. cit.* pp. 252-6. 上述几个版本的文献对于拜占庭方面军队部署记载大致相同，尽管莱昂纳德尽可能地避免提及希腊人，而弗兰泽斯只提到了金门的热那亚人曼努埃尔。弗兰泽斯还把诺塔拉斯放在佩崔恩，并说坎塔库泽努斯和尼科弗鲁斯·帕列奥列格一起指挥机动预备队。也许曼努埃尔后来被坎塔库泽努斯取代，而诺塔拉斯的区域可能包括佩崔恩和佩特拉。而关于奥尔汗王子的部署位置，仅有巴尔巴罗有所提及。Pusculus, pp. 64-5, 以及 Dolfin, pp. 23-4, 其记载的布阵情况略有出入，不过前者是在战役结束多年之后凭借记忆完成的，后者在围攻期间并不在场。

7. Pears, *op. cit.* pp. 250-2.

8. Critobulus, *op. cit.* pp. 41-2; Tetaldi, col. 1822. 土耳其文献方面缺乏关于奥斯曼军队部署的详细记载，除了埃夫利亚·切列比两个世纪后完成的一部充满想象、极不可靠的史书。相关内容的摘要可见：Turková, 'Le Siège de Constantinople d'après le Seyāhatnāme d'Evliyā Çelebî', *Byzantinoslavica*, XIV, pp.1-13, esp. pp.7-9。

9. Critobulus, *op. cit.* p. 42; Phrantzes, *op. cit.* p. 240; Barbaro, *op. cit.* p. 21. 在一份布恩德蒙特（Buondelmonte）绘于 1422 年的君士坦丁堡城市平面图上，"双圆柱"横跨位于塔克西姆与马奇卡之间的河流，大体坐落在今天多尔玛巴赫切宫西南处。

10. Barbaro, *op. cit.* pp. 19-20.

11. Critobulus, *op. cit.* pp. 40-1.

12. Barbaro, *op. cit.* pp. 18-20.

13. Critobulus, *op. cit.* pp. 47-8.

14. Barbaro, *op. cit.* p. 21; Critobulus, *op. cit.* pp. 48-9; Phrantzes, *op. cit.* pp. 238-9; Ducas, *op. cit.* XXXVIII, p. 339; Chalcocondylas, *op. cit.* pp. 386-7.

15. Barbaro, *op. cit.* pp. 21-2; Critobulus, *op. cit.* pp. 50-1. 书中注明了第一次对城墙攻击后此番遭遇战的日期。确切日期是由巴尔巴罗提供的。克里托布鲁斯似乎将本次对水栅的突袭与 4 月 18 日巴尔托格鲁较小规模的袭击混淆了。

16. Barbaro, *op. cit.* p. 23; Critobulus, *op. cit.* pp. 49-50.

第十章

1. Phrantzes, *op. cit.* pp. 247-250; Critobulus, *op. cit.* pp. 52-5; Ducas, *op. cit.* xxxviii, p. 335; Chalcocondylas, *op. cit.* pp. 389-390; Barbaro, *op. cit.* pp. 23-6; Leonard of Chios, col. 930-1; Dolfin, *op. cit.* pp. 17-18; Pusculus, *op. cit.* pp. 68-9. 关于船只数量，杜卡斯认为共计 4 艘热那亚船与 1 艘拜占庭船，Chalcocondylas 则认为热那亚、拜占庭各 1 艘，不过所有见证人认为应该是 3 艘热那亚船与 1 艘拜占庭船。巴尔巴罗说，热那亚人是受皇帝提出的热那亚人可以免税进口物资的诱惑而来。莱昂纳德说，他们带来了防御用的士兵、武器和钱，克里托布鲁斯说他们是教皇派来的。

2. 关于这封信及土耳其人的普遍反应，参见: Inalcîk, 'Mehmed the Conqueror', *Speculum*, xxxv, pp. 411-2 and *Fateh Devri*, p. 217。

3. Barbaro, *op. cit.* p. 26; Critobulus, *op. cit.* p. 55; Ducas, *op. cit.* xxxviii. p. 336.

4. Barbaro, *op. cit.* p. 26; Phrantzes, *op. cit.* pp. 246-7; Leonard of Chios, col. 931.

5. Barbaro, *op. cit.* pp. 27-8; Phrantzes, *op. cit.* pp. 250-2; Critobulus, *op. cit.* pp. 55-6; Leonard of Chios, col. 930（他指责是一个威尼斯人向苏丹进献了此计）; Tetaldi, col. 1820-1; Pusculus, *op. cit.* pp. 69-70; Dolfin, *op. cit.* p. 16; 'The Polish Janissary', chap. xxiv; Ashikpashazade, p. 198; Saad ed-Din, *The Capture of Constantinople*, trans, Gibb, pp. 20-1. 不同资料给出的越过金角湾的土耳其舰队规模有所差异，阿什克帕萨扎德认为共有 70 艘，而萨阿德丁提供的数字要少许多。埃夫利亚·切列比宣称有 50 艘加莱桨帆船及 50 条小船,《波兰新军日记》则表示只有 30 艘船。同时代基督徒给出的资料数字从 67 艘（克里托布鲁斯）至 100 艘（泰塔尔迪）不等。我比较认同皮尔斯的看法，即舰队是越过托普哈内区稍微陡峭但路径更短的山谷进入金角湾的，而非希什利（Şişli）区坡度略缓但路途遥远的山谷。

6. Barbaro, *op. cit.* pp. 28-33; Phrantzes, *op. cit.* pp. 257-8; Critobulus, *op. cit.* pp. 56-7; Leonard of Chios, col. 932-3; Tetaldi, col. 1821; Pusculus, *op. cit.* pp. 72-5; Ducas, *op. cit.* xxxviii. pp. 347-8. 克里托布鲁斯的资料似乎来自土耳其方面，而杜卡斯的资料倚重热那亚人，两者都宣称曾经有佩拉的热那亚人向苏丹通风报信。巴尔巴罗（作为一个威尼斯人）出于对热那亚人的憎恶，甚至揣测是佩拉市政官本人做出了这桩背叛行为。莱昂纳

德大主教虽然是热那亚人，但也表示此事热那亚人难脱干系。

7.　苏丹与佩拉的关系，还可参见：本书第 138—139 页。

8.　Phrantzes, *op. cit.* p. 252; Critobulus, *op. cit.* p. 57; Barbaro, *op. cit.* pp. 43-4; Leonard of Chios, col. 931; Ducas, *op. cit.* xxxviii. p. 349; Chalcocondylas, *op. cit.* p. 388; Kodja Effendi, MS. p. 170. 引自：Lebeau, *Histoire du Bas Empire*, xxi, p. 265. 1953 年竖立的一块标注该桥梁地点的铭牌应该有误，因为它显然不可能经过强大的布雷契耐防御工事俯瞰下的狭长海滩，并且被迪耶多的运河与土军主力分割开来，它更可能会避开城墙防御器械的射程［如本书（英文版）封面插图所示那样］。巴尔巴罗给出了关于它最详尽的记载（包括完工日期），他指出浮桥终止于"栅栏"（显然为布雷契耐城墙）下。

第八章

1.　Phrantzes, *op. cit.* p. 256; Barbaro, *op. cit.* pp. 33-4; Leonard of Chios, col. 935.

2.　Barbaro, *op. cit.* p. 35; Thiriet, *Regestes*, nos. 2919-2923, pp. 185-6.

3.　Thiriet, *Regestes*, no. 2927, pp. 186-7.

4.　Barbaro, *loc. cit.*; *Slavic Chronicle*, p. 114. (Russian version, p. 95, Roumanian version, p.79) 书中称皇帝向摩里亚、各群岛及各法兰克人国家求援。

5.　Phrantzes, *op. cit.* p. 258; Leonard of Chios, col. 932-3.

6.　这一历史插曲仅见于《斯拉夫编年史》，不过应该是可信的。参见：*Slavic Chronicle*, p. 118 (Russian version, p. 95, Roumanian version, pp. 79-80).

7.　Phrantzes, *op. cit.* pp. 259-260; Barbaro, *op. cit.* pp. 35-6; Ducas, *op. cit.* xxxviii. p. 347.

8.　Barbaro, *op. cit.* pp. 36-7; *Slavic Chronicle*, pp. 118-9 (Russian version, pp. 95-6, Roumanian version, pp. 80-1)，该书特意提到了朗加比的英勇事迹。

9.　Barbaro, *op. cit.* pp.37-9.

10.　Barbaro, *op. cit.* p. 39; *Slavic Chronicle*, pp. 119-20 (Russian version, pp. 96-7, Roumanian version, p. 81). 书中提到了一个夸张而不足采信的故事：皇帝得知土耳其军入城后在圣索菲亚大教堂的门廊召开了会议并旋即亲自策马击退了敌军。

11.　Barbaro, *op. cit.* pp. 39-40.

12.　Barbaro, *op. cit.* pp. 40-2, 44-5.

13.　Barbaro, *op. cit.* pp. 42-3; Phrantzes, *op. cit.* pp. 243-5; Leonard of Chios, col. 936.

14.　Barbaro, *loc. cit.*; Phrantzes, *op. cit.* p. 245; Tetaldi, col. 1821; Leonard of Chios, col. 936; Chalcocondylas, *op. cit.* pp. 388-9.

15.　Barbaro, *op. cit.* pp. 46-7.

16.　Barbaro, *op. cit.* p. 47. 在此书 33—34 页当地讲到船离开的时候，还有关

于这次演讲的详细记载，从而表明他一定是翻阅了他的原始日记，把交叉引用的内容写进去了。

17. Barbaro, *op. cit.* p. 46, 他提到这次月食发生于 5 月 22 日，不过月食的准确时间应该是 5 月 24 日。想必巴尔巴罗修改了原始日记。其余的凶兆，参见：Phrantzes, *op. cit.* pp. 264-5; Pusculus, *op. cit.* p. 79; Critobulus, *op. cit.* pp. 58-9; by Barbaro again, p. 48, 还有高度夸张的《斯拉夫编年史》中的记载：*Slavic Chronicle*, p. 122。

18. 此事仅见记载于：*Slavic Chronicle*, pp. 122-3. (Russian version, p. 98, Roumanian version, p. 82)。其中提到牧首的出场，虽然杜撰了若干细节，但很可能大体是真实的。

第九章

1. Critobulus, *op. cit.* p. 60.

2. Phrantzes, *op. cit.* pp. 263-4, 327; Ducas, *op. cit.* XXXVIII. pp. 341-3. 该匈牙利大使曾经就操作火炮方面为苏丹出谋划策。

3. Chalcocondylas, *op. cit.* pp. 390-2, 记载了伊斯梅尔谈判的完整过程；Ducas, *op. cit.* XXXVIII, pp. 345, 349; Saad ed-Din, p.20.

4. Phrantzes, *op. cit.* pp. 265-70; Leonard of Chios, col. 937-8; Tetaldi, coll. 1821-2.

5. Tetaldi. *loc. cit.*

6. Barbaro, *op. cit.* pp. 48-9; *Slavic Chronicle*, p. 124 (Russian version, p. 100, Roumanian version, p. 84). 仅有斯拉夫方面的史料提及了朱斯提尼亚尼的本次负伤。

7. Phrantzes, *op. cit.* p. 270 ; Leonard of Chios, col. 938.

8. Barbaro, *op. cit.* pp. 48-9.

9. Barbaro, *op. cit.* pp. 49-51; Critobulus, *op. cit.* p. 60; Ducas, *op. cit.* XXXIX, pp. 351-3; Leonard of Chios, col. 938; Dolfin, p. 20（单独提到了苏丹造访佩拉）。

10. Critobulus, *op. cit.* pp. 60-5, 克里托布鲁斯详细给出了他认为苏丹在这个场合应该发表的讲话，由于他和哈姆扎贝伊私交甚笃，而后者是与会者之一，因此他的记录大体是可信的。弗兰泽斯的著作给出了一个较简短的版本，参见：Phrantzes, *op. cit.* pp. 269-70。

11. Barbaro, *op. cit.* p. 50; Phrantzes, *op. cit.* pp. 262-3; Leonard of Chios, col. 937.

12. Phrantzes, *op. cit.* pp. 271-9; Leonard of Chios, coll. 938-9.

13. Phrantzes, *op. cit.* p. 279. 克里托布鲁斯、卡尔科康第拉斯与《斯拉夫编年史》记载对城市的劫掠时均提到了这次彻夜弥撒。参见：本书第 173—174 页。

14. Phrantzes, *op. cit.* p. 280; Andrea Cambini, *Libro della Origine de Turchi*

(1529 edition), pp. 8-10.

15. Phrantzes, *op. cit.* p. 280; 皇帝的白足牝马出现在希腊的流行诗歌中。例如：ʹΟ Θάνατος τοῦ Κωνσταντίνου Δράγαζη in Legrand, *Recueil de chansons populaires grecques*, p. 74.

第十章

1. Critobulus, *op. cit.* pp. 66-7.

2. 我从不同资料来源中得到了不同版本的故事：首先来自现场目击者，Phrantzes, *op. cit.* pp. 280-7; Barbaro, *op. cit.* pp. 51-7; Leonard of Chios, coll. 940-1; Tetaldi, coll. 1822-3; Pusculus, *op. cit.* pp. 80-1; Montaldo, *op. cit.* pp. 335-8; Riccherio, *La Presa di Constantinopoli*, in Sansovino, *Dell'Historia Universale*, Ⅱ, pp. 64-6; 'The Polish Janissary', pp. 132-4; Critobulus, *op. cit.* pp. 67-71; Ducas, *op. cit.* xxxⅸ, pp. 351-61, 以上无疑从目击者中直接得来。土耳其资料仅有简短记载，由萨阿德丁复述：Saad ed-Din, pp. 21-8。Chalcocondylas, *op. cit.* pp. 354-5, 提供了一份简要记载，并未增加新的内容。*Slavic Chronicle*, pp. 124-5 提供了对于战斗含混不清的记载。只有杜卡斯提供了关于通过科克波塔门进入的细节，但他的故事得到了萨阿德丁的简短证实。关于科克波塔门的确切位置，参见：van Millingen, *Byzantine Constantinople*, pp. 89-94。关于朱斯提尼亚尼的伤情，资料中众说纷纭。弗兰泽斯认为他脚部受伤，而卡尔科康第拉斯则认为是手部，莱昂纳德说他被弓箭射中了腋窝，克里托布鲁斯却声称是被枪弹击穿了胸甲。很可能他身上某处受了重伤。巴尔巴罗出于对所有热那亚人的厌恶，对朱斯提尼亚尼的受伤只字未提，仅谈到了其擅离职守。对此所有资料来源倒并无异议。

3. Phrantzes, *op. cit.* pp. 287-8; Barbaro, *op. cit.* pp. 57-8. 弗兰泽斯认为保罗与特罗伊洛成功逃出生天，而未提及安东尼奥，不过根据佩拉市政官的信件 (ed. de Sacy, *Notices et extraits des Manuscripts de la Bibliothèque du Roi*, xi, i, p. 77)，试图藏起来的保罗被俘并遭到了处决。有可能是弗兰泽斯将保罗与安东尼奥混淆了。

4. Saad ed-Din, p. 23; Ahmed Muktar Pasha, *The Conquest of Constantinople*, p.228. 关于佩崔恩区的渔民，参见：本书附录二，第 241 页。

5. Barbaro, *op. cit.* pp. 59, 61; Phrantzes, *op. cit.* p. 293.

6. 参见：本书附录二，第 241 页。

7. Critobulus, *op. cit.* pp. 74-5; Ducas, *op. cit.* xxxⅸ, p. 379; Chalcocondylas, *op. cit.* p. 398.

8. Leonard of Chios, col. 943; Podestà of Pera, p. 77.

9. Riccherio, *op. cit.* p. 66; 'Rapporto del Superiore dei Franciscani', quoted in *Cronica de Bologna* (Muratori, R.I.Ss., xvⅲ, pp. 701-2); Chalcocondylas, *op. cit.* p. 399. 三封罗马寄给费拉拉枢机主教的信，提供自：Jorga, *Notes*

et Extraits, II, pp. 518-20, 详细讲述了这个故事。泰塔尔迪在写他的报告时，认为枢机主教已经殉命：Tetaldi, col. 1823.

10. Barbaro, *op. cit.* pp. 57-8; Podestà of Pera, p. 75; Ducas, *op. cit.* XXXIX, pp. 371-3. 杜卡斯声称仅有 5 艘热那亚船只逃脱。

11. Barbaro, *op. cit.* pp. 58-9; Ducas, *op. cit.* XXXIX, p. 373.

12. Phrantzes, *op. cit.* pp. 387-8. 参见：本书第 174—175 页。

13. 传统说法认为，土耳其旗帜之所以采用星月图案，是因为苏丹是在这样的月亮下进城的：这就解释了为什么是缺了一块的月亮而不是新月。它实际上是下弦月。

14. Ducas, *loc. cit.* 参见：本书附录二，第 239 页。正如杜卡斯所说，佩拉市政官本并没有很清楚地说明他亲自去了。见：Ducas, Podestà of Pera, p. 76.

15. Phrantzes, *op. cit.* pp. 290-1; Ducas, *op. cit.* XI, p. 377; Chalcocondylas, *op. cit.* p. 399; *Historia Politica*, p. 23; Barbaro, *op. cit.* p. 53; Tetaldi, col. 1823; Pusculus, *op. cit.* p. 81; Montaldo, p. 338; Saad ed-Din, p.31; *Slavic Chronicle*, p. 126 (Russian version, p. 102, Roumanian version, p. 87), 书中记载头颅埋在圣索菲亚大教堂祭坛下而躯体葬于佩拉。《波兰新军日记》第 133 页记载头颅是被一名叫作安德鲁的农民辨认出的。而传说中皇帝位于伊斯坦布尔韦法的坟墓并无史料予以支撑。

第十一章

1. Barbaro, *op. cit.* p. 55; Phrantzes, *op. cit.* pp. 288-9; Critobulus, *op. cit.* pp. 71-3. 蒙古圣玛利亚教堂又被土耳其人称作"血教堂"，因为从佩特拉高处流下的血液途经它。

2. Ducas, *op. cit.* XXXIX, p. 363.

3. Ducas, *op. cit.* XXXIX, p. 369.

4. 考古证据表明全能者基督教堂的确遭到了洗劫，然后被用作宿营地。在那里的修士金纳迪乌斯被俘，可能是在他自己的小房间里。金纳迪乌斯似乎最初退隐在查尔斯亚尼茨修道院内（参见：Beck, *Kirche und theologische Literatur*, p. 760），但是在 1452 年到 1453 年的冬天，他待在全能者基督教堂。(Ducas, *op. cit.* p. 315)

5. Ducas, *op. cit.* XXXIX, p. 365; Critobulus, *op. cit.* p. 75.

6. Phrantzes, *op. cit.* p. 290; Critobulus, *op. cit.* pp. 75-6; Leonard of Chios, coll. 941-2.

7. Barbaro, *op. cit.* p. 57; Critobulus, *loc. cit.*; Ducas, *loc. cit.*; Franciscan report, coll. 701-2.

8. Critobulus, *op. cit.* p. 76, 他提到总计有约 4000 人被害，5 万人被俘。Leonard of Chios, col. 942, 记载有 6 万名俘房。这两个被俘数字无疑都有所夸大，因为当时全城人口应该不超过 5 万人。Franciscan report, *loc.*

cit. 则认为被害人数是 3000 左右。

9. *Slavic Chronicle*, p. 127 (Russian version, p. 105, Roumanian version, pp. 86-7)，该书记载的细节最为丰富，虽然增添了一位虚构的牧首形象，应该是从亲历者处获取了资料。Ducas, *op. cit.* xxxix, p. 375, 书中记载了土耳其士兵企图凿开地板的事实，不过错把苏丹入城时间记为 30 日（如果苏丹在那时才入城地板想必已被凿开了）; Phrantzes, *loc. cit.* Ashikpashaza-de, p. 199, 只是提到下一个周五在教堂中进行了一场穆斯林祷告。

10. Cantemir, *History of the Othman Empire*, trans. Tindal, p.102, 给出了诗句的波斯原文，但未注明出处。

11. Barbaro, *op. cit.* pp. 57-61; Podestà of Pera, p. 77; Leonard of Chios, col. 943; Franciscan report, col. 702. 关于伊西多尔历险的参考资料，参见：本书第 165 页注释 9。

12. Matthew Camariotes, *De Constantinopoli Capta Narratio Lamentabilis*, *M.P.G.*, clx, coll. 1068-9.

13. Ducas, *op. cit.* xi, p. 381; Chalcocondylas, *op. cit.* pp. 402-3, 杜卡斯素来不喜欢诺塔拉斯，此处他的记载反而显得更为可信。Critobulus, *op. cit.* pp. 83-4, 克里托布鲁斯也没有为苏丹尊者讳。Leonard of Chios, col. 943，虽然主教对诺塔拉斯素无好感，但也记录了此事，并提到大公在临刑前怒斥土耳其人。唯有弗兰泽斯提到了一个截然不同的版本，对大公颇有诋毁，见 Phrantzes, *op. cit.* pp. 291-3。Montaldo, *op. cit.* p. 339. 指控诺塔拉斯变节，但也提及了他儿子的故事。

14. Ducas, *op. cit.* xlii, p.395. 诺塔拉斯妻子的身份已无从考证。根据书信记载［如金纳迪乌斯所书 (e.g. *M.P.G.* clx, col. 747)］，他被称作驸马 (*γαμβρὸς τοῦ Βασιλέως*)。如果他的妻子为曼努埃尔二世与海伦娜皇后之女，熟悉其家族并详细记载的弗兰泽斯不可能从未提及。由于 1453 年时她的儿子不过十余岁，她应该出生于 1400 年以后。曼努埃尔作为一位忠贞的丈夫，也不可能有私生子。我个人不认为拜占庭人会错用驸马一词来形容婚姻关系。她想必为曼努埃尔的侄子——约翰七世之女，后者与一位加提卢西王公之女婚后虽无子，但可能生有一女（无论庶出或嫡出）。Papadopoulos, *Versuch einer Geneologie der Palaiologen*, p, 90, 书中声称她为德米特里·坎塔库泽努斯之女，但此说于弗兰泽斯处得不到证实。至于 Lambros, *Συνθήκη*, pp. 153, 170, 我不知道其诺塔拉斯家族族谱基于什么证据。

15. 参见：本书第 221 页。Sathas, *Monumenta Historiae Hellenicae*, ix, p. vi. 书中表示安娜一度与皇帝君士坦丁订婚，不过证据并不充分。

16. Phrantzes, *op. cit.* pp. 309-10, 383, 385.

17. Critobulus, *op. cit.* pp. 76-7, 85; Ducas, *op. cit.* xlii, p. 395; Franciscan re-port, coll. 702; Podestà of Pera, pp. 76-7, 完成于 6 月 23 日的记载声称苏丹是前一天晚间离开的。Babinger, *Mehmed der Eroberer*, p. 107.

18. 参见：本书附录二。

19. 参见：本书附录二。

20. Phrantzes, *op. cit.* pp. 304-7; *Historia Politica*, pp. 27-8; *Historia Patriar-chica, C.S.H.B.*, pp. 79-81; Critobulus, *op. cit.* pp. 94-5; Cantemir, *op. cit.* p. 104. Papadopoullos, *Studies and Documents relating to the History of the Greek Church and People under Turkish Domination*, pp. 1-85, 提供了完整的，虽然略显混乱的叙述。

21. 参见：本书附录二。

22. Phrantzes, *op. cit.* p. 307; *Historia Politica*, pp. 28-9; *Historia Patriarchica*, pp. 82-3, 给出了金纳迪乌斯开出条件的文本 (pp. 83-93)。

23. Critobulus, *op. cit.* pp. 82-3; Ashikpashazade, *op. cit.* pp. 124-6 ; Ducas, *op. cit.* XLII, p. 393 ; *Historia Politica*, p. 25. 1454 年，一封由瓦拉几亚主教寄出的信声称共有 3 万个家庭被移民至君士坦丁堡。Jorga, *Notes et Extraits*, IV, p. 67，记载的数字则为 8000 个。

24. 西班牙旅行家克里斯托巴尔（Cristobal de Villalon）在 1550 年左右完成的著作中，声称自己查阅过当时君士坦丁堡人口统计，并指出城内共有 6 万个土耳其家庭，4 万个希腊及亚美尼亚家庭，1 万户犹太人，佩拉则有 4000 户（希腊人或西方人），此外郊区还有大约 1 万人希腊人。Villalon, *Viaje de Turquia*, II, pp. 255. ff. 参见：Jorga, *Byzance après Byzance.* pp. 45-52。

第十二章

1. Tomadakis, ‘Répercussion immédiate de la prise de Constantinople’, *Cinq-centième Anniversaire de la prise de Constantinople*, Athens, 1953.

2. Thiriet, *Regestes*, no. 2928, p. 187. 参见：Pastor, *History of the Popes*, trans. Antrobus, II, pp. 271-4.

3. Tetaldi, col. 1823, 他笃信如若舰队及时到达，君士坦丁堡必不至于失陷。

4. Critobulus, *op. cit.* p. 81; Thiriet, *La Romanie Vénitienne*, p. 383.

5. Thiriet, *Regestes*, nos. 2929-2936, pp. 187-190.

6. Podestà of Pera, pp. 76-8; Montaldo, *op. cit.* p. 342; Ducas, *op. cit.* XLII, p. 393; Critobulus, *op. cit.* p. 76. 佩拉市政官的名字 Lomellino, 参见：Desimoni’s preface to Montaldo, pp. 306-7.

7. Heyd, *Histoire du Commerce du Levant*, II, pp. 382-407. 将卡法交予圣乔治银行理事会管理一事见于 *Notices des Manuscripts de la Bibliothèque du Roi*, XI, I, pp. 81-9。

8. 参见：Argenti, *The Occupation of Chios by the Genoese*, I, pp. 205-8。

9. Heyd, *op. cit.* II, p. 308 and n. 4. Tetaldi, col. 1823 估计安科纳人的损失超过 2 万达卡特。

10. Heyd, *op. cit.* II, pp. 308, 336-8. Tetaldi, *loc. cit*, 估计佛罗伦萨人损失了 2 万达卡特。

11. Heyd, *op. cit.* ɪɪ, pp. 308, 348.

12. Krekić, *Dubrovnik (Raguse) et le Levant*, p. 62 and Thiriet, *Regestes*, nos. 1279 and 1364, pp. 383, 398.

13. *Ibid*, nos, 2955-6, 3021, pp. 194-5, 212-3.

14. Raynaldi, *Annales*, x, pp. 2-3.

15. Jorga, *Notes et Extraits*, ɪɪ, p. 518.

16. *Ibid*, ɪv, pp. 90-1, 101-2, 111-3.

17. Pius Ⅱ, *Opera Omnia*, pp. 716-7.

18. Grunzweig, 'Philippe le Bon et Constantinople', *Byzantium*, xxɪv, PP. 51-2.

19. Oliver de la Marche, *Mémoires*, ed. Beaune et d'Arbaumont, ɪɪ, pp. 381-2.

20. Critobulus, *op. cit.* pp. 119-21; Ducas, *op. cit.* xʟv, p. 423. 参见：Miller, *Essays on the Latin Orient*, pp. 340-3。

21. 参见：Atiya, *The Crusade in the Later Middle Ages*, pp. 236-40。

22. Olivier de la Marche, *Mémoires*, ɪɪ, pp. 336-7.

23. Jorga, *Notes et Extraits*, ɪv, pp. 126-7.

24. Chalcocondylas, *op. cit.* p. 403.

25. Pius Ⅱ, *Opera Omnia*, p. 394.

26. Ducas, *op. cit.* pp. xʟɪɪ, p. 395; Critobulus, *op. cit.* p. 85; Barbinger, *Mehmet der Eroberer*, pp. 108-9.

27. Critobulus, *op. cit.* pp. 86-7; Ducas, *loc. cit.*; Miller, *Essays on the Latin Orient,* pp. 334-5.

28. Phrantzes, *op. cit.* pp. 293-4; Critobulus, *op. cit.* pp. 87-8; Chalcocondylas, *op. cit.* pp. 403-4; Leonard of Chios, col. 943; Ashikpashazade, *op. cit.* pp. 197-9. 参见：Inalcîk, *Fatih Devre*, pp. 134-6. 阿什帕萨扎德的记载对哈利勒抱有敌意，但当哈利勒家族（闸达理）恢复地位后，后世的历史学家笔下便温和了许多。参见：Inalcîk, *Fatih Devri*, pp. 132-6。诺塔拉斯受辱与死亡和哈利勒或许有关联。阿什克帕萨扎德记载诺塔拉斯曾用一条装满金钱的鱼向哈利勒行贿，他们彼此关系也的确不错。

29. 参见：Jireček, *Geschichte der Serben*, ɪɪ, pp. 201. ff.; Miller, *Essays on the Latin Orient,* pp. 456-7; and 'The Balkan States', *Cambridge Medieval History*, ɪv, pp. 575-582; Babinger, *Mehmed der Eroberer*, pp. 112 ff.

30. Critobulus, *op. cit.* pp. 105-111, 138-9; Ducas, *op. cit.* xʟɪv, p. 419, xʟv, pp. 423, 427; Leonard of Chios, *De Lesbo a Turcis Capta*, ed. Hopf, *passim*; Miller, *Essays on the Latin Orient*, pp. 335-352.

31. Miller, *The Latins in the Levant*, pp. 435-441, 456-7.

32. Critobulus, *op. cit.* pp. 126-37, 149-53; Ducas, *op. cit.* xʟv, pp. 423-5; 'Polish Janissary', pp. 155-65; Ashikpashazade, *op. cit.* pp. 210-3. 参见：Zakythinos, *Le Despotat Grec de Morée*, pp. 247-84。

33. Critobulus, *op. cit.* pp. 163-74; Phrantzes, *op. cit.* p. 413; Ducas, *op. cit.* xʟv, pp. 429-431; Chalcocondylas, *op. cit.* pp. 490-7; 'Polish Janissary',

pp. 165-73; Ashikpashazade, *op. cit.* pp. 218-27. 特拉布宗的此段历史，参见：Miller, *Trebizond: the Last Greek Empire*, pp. 97-104。

34. Critobulus, *op. cit.* pp. 175-7; *Historia Politica*, pp. 36-7; Miller, *Trebizond*, pp. 105-8.

35. Phrantzes, *op. cit.* p. 308; Critobulus, *loc. cit.* ; Miller, *loc. cit.*

36. Miller, *loc. cit.* 关于这位巾帼英雄的歌谣，参见：Legrand, *Recueil de chansons populaires grecques*, p. 78。

37. 关于特拉布宗陷落的歌谣，参见：Legrand, *Recueil de chansons populaires grecques*, p. 76.

38. Jorga, *Histoire des Roumains*, IV, pp. 131. ff.

39. 参见：Medlin, *Moscow and East Rome*, pp. 75-95.

第十三章

1. Phrantzes, *op. cit.* pp. 395, 412-3, 427-9, 449; Critobulus, *op. cit.* pp. 58-9; *Historia Politica*, pp. 35-6. Lambros, Παλαιολόγεια καὶ Πελοποννησιακά, IV, pp. 221-9 给出了一首哀悼海伦娜公主的单声歌曲。

2. Phrantzes, *op. cit.* pp. 410-5; Miller, *The Latins in the Levant*, pp. 453-4; Zakythinos, *Le Despotat Grec de Morée*, I, pp. 287-90. 弗兰泽斯声称托马斯之妻享年 70 岁，这应该有误。托马斯于三年后去世时仅 56 岁，他们最小的孩子佐伊出生不可能早于 1456 年。托马斯与凯瑟琳 1430 年成婚。假设当时她 15 岁，那么去世时大约 47 岁。

3. Phrantzes, *op. cit.* pp. 202 , 413, 450. 参见：Lascaris, *Vizantiske Princeze u Srednjevekovnoj Srbiji*, pp. 97-123。

4. 托马斯儿子们的事迹，参见：Zakythinos, *Le Despotat Grec de Morée*, I, pp. 290-7, and Typaldos, Οἱ ἀπόγονοι τῶν Παλαιολόγων μετὰ τὴν ἅλωσιν', Δελτίον τῆς Ἱστορικῆς καὶ Ἐθνολογικῆς Ἑταιρίας τῆς Ἑλλάδος, VIII, pp. 129-154。关于佐伊公主的生平，参见：Medlin, *Moscow and East Rome*, pp. 76-7, 79, 86-7. 关于她的首次婚姻，参见：Phrantzes, *op. cit.* pp. 424-5。

5. 关于帕列奥列格家族 17 世纪在康沃尔的后裔及最终于巴巴多斯绝嗣的情况，参见：Leigh Fermor, *The Traveller's Tree*, pp. 144-9 and Zoras, Περὶ τὴν ἅλωσιν τῆς κωνσταντινουπόλεως, pp. 287-95。该家族自称源自托马斯的一位名叫约翰的儿子。假设此人的确存在，那么熟悉其家族情况的弗兰泽斯居然只字未提是不可想象的，何况曾任托马斯两位儿子家庭教师的贝萨里翁同样未予记载。有可能托马斯曾有一名叫约翰的私生子。更可能的情况是，该家族源自帕列奥列格家族旁系——这些旁系后裔人数众多，已算不上皇室血脉。因为正统皇室宗亲一般应为米哈伊尔八世（帕列奥列格王朝第一位皇帝）的男性后代，其宗谱是众所皆知的，很难有所遗漏。塞奥多利·帕列奥列格位于康沃尔兰杜尔夫的坟墓上镌刻着拜占庭双头鹰，然而令人惋惜的是，它很可能是牵强附会的。

6. 参见：Miller, *Essays on the Latin Orient*, pp. 502-7. 我们得知海伦娜王后对君士坦丁堡的陷落痛彻心扉，并热忱接纳了难民们。Makhairas, *Chronicle*, I, p. 682.

7. 关于斯坎德培后裔的情况，参见：Gegaj, *L'Albanie et l'Invasion Turque au xve. Siècle*, pp. 161-2。

8. Phrantzes, *op. cit.* pp. 413-4; Chalcocondylas, *op. cit.* pp. 497-8; *Historia Politica*, p. 38; Miller, *Trebizond*, pp. 108-11.

9. 菲莱尔福信件提供自：Legrand, *Cent-dix Lettres Grecques de Fr. Philephe*, pp. 62-8.

10. Phrantzes, *op. cit.* pp. 408, 411, 424-5, 429-46, 451-3.

11. Sathas, *Μνημεῖα Ἑλληνικῆς Ἱστορίας*, IX, pp. vi-xi.

12. 参见：Brehier, article 'Bessarion' in Baudrillart, *Dictionaire d'histoire et de géographic ecclésiastique*, VIII, coll. 1185 -94; Miller, *Essays on the Latin Orient*, pp. 348 -9. Leonard of Chios, *De Lesbo a Turcis Capta*, ed. Hopf, *passim*。据说伊西多尔晚年变得头脑很不清醒。参见：Pastor, *History of the Popes*, trans. Antrobus, II, p. 323。

13. Critobulus, *op. cit.* p.117; *Ecthesis Chronica*, ed. Lambros, pp. 26-8, 36; *Historia Politica*, pp. 38-9; *Historia Patriarchica*, pp. 96-101. 参见：Tomadakis, 'Ἐτούρκευσεν ὁ Γεώργιος Ἀμιρούτζης;' in *Ἐπετηρίς Ἑταιρείας Βυζαντινῶν Σπουδῶν*, XVIII, pp. 99-143, 我认为他竭力替阿米罗特斯粉饰，虽然并未成功。

14. 参见：本书第181—185页。

附录一

1. 由于相关部分没有新的校勘版问世，关于弗兰泽斯的资料，我所用为《波恩文集》。关于《大编年史》的作者问题，参见：Loenertz, 'Autour du Chronicon Maius attribué à Georgios Phrantzes', *Miscellanea Mercati*, III。关于他的真名，参见：Laurent, 'Sphrantzes et non Phrantzes', *B.Z.*, XLIV。

2. 关于杜卡斯的资料，我所用为 Grecu 在 1958 年于布加勒斯特出版的新校勘版，其质量好于较早的波恩版本，尽管后者有包含了老的意大利译本的优势，但我个人无法像 Grecu 一样给予杜卡斯那么高的评价。参见：Grecu, 'Pour une meilleure connaissance de l' historien Ducas', *Memorial Louis Petit*.

3. 关于卡尔科康第拉斯，我未能找到 J. Darko 1922 年于布达佩斯出版的版本，因此选用了波恩版中的参考文献。关于他的生平的简短记述，参见：Vasiliev, *A History of the Byzantine Empire*, p. 693。

4. 关于克里托布鲁斯，我选用的是 1954 年普林斯顿出版的英译版，虽然它并非直译自希腊文原版，但对比 Dethier 的法文版（译自希腊文版）后，我发现前者是可信的，关于他的生平，参见：Pears, *The Destruction of*

the Greek Empire, pp. x-xi。他的亲土耳其视角使当代希腊历史学家倾向于低估他。

5. 以上编年史参见：Moravscik, *Byzantinoturcica*, I, pp. 128-9, 159, 246-8。还有诗体的 Hierax 编年史，即 Sathas, *Μεσαιωνικὴ Βιβλιοθήκη* I，不过其史料价值较低。

6. G. Zoras 出版了编年史的校勘版，显示出编年史作者在关于围攻和城市陷落的故事上倚赖莱昂纳德的记述。

7. 以上各种资料参见：Zoras, *Περὶ τὴν ἅλωσιν τῆς Κωνσταντινουπόλεως*, pp. 157-283。

8. 信件参见：Gill, *op. cit.* pp. 366 ff.。

9. 关于《斯拉夫编年史》的问题，参见：Unbegaun, 'Les relations vieux-russes de la prise de Constantinople', *Revue des Etudes Slaves*, IX, and Jorga, 'Une source négligée de la prise de Constantinople', *Académie Roumaine, Section Historique*, XIII。

10. 关于巴尔巴罗的简短记述，参见：Pears, *The Destruction of the Greek Empire*, pp. ix-x。

11. 关于莱昂纳德的报告，我所用的是来自 Migne 之 *Patrologia* 的拉丁语版本。此外还有一部可能稍晚成书的意大利语版（来自 Sansovino, *Historia Universale*, III），不过与拉丁语版在一些小细节上略有出入。

12. 与莱昂纳德的情况类似，伊西多尔的报告亦有两个版本，分别来自 *Patrologia*（拉丁语版）及 *Historia Universale*, III（意大利语版）。很有可能，致教宗的拉丁语版是译自意大利语版，故而文字上也略有差异。伊西多尔的著作还可参见：Mercati, 'Scritti d'Isidoro il Cardinale Ruteno', *Studi i Testi*, XLVI。

13. 佩拉市政官的名字通常被称作扎卡里亚，但 Desimoni 在为蒙塔尔多的记载所写的前言中（pp. 306-7）称当时佩拉市政官的名字是洛梅利诺。

14. 以上资料出版及版本参见：本书"参考文献"部分。

15. 关于我提到的土耳其的历史学家，参见：Babinger, *Die Geschichtsschreiber der Osmanen und ihre Werke* 以及 H. Inalcîk and V. L. Menage, *Historians of the Middle East*, ed. B. Lewis and P. M. Holt。还可参见：Inalcîk, 'Mehmed the Conqueror', *Speculum*, XXXV, *passim*。

16. 不过平心而论，埃夫利亚·切列比书中对于同时代君士坦丁堡的记载确是有价值且可信的。

附录二

1. 参见：本书第 172 页，佩特拉区的圣约翰教堂最终被献给了马哈茂德帕夏信奉基督教的母亲而重新开放。

2. 1390 年造访君士坦丁堡的罗斯朝圣者斯摩棱斯克的依格那修（Ignatius of Smolensk）、1393 年到来的亚历山大及 1440 年抵达的佚名罗斯人提到了以上教堂。De Khitrovo, *Itineraires Russes en Orient*, pp. 138, 162, 233-4.

3. Phrantzes, *op. cit.* p. 307; *Historia Politica*, pp. 28-9, *Historia Patriarchica*, p. 82.

4. 这些教堂参见：van Millingen, *Byzantine Churches in Constantinople*, pp. 49, 113, 128; Janin, *La Géographie Ecclésiastique de l' Empire Byzantin*, ⅲ, ⅰ, pp. 33, 75, 95, 224, 228, 319, 365-6, 447。

5. 这看上去应该是距离大竞技场不远位于狄皮恩的圣约翰教堂，它在 16 世纪中期被改用作动物展览。Janin, *op. cit.* pp. 273-4.

6. Hypsilantes, *Τὰ μετὰ τὴν Ἅλωσιν*, pp. 62, 91.

7. *Historia Patriarchica*, pp.158 ff.; Cantemir, *History of the Othman Empire*, pp. 102-5.

8. *Historia Patriarchica*, *loc. cit*; Cantemir, *loc. cit*; Hypsilantes, *op. cit.* pp. 50-2. *Historia Patriarchica* 一书将两段历史插曲合二为一，不过它明确记载了在狄奥莱普特斯一世的事件中几位新军士兵扮演的角色（1537 年距君士坦丁堡陷落已过去 84 年，还能找到健在的战役亲历者颇有些不可思议）。

9. Janin, *op. cit.* pp. 75, 95.

10. Cantemir, *op. cit.* p. 105.

11. Cantemir, *op. cit.* pp. 102-5; *Historia Patriarchica, loc. cit.* 从吉本的时代开始，历史学家们就非常乐于把整个故事当作荒诞不经的事情来否定，而不去探究它背后的原因。参见一篇重要但被不公正地忽视了的文章：J. H. Mordtmann, 'Die Kapitulation von Konstantinopel im Jahre 1453', *B. Z.* ⅩⅪ, pp.129 ff. 他讨论并鉴别了坎泰米尔的资料来源。

12. Evliya Chelebi, *Travels*, trans. Hammer, ⅰ, p. 159.

13. Dallaway, *Constantinople Ancient and Modern*, pp. 98-9.

14. 本书第 238 页所提到的圣约翰教堂如果的确位于狄皮恩，也会带来新的疑问，因该地区似乎并无其他教堂幸存。

参考文献

缩写

C.S.H.B.   *Corpus Scriptorum Historiae Byzantinae*, Bonn, 1828–1897.

M.P.G.   Migne, *Patrologia Graeco-Latina*, Paris, 1859–1866.

Muratori, R.I.Ss.   Muratori, *Rerum Italicarum Scriptores*, Milan, 1723–1751.

1. 资料合集

ELLISSEN, A. *Analekten der mittel- und neugriechischen Literatur*, 5 vols. Leipzig, 1855–62.

GIESE, F. *Die altosmanischen anonymen Chroniken*. Breslau, 1922.

JORGA, N. *Notes et extraits pour servir à l'Histoire des Croisades au XVe. siècle*, 6 vols. Paris–Bucarest, 1899–1916.

KHITROWO, B. DE. *Itineraires russes en Orient, Société de l'Orient latin, série géographique 5*. Geneva, 1889.

KREKIC, B. *Regestes des archives de Raguse*, in *Dubrovnik (Raguse) et le Levant au moyen age*. See bibliography III.

LAMBROS (LAMPROS), S. P. Παλαιολόγεια καὶ Πελοποννησιακά, 4 vols. Athens, 1912–30.

LEGRAND, E. *Recueil de chansons populaires grecques*. Paris, 1874.

LEUNCLAVIUS (LÖWENKLAW), J. *Annales Sultanorum Othmanidarum*. Frankfurt, 1588.

LEUNCLAVIUS (LÖWENKLAW), J. *Historiae Musulmanae Turcorum*. Frankfurt, 1591.

MARTENE, E. and DURAND, U. *Thesaurus novus anecdotorum*, 5 vols. Paris, 1717.

MIGNE, J. P. *Patrologiae cursus completus. Series Graeco-Latina*, 167 vols. Paris, 1857–76.

MÜLLER, C. *Fragmenta historicorum Graecorum*, 5 vols. Paris, 1878–85.

MURATORI, L. A. *Rerum Italicarum scriptores*, 25 vols. Milan, 1723–51.

Notices et extraits des manuscripts de la Bibliothèque du Roi (la Bibliothèque Nationale). Paris, 1877 ff.

RAYNALDI, O. *Annales ecclesiastici*, continuation of Baronius, *Annales Ecclesiastici*. 15 vols. Lucca, 1747–56.

SANSOVINO, F. *Historia universale dell' origine et imperio de' Turchi*, 3 vols. Venice, 1646.

SATHAS, K. N. Μεσαιωνικὴ Βιβλιοθήκη, 7 vols. Athens, 1872–94.

THIRIET, F. *Regestes des deliberations du Senat de Venise concernant la Romanie*, 3 vols. Paris-The Hague, 1959–61.

2. 个人资料

ABRAHAM THE ARMENIAN. *Mélodie Elégiaque sur le prise de Stambol* (trans. M. Brosset, in Lebeau, *Histoire du Bas-Empire*, ed. Saint-Martin, XXI, 1836). See Bibliography III below.

ADAM OF USK. *Chronicon* (ed. E. M. Thompson). London, 1904.

ALEXANDRE, scribe. *Voyage à Constantinople* (1393), in Khitrovo, *Itinéraires russes en Orient*.

ALI. *Künh-ul-Akhbar*, 4 vols. Istanbul, A. H. 1284, 1867. Ἅλωσις τῆς Κορδύλης, in Legrand, *Recueil de chansons populaires grecques*, no. 51.

Ἅλωσις τῆς Τραπεζοῦντος, in Legrand, *Recueil de chansons populaires grecques*, no. 49.

ANAGNOSTES, JOANNES. *De Thessalonicensi excidio narratio*. See below, Phrantzes.

'Anonymous Giese'. *Tarih Ali Osman*, in Giese, *Die altosmanischen anonymen Chroniken*.

ASHIKPASHAZADE (Derwisch Ahmed, genannt 'Asik-Pasa-Sohn). *Von Hirtenzelt zur Hohen Pforte*, extracted from *Tarih Ali Osman* (ed. and trans. R. F. Kreutel). Graz, 1959.

BARBARO, N. *Giornale dell' assedio di Constantinopoli* (ed. E. Cornet). Vienna, 1856.

BARTHOLOMAEUS DE JANO. *Epistola de Crudelitate Turcorum*. (*M.P.G.*, CLVIII, 1866.)

BARTHOLOMAEUS DELLA PUGLIOLA, *Historia miscella Bononiensis*. (Muratori, *R.I.Ss.*, XVIII, 1731.)

BESSARION, CARDINAL. Letter to the Doge of Venice, in Jorga, *Notes et Extraits*, II. 1899.

CALLISTUS, ANDRONICUS. *Monodia de Constantinopoli Capta*. (*M.P.G.*, CLXI, 1886.)

CAMARIOTES, MATTHAEUS. *De Constantinopoli capta narratio lamentabilis*. (*M.P.G.*, CLX, 1866.)

CAMBINI, A. *Della origine de' Turchi et Imperio delli Ottomanni*. Florence, 1537.

CANANUS, JOANNES. *De Constantinopoli Oppugnata*. See Phrantzes, below.

CANTACUZENUS, JOANNES. *Historia* (ed. L. Schopen, *C.S.H.B.*, 1828–1832).

CHALCOCONDYLAS, LAONICUS. *De Origine ac rebus gestis Turcorum* (ed. E. Bekker, *C.S.H.B.*, 1843).

Chronica Minora (Βραχέα Χρονικά) (ed. S. Lambros). Athens, 1932.

Chronicon Estense. (Muratori, *R.I.Ss.*, XV, 1729.)

Χρονικὸν περὶ τῶν Τούρκων Σουλτάνων (ed. G. T. Zoras). Athens, 1958.

CLAVIJO, R. GONZALES de. *Diary* (trans. G. Le Strange). London, 1928.

CRITOBULUS. *De rebus gestis Mechemetis*, Müller, *Fragmenta historicorum*, V, 1883; also Kritovoulos, *History of Mehmed the Conqueror* (trans. C. T. Riggs). Princeton, 1954.

Description de Constantinople (1424–53), in Khitrowo, *Itineraires russes en Orient.*

DOLFIN, ZORZI. *Assedio e presa di Constantinopoli nell' anno 1453* (ed. G. M. Thomas). Munich, 1868.

DUCAS, MICHAEL (?). *Historia Turco-Byzantina* (ed. V. Grecu). Bucarest, 1948; *also* (ed. E. Becker, *C.S.H.B.*, 1834).

Ecthesis Chronica (ed. S. Lambros), London, 1902.

EUGENICUS, JOANNES. *Varia*, in Lambros, Παλαιολόγεια καὶ Πελοποννησιακά I, 1912.

EVLIYA CHELEBI. *Seyahatname, Narrative of Travels*, trans. J. von Hammer (2 vols.). London, 1834; *also* extracts in Turkova, 'Le siège de Constantinople'. See Bibliography III, below.

FILELFO (PHILELPHUS), F. *Cent-dix lettres grecques de Francois philelfe* (ed. E. Legrand). Paris, 1892.

FILELFO (PHILELPHUS), F. Letter to the King of France, Jorga, *Notes et Extraits.*

FRANCISCANS, FATHER SUPERIOR OF THE, *Rapporto* (Muratori, *R.I.Ss.*, XVIII, 1731).

FREDERICK III, EMPEROR. Letters to the Sultan, in Jorga, *Notes et Extraits*, II. 1899.

GENNADIUS, GEORGIUS SCHOLARIUS. *Oeuvres complètes de Gennade Scholarios* (ed. L. Petit, X. A. Sidéridès and M. Jugie, 8 vols.). Paris, 1928–1936.

HIERAX. *Chronicon*, in Sathas, Μεσαιωνικὴ Βιβλιοθήκη, I, 1872.

Historia Politica et Patriarchica Constantinopoleos (ed. E. Bekker, *C.S.H.B.*, 1849).

IBN BATTUTA. *Voyages* (ed. C. Defrémery and B. R. Sanguinetti, 4 vols.). Paris, 1893.

ISIDORE OF RUSSIA, CARDINAL. Letter to Pope Nicholas V. (*M.P.G.*, CLIX, 1866); letter to All the Faithful, in Sansovino, *Historia Universale*, III.

LA MARCHE, OLIVIER DE. *Mémoires* (ed. H. Beaune and J. d'Arbaumont, 4 vols.). Paris, 1883–8.

LEONARD OF CHIOS, ARCHBISHOP OF MITYLENE. *Epistola ad Papam Nicolaum V.* (*M.P.G.*, CLIX, 1866.) Italian version in Sansovino, *Historie Universale*, III.

LEONARD OF CHIOS. *De Lesbo a Turcis Capta* (ed. C. Hopf). Regensberg, 1866.

MONTALDO, A. DE. *Della Conquista di Constantinopoli per Maometto II* (ed. C. Desimoni); *Atti della Società Ligure de Storia Patria*, X, Genoa, 1874.

NESTOR ISKANDER. *The Tale of Tsargrad* (in Old Slavonic) (ed. Archimandrite Leonid); *Memoirs of Ancient Literature and Art*, Society of Amateurs of Ancient Literature. St Petersburg, 1886.

NOTARAS, LUCAS. *Epistolae* (*M.P.G.*, CLX.)

Notitiae de Portis Constantinopolitanis (ed. Preger and Benescevic), *B.Z.*, XXI, XXIII. 1921, 1923.

PHRANTZES (SPHRANTZES), GEORGIUS. *Chronicon* (ed. E. Bekker, *C.S.H.B.*, 1838), also containing Anagnostes and Cananus. See above.

Pius II, Pope. *Opera Omnia.* Basle, 1551.

Podestà of Pera. *Epistola de excidio Constantinopolitano* (ed. S. de Sacy). *Notices et Extraits de la Bibliothèque du Roi,* XI. 1827.

'Polish Janissary' (Michael Constantinović of Ostrovića). *Memoirs* (in Old Slavonic), in A. Galezowsky, *Zbior Pisarzow Polskieh,* V, Warsaw, 1929.

Pusculus, Ubertino. *Constantinopoleos libri IV,* in Ellissen, *Analekten der mittel- und neugriechischen Literatur,* III, 1857.

Riccherio, Cristoforo. *La presa di Constantinopoli,* in Sansovino, *Historia Universale,* III.

Sa'ad ed-Din. *The Capture of Constantinople from the Taj ut-Tevarikh* (trans. E. J. W. Gibb). Glasgow, 1879.

Sanudo, M. *Vitae Ducum Venetorum* (Muratori, *R.I.Ss.,* XXII, 1733).

Spandugino Cantacuzino, T. *Discorso dell' origine de Principi Turchi,* in Sansovino, *Historia Universale,* II.

Taci Beyzade (Tāğ Beg-zāde Ğa'fer Čelebi). *Fethnāme-i Istanbul, Revue Historique publiée par l'Institut d'histoire Ottomane,* IV. Istanbul, 1913.

Tafur, Pero. *Travels* (ed. and trans. M. Letts). London, 1926.

Slavic Chronicle (in Old Slavonic). *Conquest of Tsarigrad* (ed. J. J. Sreznevsky), *Publications of the Academy of Science of St Petersburg, 2nd Division,* I, St Petersburg, 1854; Russian and Roumanian versions in Jorga, 'Une source négligée de la prise de Constantinople'. See Bibliography III below.

'Terre Hodierne Grecorum et dominia secularia et spiritualia ipsorum' (ed. S. Lambros). *Neos Hellenomnemon,* VII. Athens, 1910.

Tetaldi, Jacobo (Edaldy, Jacques). *Informations envoyées tant par Francisco de Franc a Mgr. le Cardinal d'Avignon, que par Jehan Blanchin et Jacques Edaldy, marchant florentin, de la prise de Constantinople, à laquelle le dit Jacques estoit personellement,* in Martène and Durand, *Thesaurus novus anecdotorum,* I, 1717.

Θάνατος τοῦ Κωνσταντίνου Δράγαζη, in Legrand, *Recueil de chansons populaires grecques,* no. 48.

Tursun Bey. *Chronicle* (ed. Mehmet Arif), *Revue Historiqué publiée par l'Institut d'Historie Ottomane,* pts. 26–38. Istanbul, 1914–16.

Villalon, C. de. *Viaje de Turquia* (ed. A. G. Solalinde), 2 vols. Madrid, Barcelona, 1919.

3. 现代著作

Ahmed Muktar Pasha. *The Conquest of Constantinople and the establishment of the Ottomans in Europe.* London, 1902.

Alderson, A. D. *The Structure of the Ottoman Dynasty.* Oxford, 1956.

Amantos, C. 'La prise de Constantinople', *Le Cinq-Centième Anniversaire de la Prise de Constantinople, L'Hellénisme Contemporain, fasciscule hors série.* Athens, 1953.

ANDREEVA, M. 'Zur Reise Manuels II Palaiologos nach West-Europa', *B.Z.*, XXXIV. 1934.

ARGENTI, P. *The Occupation of Chios by the Genoese*, 3 vols. Cambridge, 1958.

ATIYA, A. S. *The Crusade in the later Middle Ages*. London, 1938.

ATIYA, A. S. *The Crusade of Nicopolis*. London, 1934.

BABINGER, F. *Beitrage zur Frühgeschichte der Turkenherrschaft in Rumelien*. Brunn-Munich-Vienna, 1944.

BABINGER, F. *Die Geschichtsschreiber der Osmanen und ihre Werke*. Leipzig, 1927.

BABINGER, F. *Mehmed der Eroberer und seine Zeit*. Munich, 1953.

BABINGER, F. Article 'Orkhan', *Encyclopaedia of Islam*, III.

BABINGER, F. 'Von Amurath zu Amurath. Vor- und Nachspiel der Schlacht bei Varna', *Oriens*, III. Leyden, 1950.

BAKALOPULOS, A. 'Les limites de l'Empire Byzantin depuis la fin du XIVe siècle jusqu'à sa chute', *B.Z.*, LV, I. 1962.

BAUDRILLART, VOGT and ROUZIES (eds., *Dictionnaire d'histoire et de géographie ecclésiastique*, Paris, 1911) (in progress).

BECK, H. G. 'Humanismus und Palamismus', XII Congrès International des Études Byzantines, *Rapports*, III. Ohrid, 1961.

BECK, H. G. *Kirche und theologische Literatur im byzantinischen Reich*. Munich, 1959.

BECK, H. G. *Theodoros Metochites*. Munich, 1952.

BECKWITH, J. *The Art of Constantinople*. London, 1962.

BERGER DE XIVREY, M. *Mémoire sur la vie et les ouvrages de l'Empereur Manuel Paléologue*. Paris, 1861.

BIRGE, J. K. *The Bektashi Order of Dervishes*. London, 1937.

BRATIANU, G. I. *Études Byzantines d'histoire économique et sociale*. Paris, 1938.

BREHIER, L. Article 'Bessarion', in Baudrillart, *Dictionnaire d'histoire et de géographie ecclésiastique*. See above.

BREHIER, L. *Le Monde Byzantin, I: Vie et mort de Byzance*. Paris, 1947.

CAHEN, C. 'La campagne de Mantzikert d'après les sources mussulmanes', *Byzantion*, IX. Brussels, 1934.

CAHEN, C. 'The Mongols', in *History of the Crusades* (ed. Setton), II. (See below.)

CAHEN, C. 'The Selchukid state of Rum'. in *History of the Crusades* (ed. Setton), I. (See below.)

CAHEN, C. 'The Turkish invasion: the Selchukids', in *History of the Crusades* (ed. Setton), II. (See below.)

Cambridge Medieval History, IV. *The Eastern Roman Empire, 717–1453*. Cambridge, 1923.

CANTEMIR, D. *History of the Othman Empire* (trans. N. Tindal). London, 1734.

CHARANIS, P. 'The strife among the Palaeologi and the Ottoman Turks'. *Byzantion*, XVI, I. Boston, 1944.

CONCASTY, M. L. 'Les "Informations" de Jacques Tedaldi', *Byzantion*, XXIV. Brussels, 1954.

CSUDAY, F. *Die Geschichten der Ungarn*, Zool. Berlin, 1899.

CUSPINIAN, J. *De Turcarum origine*. Leyden, 1634.

DALLOWAY, J. *Constantinople ancient and modern*. London, 1797.

DELAVILLE LE ROULX, J. *La France en Orient au XIVe Siècle*, 2 vols. Paris, 1886.

DIAMANTOPOULOS, A. N. 'Γεννάδιος ὁ Σχολάριος ὡς ἱστορικὴ πηγὴ τῶν περὶ τὴν ἅλωσιν χρόνων', *Ἑλληνικά*, IX. Athens, 1926.

DIEHL, C. 'De quelques croyances byzantines sur la fin de Constantinople', *B.Z.*, XXX. 1930.

Encyclopaedia of Islam (ed. Houtsma, Arnold and Basset), 4 vols. Leyden-London, 1913-34.

Encyclopaedia of Islam (new edition, ed. Lewis, Pellat and Schacht). Leyden-London, 1955 (in progress).

FINLAY, G. *A history of Greece* (ed. H. F. Tozer), III. Oxford, 1877.

FUCHS, F. *Die höheren Schulen von Konstantinopel im Mittelalter, Byzantinische Archiv*, VIII. Leipzig-Berlin, 1926.

GEGAJ, A. *L'Albanie et l'invasion turque au XVe siècle*. Paris, 1937.

GIBBON, E. *Decline and Fall of the Roman Empire* (ed. J. B. Bury), 7 vols. London, 1896-1900.

GILL, J. *The Council of Florence*. Cambridge, 1959.

GRECU, V. 'La chute de Constantinople dans la littérature populaire roumaine', *Byzantinoslavica*, XIV. Prague, 1953.

GRECU, V. 'Pour une meilleure connaissance de l'historien Doukas', *Memorial Louis Petit*. Bucarest, 1948.

GRUNZWEIG, A. 'Philippe le Bon et Constantinople', *Byzantion*, XXIV. Brussels, 1954.

GUILLAND, R. 'Les appels de Constantin XI Paléologue à Rome et à Venise pour sauver Constantinople', *Byzantinoslavica*, XIV. Prague, 1953.

GYLLIUS, P. *De topographia Constantinopoleos*. Lyons, 1561.

HALECKI, O. 'Rome et Byzance au temps du grand schisme d'Occident', *Collectio Theologica*, XVIII. Lwow, 1937.

HALECKI, O. *The Crusade of Varna*. New York, 1943.

HALECKI, O. *Un Empereur de Byzance à Rome*. Warsaw, 1930.

HAMMER-PURGSTALL, J. VON. *Geschichte des Osmanischen Reiches*, 10 vols. Pest, 1827-1835.

HASLUCK, F. W. *Athos and its Monasteries*. London, 1924.

HEYD, W. *Histoire du commerce du Levant au moyen âge* (new edition), 2 vols. Leipzig, 1936.

HILL, G. *A History of Cyprus*, 3 vols. Cambridge, 1940-8.

Historians of the Middle East (ed. B. Lewis and R. M. Holt). London, 1962.

History of the Crusades (ed. K. M. Setton). Philadelphia, 1955 (in progress).

HOPF, C. *Geschichte Griechenlands von Beginn des Mittelaltes bis auf unserer Zeit*, 2 vols. Leipzig, 1870–1.

HOUTSMA, M. T. Article 'Tughrilbeg', *Encyclopaedia of Islam*, IV.

HUART, C. Article 'Janissaries', *Encyclopaedia of Islam*, II.

HUBER, A. *Geschichte Österreichs*, 5 vols. Gotha, 1885–96.

HYPSILANTIS, A. C. *Tὰ μετὰ τὴν ἅλωσιν* (ed. A. Germanos). Constantinople, 1870.

INALCIK, H. Article 'Bāyāzed I', *Encyclopaedia of Islam* (new edition), I.

INALCIK, H. *Fatih Devri üzerinde tetikler ve vesikalar*, I. Ankara, 1954.

INALCIK, H. 'Mehmed the Conqueror (1432–1481) and his time', *Speculum*, XXXV. Cambridge, Mass., 1960.

INALCIK, H. 'Ottoman methods of conquest', *Studia Islamica*, II. Paris, 1954.

JANIN, R. *Constantinople Byzantine. La géographie ecclésiastique de l'empire byzantin*, Pt. I, iii, *Les églises et les monastères*. Paris, 1953.

JIREČEK, K. *Geschichte der Serben*, 2 vols. Gotha, 1911–15.

JORGA, N. *Byzance après Byzance*. Bucarest, 1935.

JORGA, N. *Geschichte des Osmanischen Reiches*, 2 vols. Gotha, 1908–9.

JORGA, N. *Histoire des Roumains*, 4 vols. Bucarest, 1937.

JORGA, N. 'Une source négligée de la prise de Constantinople', *Académie Roumaine, Bulletin de la Section Historique*, XIII. Bucarest, 1927.

KHAIRULLAH EFFENDI. *Ta'rikh*. Istanbul, 1851.

KOLIAS, G. 'Constantin Paléologue, le dernier defenseur de Constantinople,' *Le Cinq-Centième Anniversaire de la prise de Constantinople, L'Hellénisme Contemporain*, fasciscule hors série. Athens, 1953.

KÖPRÜLÜ, M. F. *Les origines de l'empire ottoman*. Paris, 1935.

KRAMERS, J. H. Article 'Othman I', *Encyclopaedia of Islam*, I.

KRAMERS, J. H. Article, 'Muhammad I', *Encyclopaedia of Islam*, III.

KRAUSE, J. H. *Die Eroberung von Konstantinopel im 13 und 15 Jahrhunderts durch die Kreuzfahren, durch die nicaeischen Griechen und durch die Turken*. Halle, 1870.

KREKIC, B. *Dubrovnik (Raguse) et le Levant au moyen âge*. Paris–The Hague, 1961.

KYROU, A. *Βησσαρίων ὁ ῞Ελλην*, 2 vols. Athens, 1947.

LAMBROS, S. '῾Ο Κωνσταντίνος Παλαιολόγος ὡς σύζυγος', *Neos Hellenomnemon*, IV. Athens, 1907.

LAMBROS, S. '*Αἱ εἰκόνες Κωνσταντίνου τοῦ Παλαιολόγου*', *Neos Hellenomnemon*, III and IV. Athens, 1906–7.

LAMBROS, S. *Συνθήκη μεταξὺ Ἰωάννου τοῦ Παλαιολόγου καὶ τοῦ δουκὸς τῆς Βενετίας Φραγκίσκου Φόσκαρη*, in *Neos Hellenomnemon*, I, Athens, 1904.

LASCARIS, M. *Vizantiske princeze u srednjevekovnoj Srbiji*. Belgrade, 1926.

LAURENT, J. *Byzance et les Turcs Seldjoucides jusqu'en 1081*. Nancy, 1913.

LAURENT, V. 'Sphrantzes et non Phrantzes', *B.Z.*, XLIV. 1951.

LEBEAU, C. *Histoire du Bas-Empire* (ed. J. Saint-Martin), 21 vols. Paris, 1824–1836.

LEIGH FERMOR, P. *The Traveller's Tree.* London, 1950.

LEMERLE, P. *L'Emirat d'Aydin: Byzance et l'Occident.* Paris, 1937.

LOENERTZ, R. J. 'Autour du Chronicon Maius attribué à Georgios Phrantzes', *Miscellanea Mercati*, III, *Studi i Testi Vaticani*, CXXIII. Rome, 1946.

LEONERTZ, R. J. 'Pour la biographie du Cardinal Bessarion', *Orientalia Christiana Periodica*, X. Rome, 1944.

MARINESCU, C. 'Le Pape Callixte III, Alphonse V d'Aragon, roi de Naples, et l'offensive contre les Turcs', *Académie Roumaine, Bulletin de la Section Historique*, XIX. Bucarest, 1935.

MARINESCU, C. 'Le Pape Nicolas V et son attitude envers l'empire byzantin' *Bulletin de l'Institut archéologique Bulgare*, X. Sofia, 1935.

MARINESCU, C. 'Notes sur quelques ambassadeurs byzantins en Occident à la veille de la chute de Constantinople sous les Turcs', *Annuaire de l'Institut de Philologie et de l'Histoire Orientales et Slaves*, X. Brussels, 1950.

MASAI, F. *Plethon et le Platonisme de Mistra.* Paris, 1956.

MASSO TORRENTS, J. '40 Octaves à la porte de Constantinople', *Eἰς μνήμην Σ. Λάμπρου.* Athens, 1938.

MEDLIN, W. K. *Moscow and East Rome.* Geneva, 1952.

MERCATI, G. 'Scritti d'Isidoro il Cardinale Ruteno', *Studi i Testi*, XLVI. Rome, 1926.

MEYENDORFF, J. *Introduction à l'étude de Grégoire Palamas.* Paris, 1959.

MIJATOVICH, C. *Constantine, last Emperor of the Greeks.* London, 1892.

MILLER, W. *Essays on the Latin Orient.* Cambridge, 1921.

MILLER, W. 'The Balkan States', *Cambridge Medieval History*, IV.

MILLER, W. *The Latins in the Levant.* London, 1908.

MILLER, W. *Trebizond, the last Christian Empire.* London, 1926.

MORAVCSIK, G. *Byzantino-Turcica*, 2 vols. Budapest, 1942–3.

MORDTMANN, A. Article 'Dewshirme', *Encyclopaedia of Islam*, I.

MORDTMANN, A. 'Die letzten Täge von Byzanz', *Mitteilungen des deutschen Exkursions-Klub.* Istanbul, 1893 and 1895.

MORDTMANN, A. *Esquisse topographique de Constantinople.* Lille, 1892.

MORDTMANN, A. D. *Die Belagerung und Eroberung Constantinopels durch die Türken im Jahre 1453.* Stuttgart–Augsburg, 1858.

MOSCHOPOULOS, N. 'La prise de Constantinople selon les sources turques', *Le Cinq-Centième Anniversaire de la prise de Constantinople, L'Hellénisme Contemporain*, fascicule hors série. Athens, 1953.

NORDEN, W. *Das Papsttum und Byzanz.* Berlin, 1903.

OMAN, C. W. C. *History of the art of war in the Middle Ages*, 2nd edition, 2 vols. London, 1924.

OSTROGORSKY, G. *History of the Byzantine State* (trans. J. Hussey). Oxford, 1955.

PALL, F. 'Autour de la Croisade de Varna', *Académie Roumaine, Bulletin de la Section Historique*, XXII. Bucarest, 1941.

PAPADOPOULOS, A. T. *Versuch einer Genealogie der Palaiologen*, Amsterdam, 1962.

PAPADOPOULLOS, T. H. *Studies and documents relating to the history of Greek church and people under Turkish domination*. Brussels, 1952.

PASPATES, A. G. Πολιορκία καὶ ἅλωσις τῆς Κωνσταντινουπόλεως. Athens, 1890.

PASTOR, L. *History of the Popes from the close of the Middle Ages* (trans. F. I. Antrobus), 5 vols. London, 1891-8.

PAULOVÁ, M. 'L'Empire byzantin et les Tcheques avant la chute de Constantinople', *Byzantinoslavica*, XIV. Prague, 1953.

PEARS, E. *The destruction of the Greek Empire and the story of the capture of Constantinople by the Turks*. London, 1903.

PEARS, E. 'The Ottoman Turks to the fall of Constantinople', *Cambridge Medieval History*, IV.

RADONIC, J. *Djuradj Kastriot Skenderbeg i Albanija*. Belgrade, 1942.

RUNCIMAN, S. 'Byzantine and Hellene in the fourteenth century', *Τόμος Κωνσταντίνου Ἀρμενοπούλου*. Thessaloniki, 1952.

RUNCIMAN, S. 'The schism between the Eastern and Western Churches', *Anglican Theological Review*, XLIV, 4. Evanston, 1962.

SCHLUMBERGER, G. *Le siège, la prise et le sac de Constantinople en 1453*. Paris, 1926.

SCHNEIDER, A. M. 'Die Bevölkerung Konstantinopels im XV Jahrhundert', *Nachrichten der Akademie der Wissenschaften in Göttingen, Phil.-Hist. Klasse.* Göttingen, 1949.

SOTTAS, J. *Les Messageries Maritimes de Venise au XIVe et XVe siecles.* Paris, 1938.

STASIULEVICH, M. M. 'The siege and capture of Byzantium by the Turks' (in Russian). *Memories of the Imperial Academy of Science, 2nd division*, 1 St. Petersburg, 1854.

TAFRALI, O. 'Le siège de Constantinople dans les fresques des églises de Bukovine', *Mélanges G. Schlumberger*, II. Paris, 1924.

TAFRALI, O. *Thessalonique au quatorzième siècle.* Paris, 1913.

THIRIET, F. *La Romanie Vénitienne au moyen âge.* Paris, 1959.

TOMADAKIS, N. B. ''Ετούρκευσεν ὁ Γεώργιος Ἀμιρούτζης;' in *Ἐπετηρὶς Ἑταιρείας Βυζαντινῶν Σπουδῶν*, XVIII. Athens, 1948.

TOMADAKIS, N. B. 'Répercussion immédiate de la prise de Constantinople', *Le Cinq-Centième Anniversaire de la prise de Constantinople, L'Hellénisme Contemporain*, fasciscule hors série. Athens, 1953.

TYPALDOS, T. E. 'Οἱ ἀπόγονοι τῶν Παλαιολόγων μετὰ τὴν ἅλωσιν', Δελτίον τῆς 'Ιστορικῆς καὶ 'Εθνολογικῆς 'Εταιρείας τῆς 'Ελλάδος VIII. Athens, 1922.

ULGEN, ALI SAIM. Constantinople during the era of Mohammed the Conqueror. Ankara, 1939.

UNBEGAUN, B. 'Les relations vieux-russes de la prise de Constantinople', Revue des Etudes Slaves, IX. Paris, 1929.

UZÜNÇARSILI, I. H. Osmanlî Tarîhî, 3 vols. Ankara, 1947–51.

VAN MILLINGEN, A. Byzantine Churches in Constantinople. London, 1910.

VAN MILLINGEN, A. Byzantine Constantinople: the walls of the City. London, 1899.

VASILIEV, A. A. A History of the Byzantine Empire, 324–1453. Madison, 1952.

VASILIEV, A. A. 'Medieval ideas of the end of the world', Byzantion, XVI, 2. Boston, 1944.

VASILIEV, A. A. 'The journey of the Byzantine Emperor Manuel II Palaeologus in Western Europe' (in Russian), Journal of the Ministry of Public Instruction, N.S. XXXIX. St. Petersburg, 1912.

VAST, H. Le Cardinal Bessarion (1403–72). Paris, 1878.

VOIGT, G. Enea Silvio Piccolomini als Papst Pius II und sein Zeitalter, 3 vols. Berlin, 1856–63.

VOYATZIDIS, J. 'Τὸ ζήτημα τῆς στέψεως Κωνσταντίνου τοῦ Παλαιολόγου', Λαογραφία VII. Athens, 1923.

WALTER, G. La Ruine de Byzance. Paris, 1958.

WITTEK, P. Das Fürstentum Mentesche: Studien zur Geschichte Westkleinasiens im 13–15 Jahrhundert. Istanbul, 1934.

WITTEK, P. The rise of the Ottoman Empire. London, 1938.

YULE, H. The travels of Marco Polo (ed. H. Cordier), 3 vols. London, 1902–20.

ZAKYTHINOS, D. 'La prise de Constantinople, et la fin du Moyen Age' and 'La prise de Constantinople, tournant dans la politique et l'économie européennes', Cinq-Centième Anniversaire de la prise de Constantinople, L'Hellénisme Contemporain, fasciscule hors série. Athens, 1953.

ZAKYTHINOS, D. Le Despotat grec de Morée, 2 vols. Paris, 1932–55.

ZIEGLER, A. 'Isidore de Kiev, apôtre de l'Union florentine', Irenikon, XIII. Chevetogne, 1936.

ZORAS, G. Περὶ τὴν ἅλωσιν τῆς Κωνσταντινουπόλεως. Athens, 1959.

出版后记

在西方，1453 年君士坦丁堡的陷落一直是历史爱好者喜爱谈论的话题。这场战争的过程本身、复杂时局以及两大宗教文明的冲突，都使其可以跻身最富戏剧性的西方历史瞬间。本书即是描述这一幕的经典著作，虽然距离初次出版已逾半个世纪，但凭借作者的丰厚学识、典雅笔触，以及精巧的叙事结构，本书至今仍是有关这一主题的雅俗共赏的不二之选。

在译者的推动下，本书中文版曾于 2014 年出版。此次再版对译文做了全面的校订，并更改了插图的呈现形式，希望这个版本能使读者有更好的阅读感受，领略这部经典之作的魅力。

2023 年 6 月

图书在版编目（CIP）数据

1453：君士坦丁堡的陷落 / (英) 史蒂文·朗西曼
著；马千译. -- 北京：九州出版社，2023.9（2023.12重印）

ISBN 978-7-5225-1996-8

Ⅰ.①1… Ⅱ.①史… ②马… Ⅲ.①拜占庭帝国—战
争史 Ⅳ.①K134

中国国家版本馆CIP数据核字(2023)第137924号

The Fall of Constantinople 1453 by Steven Runciman
Copyright © 1965 The Estate of the late Sir Steven Runciman
This edition arranged with ANDREW LOWNIE LITERARY AGENT
Through BIG APPLE AGENCY, INC., LABUAN, MALAYSIA
All rights reserved.

版权登记号：01-2023-4080
地图审图号：GS（2023）1650号

1453：君士坦丁堡的陷落

作　　者	［英］史蒂文·朗西曼 著
	马　千 译
责任编辑	陈丹青
出版发行	九州出版社
地　　址	北京市西城区阜外大街甲 35 号（100037）
发行电话	（010）68992190/3/5/6
网　　址	www.jiuzhoupress.com
印　　刷	河北中科印刷科技发展有限公司
开　　本	880 毫米 × 1194 毫米　　32 开
印　　张	9.5
字　　数	213 千字
版　　次	2023 年 9 月第 1 版
印　　次	2023 年 12 月第 2 次印刷
书　　号	ISBN 978-7-5225-1996-8
定　　价	72.00 元